제27회

좋은 방송을 위한
시민의 비평상

마지막에서 다시 시작과 성장을 외치다

마지막에서 다시 시작과 성장을 외치다

2024 좋은 방송을 위한
시민의 비평상 작품집

방송문화진흥회 엮음

발간사

얼마 전 제124회 노벨상 시상식에서 노벨문학상을 수상한 사람은 대한민국의 자랑스러운 소설가 한강입니다. 그의 작품 중에 "우리 사이에 칼이 있었네"라는 문장으로 시작하는 소설이 있습니다. 이 문장은 호르헤 루이스 보르헤스의 묘비명을 인용한 것인데, 보르헤스의 이 유언 역시 북유럽의 서사시 「트리스탄과 이졸데」에서 빌려온 것으로 알려져 있습니다. 이 문장을 읽고 떠오르는 느낌과 생각은 각기 다를 테지만, 제 눈앞에 떠오른 심상은 방송 제작자와 시청자 사이에 커다랗게 가로놓인 칼이었습니다.

이 문구를 앞에 놓고 든 또 다른 생각은 중세 북유럽에서 시작해 멀리 떨어진 남미 아르헨티나 20세기 작가에게로, 그리고 거기서 다시 지구 반대편에 위치한 동아시아 한국의 21세기 소설로 연결된 고리 속에서, 공간과 시간을 초월하여 인류에 면면히 흐르는 공통 감성에 관한 것이었습니다. 과거보다 최근에 인류가 공통 감성을 더 많이 갖게 된 것은 세계 곳곳에서 만들어진 다양한 콘텐츠를 지구촌 어디서나 바로바로 볼 수 있게 된 덕분이고, 이 과정에 문학뿐만 아니라 방송을 비롯한 미디어가 큰 몫을 하고 있다고 생각합니다.

방송문화진흥회와 문화방송이 함께 주최하는 '좋은 방송을 위한 시민의 비평상'은 시민들이 시청한 방송 프로그램에 대해 그 느낌과 의견을 다양하게 펼치는 장을 마련한다는 점에서 아주 큰 의미가 있습니다. 이는 방송 비평을 통해 방송 제작자와 시청자 사이에 가로놓인 칼을 넘어 서로 소통할 수 있는 통로를 마련할 뿐만 아니라, 노벨문학상을 낳은 우리의 문화적 토양을 더욱 비옥하게 하는 데도 일조할 수 있기 때문입니다.

방송문화진흥회와 문화방송의 27년간의 적지 않은 노력이 방송을 만드는 데, 방송을 이해하고 수용하는 데 소중한 틀과 바탕을 마련하고 있다고 자부합니다. 이런 노력들이 한국 문학을, 한국 방송을 세계 시민이 함께 즐길 수 있게 하는 데 지금도 많은 도움을 준다고 보지만, 앞으로 더욱더 그러하기를 희망합니다.

유난히 길고 무더웠던 여름철에 비평상 공모를 시작해 단계별 심사와 수상작 발표, 원고 교정을 거치는 동안 계절이 두 번 바뀌었습니다. 겉으로는 잘 보이지 않는 노력들 덕분에 그간 옹골지게 여문『제27회 좋은 방송을 위한 시민의 비평상 작품집』이 세상에 나왔습니다. 이번 작품집에서도 시민들이 어떤 분야의 방송을 관심 있게 즐겨 보았는지, 방송을 보면서 우리 사회의 공간과 이 시대를 어떻게 진솔하게 평가했는지를 살펴볼 수 있을 것입니다.

올해도 예년처럼 드라마와 예능 프로그램에 대한 비평문이 많았지만, 개표 방송, AI, 시사, 장애인을 비롯한 소외 계층을 다룬 프로그램에 대한 시청자의 관심도 적지 않았습니다.

다양한 장르의 프로그램에 대한 시청자들의 생생한 목소리를 반영한 이 작품집을 통해 많은 사람들이 문학에, 비평에, 방송에, 사회에 더욱 관심을 갖기 바라며, 방송 제작자들이 더 나은 프로그램을 만드는 데 도움이 될 수 있기를 바랍니다.

제27회 '좋은 방송을 위한 시민의 비평상'에 공모하신 모든 분들에게 한없는 감사 인사를 전합니다. 매년 공동 주최에 참여해 시민들의 방송 비평에 관심과 애정을 보여주는 문화방송 임직원 여러분, 심사위원장님과 심사위원님들, 작품집 출판에 커다란 도움을 주신 한울엠플러스(주) 관계자들, 보이지 않는 곳에서 애써주신 모든 분들, 특히 비평상의 기획·공모·출판·시상에 이르기까지 열과 성을 아끼지 않은 사업 담당자에게 깊이 감사드립니다.

앞으로도 '좋은 방송을 위한 시민의 비평상'을 기반으로 방송 제작자와 시청자 사이에 칼이 아닌 원활한 소통을 이루는 데 노력하겠습니다. 감사합니다.

2024년 12월
방송문화진흥회 이사장

해마다 더 강하게 느끼는 것이지만 우리 앞에는 PC와 TV, 모바일을 인터넷으로 연결한 콘텐츠의 바다가 펼쳐져 있습니다. 그야말로 바다지요. 뭐든 다 있습니다. 차고 넘치도록 말이지요. 그래서 바다입니다. 우리는 마음만 먹으면 이 콘텐츠의 바다에서 원하는 콘텐츠를 얼마든지 퍼 올릴 수 있어요.

콘텐츠의 바다에 등장한 것 중 대어급(大魚級)이 OTT입니다. OTT라는 것은 참 매력적이지요. 월 이용료만 내면 재밌는 콘텐츠들을 무제한 즐길 수 있으니까요. OTT는 지상파나 종편, 케이블방송에서는 볼 수 없던 주제나 소재, 아이템을 자유롭게 다루면서 한계를 넘어선 재미를 느끼게 해줍니다. 또 많은 자본을 투입하여 작품의 완성도도 높아요. 걱정되는 점은 안방에서 어린 자녀들과 함께 보기에는 지나치게 자극적이거나 상상도 못할 잔혹함도 튀어나온다는 것입니다. 우리의 정서는 OTT에 무방비 상태입니다.

마음에 드는 동영상과 음악을 감상하고, 직접 만든 콘텐츠를 업로드해 친구, 가족뿐 아니라 전 세계 사람들과 공유하는 유튜브라는 것은 또 어떤가요? 여기야말로 높은 파도가 넘실대는 큰 바다입니다. 정확히 이해할 수는 없지만 알고리즘이라는 것이 내 기호와 취향에 맞춰 끊임없이 새로운 콘텐츠를 이어서 재생해요. 그러다 가끔 '이래도 되나' 싶은 영상들이 걸러지지 않은 날것 그대로, 라이브 스트리밍으로 화면을 채웁니다. 신기하고 재미있는 콘텐츠도 있지만, 때로는 민망한 것들이 재생되기도 해요.

그런 재미가 있는 곳이 유튜브의 바다지요. 이렇듯 OTT나 유튜브에 재미 있는 콘텐츠가 바다처럼 넘치는데 뭔가 빠진 게 있는 것 같아요, 뭘까요? 바로 비평입니다.

비평이란 본래 선과 악, 미추(美醜), 옳고 그른 것을 따지는 일입니다. 방송 비평은 제작된 방송 콘텐츠가 잘 만든 것인지 그 가치를 가늠할 수 있는 장치입니다. 콘텐츠를 평가하고 그중 양질의 것을 가려내 격려와 응원을 보내주는 것이 필요합니다. 제대로 된 비평을 한다는 것은 콘텐츠의 바다에서 거센 파도를 막는 방파제를 쌓는 일, 혹은 폭풍우 속에서 길 잃은 배들에게 생명의 빛을 밝혀줄 등대를 세우는 일과 같아요. 그렇게 골라낸 양질의 콘텐츠는 '그래도 믿고 보는 콘텐츠가 방송 프로그램'이라는 생각을 갖게 합니다. 방송은 시민의 정서에 부합하는 대중매체인 만큼 건강한 방송 비평이 있어야만 합니다. 방송 비평은 지금 이 시대를 살아가는 사람들의 시대정신과 정의, 정서 함양의 기준 잣대가 되어야 하지요. 방송은 제대로 된 비평을 통해 길을 잃지 않고 뚜벅뚜벅 전진할 수 있습니다.

방송문화진흥회와 문화방송이 주최하는 '좋은 방송을 위한 시민의 비평상'이 올해로 27회를 맞이했습니다. 엄정한 1, 2차 심사를 거쳐 52편이 죄송 3차 심사에 올라왔고 학자, 평론가, 방송 피디, 방송작가 등의 전문가 집단 심사로 최우수작 1편, 우수작 3편, 가작 10편, 입선 24편을 선정했어요.

그 결과 최우수작으로 정현동 님의 「마지막에서 다시 시작과 성장을 외치다」를 선정했어요. 야구를 기반으로 한, 예능 콘텐츠의 성공 요인을 세밀하게 분석했기 때문이에요. 전개와 구성이 탄탄했고 진정성 있는 내용, 땀 냄새 나는 리얼리티가 프로그램 성공의 한 축이라는 점, 사실 여부에 대한 팩트 체크는 물론이고 지나친 PPL로 눈살을 찌푸리게 한 상업적인 부분까지. 날 선 비판으로 비평문의 요건을 두루 만족시킨 수작이라 심사위원단 만장일치로 선정했어요.

　우수작을 수상한 오승재 님의 「지금이 아니면 안 되는 일: 다큐멘터리 방송의 미학과 역할」은 다큐멘터리 〈학전 그리고 뒷것 김민기〉를 통해 스스로 뒷것이라 불렀던 김민기에 관한 기록으로 다큐의 의미를 더했어요. 역시 우수작인 이유빈 님의 「Best 파트너의 세상을 위하여」는 이혼 전문 변호사 출신 작가가 극본을 맡아 성공한 장나라 주연의 드라마 〈굿파트너〉를 다루고 있어요. 흥행에 성공한 드라마에서 자칫 놓치기 쉬운 지점들을 조목조목 찾아내 분석한 점이 높은 점수를 받았어요. 또 이준목 님의 「시대정신에서 역사 논쟁까지, 사극은 어떻게 대중을 史로 잡는가?」도 참 좋았습니다. 가늠키 어려운 '고려시대의 전쟁'이라는 사건을 통해 현대를 투사한 대하사극 〈고려 거란 전쟁〉이 시대정신을 보여주는 거울이었다는 점을 깨닫게 했어요.

　올해 응모 편수는 지난해에 비해 다소 줄었으나 애당초 시민의 눈높이에서 바라본 방송 비평을 원했던 만큼 대중적이고 읽기 편한 작품이 많아서 좋았어요.

　우리가 살아가면서 결코 잊지 말아야 할 것이 있다면, 그것은 시대정신과 정의, 양심, 정서 등의 가치를 다시 돌아보고 찾는 일이라 생각해요. 그것이 지금 이 시대를 살아가는 우리의 가치를 찾는 일이기도 합니다. 심사를 마치며 '좋은 방송을 위한 시민의 비평상' 공모 사업을 오랜 세월 우직하게 이끌어온 방송문화진흥회와 문화방송 여러분들, 특히 사업 담당자의 노고에 박수를 보냅니다. 끝으로 '좋은 방송을 위한 시민의 비평상'에 응모한 시민들에게 고개 숙여 감사의 말씀을 전합니다.

2024년 12월
심사위원 일동

차례

마지막에서 다시 '시작'과 '성장'을 외치다

정현동

들어가며: 성공한 시즌제 스포츠 예능 〈최강야구〉

'카타르시스(Catharsis)'란 사람이 가상의 비극을 직면하며 그동안 풀어내지 못했던 슬픔과 내면의 상처를 치유하고 정화하는 것을 의미한다. 그런 점에서 '스포츠'는 언제나 동서고금을 막론하고 승부와 승패로써 대중에게 카타르시스를 선사해 온 아주 유용한 수단이었다. 그동안 방송에서 스포츠는 아웃(out)이냐 인(in)이냐는 찰나의 순간과 골(goal)의 유무라는 극적인 장면으로 시청자와 관중에게 카타르시스를 전했다.

그런데 지금, 국내 시청자는 스포츠 경기장이 아닌 방송에서 연일 카타르시스를 느끼고 있다. 풋살을 소재로 한, 현재 여섯 번째 시즌 중인 SBS 〈골 때리는 그녀들〉이 가장 대표적이다. TV조선 〈골프왕〉도 대중의 관심을 한 몸에 받으며 네 개 시즌까지 방영했다. 이 흐름의 연장선에서 JTBC 〈최강야구〉가 현재 시즌 3으로 매주 시청자를 찾고 있다. 〈최강야구〉는 방송할 때마다 성공한 방송의 척도인 '시청률'과 '화제성' 지표 상위권에 이름을 올렸다. 야구를 소재로 한 수많은 스포츠 예능이 시즌제는커녕 조기에 종영되고 언제 방영됐다가 사라졌는지도 모르는 현실에서 〈최강야구〉가 시즌제를 이어가는 건 주목할 만하다.

공을 주고받고, 배트로 공을 치고, 내달리는 야구 프로그램은 이전에도 있었다. 그런데 유독 〈최강야구〉가 시즌제를 거듭하며 대중의 관심을 받는 이유는 무엇일까. 이 글에서는 시청하기 쉽지 않은 심야 시간인 매주 월요일 밤 10시 30분에 방송됨에도 평균 시청률 3.0%를 기록하고, '2024 올해의 브랜드 대상'에서 '스포츠 예능 프로그램 부문 수상'에 이름을 올린 〈최강야구〉의 강점을 살펴봤다. 동시에 앞으로 시청자에게 더 많은 사랑을 받기 위해 몇 가지 아쉬운 점을 토대로 개선 사항을 짚어봤다.

낭만과 추억을 말하며 '한계'를 극복한다

그동안 야구를 소재로 한 예능은 많았다. 2009년 KBS 〈천하무적 야구단〉은 아마추어 사회인 야구인들의 좌충우돌 경기를 방송했다. 2020년에 MBC는 〈마녀들〉이라는 여성 사회인 야구 예능을 선보였다. MBN은 2022년 〈백 투 더 그라운드〉에서 한 시대를 풍미했던 은퇴한 우리나라의 전설적인 야구선수들을 모아놓고 경기를 했다. 하지만 이 방송들 모두 시즌제로 이어지지 못하거나 큰 화제 없이 조기에 종영됐다.

앞선 방송처럼 〈최강야구〉도 '야구'와 '사회인', '전설'과 '은퇴'를 소재로 했다. 하지만 그 결과는 상반된다. 〈최강야구〉 팀이 서울시 고척스카이돔에서 대학 및 사회인 야구팀과 벌이는 경기는 티켓 판매가 시작되자마자 금세 매진되기 일쑤다. 최고 9만 9000원에 판매되는 입장권은 '암표' 논란이 번질 정도로 부리나케 팔린다. 이 현상은 단순히 대한민국 프로야구(KBO)를 풍미했던 김성근(82, 전 한화 이글스) 감독과 더스틴 니퍼트(43, 전 KT 위즈) 투수, 이대호(41, 전 롯데 자이언츠) 타자 등 전설적인 사람들이 출연했다는 사실만으로 설명되지 않는다. 지금 대중은 왜 〈최강야구〉에 매주 열광하는 것일까.

그 이유는 〈최강야구〉가 '낭만'을 건드리며 카타르시스를 주기 때문이다. 레전드 야구인이라는 '우상'을 최강야구 팀에 모아놓고 다른 예능에서는 효과적으로 다루지 못했던 '추억'까지 적절하게 전달한다. 아울러 〈최강야구〉에는 지난 여러 야구 예능에서 늘 등장했던, 일반인 대비 야구 실력이 '약간' 뛰어난 연예인이 어설프게 경기하는 모습을 좀처럼 보여주지 않는다. 그러면서 과거에 레전드였던 야구인 여럿이 나와 자신이 옛날에 쌓아올린 이력을 매 회 자랑하는 장면도 없다. 그 대신 〈최강야구〉는 팬과 선수 사이의 낭만, 추억과 그리움으로 화면을 가득 채운다.

여기에 〈최강야구〉는 레전드 선수들의 이야기에만 집중하지 않는다. 과거에 충분히 경기장에서 뛸 수 있었음에도 단지 나이가 많거나 강압적인 세대교체 흐름, 부상 등을 이유로 현업에서 반강제적으로 물러난 선수들의 삶까지 살핀다. 프로선수로서 마지막이 아쉬웠던 서동욱(40, 전 KIA 타이거즈), 국해성(34, 전 성남 맥파이스) 선수 등을 조심스럽게 다룬다. 〈최강야구〉는 비록 레전드 선수는 아니지만, 팀에서 쏠쏠히 활약하여 팬들이 사랑했던 이들을 재등장시켜 반가움과 설렘으로 매주 시청자에게 다가선다.

그 결과 현재 〈최강야구〉는 시즌 3까지 선보이며 연신 인기몰이 중이다. 시즌이 이어질수록 과거 나의 우상을 아쉽게 떠나보내야 했던 팬의 마음을 어루만지는 친절함도 강화했다. 그러면서 '절실함'도 놓치지 않는다. 유독 무더웠던 지난여름, 최강야구 팀의 지도자인 82세의 김성근 전 감독이 제자가 잘못된 자세를 고칠 때까지 뙤약볕에서 함께 구슬땀을 흘리며

'한계'를 극복하려는 모습이 특히 그랬다.

스승의 노익장에 〈최강야구〉 야구인들은 매주 '이번이 진짜 마지막 야구'라는 간절함으로 경기장에 나선다. 비록 몸이 전성기 때와 같지 않지만, 이들은 세이프와 아웃이라는 아슬아슬한 순간에 온몸을 던진다. 선수들이 포기하지 않는 모습에 시청자는 크게 공감한다. 그렇게 〈최강야구〉는 시즌마다 낭만과 추억을 말하며, 한계를 극복하려 했다. 이것이 바로 그동안 야구를 소재로 한 수많은 스포츠 예능과 다르게 〈최강야구〉만이 유독 크게 성공한 원인이자, 시즌제가 실패하지 않았던 주된 배경이다.

'공정'을 강조하며 사람의 '성장'을 기다렸다

지금 〈최강야구〉의 연이은 인기는 이 방송이 단지 야구를 소재로 한 예능에 머무르지 않기 때문이다. 특히 〈최강야구〉는 '다큐멘터리' 문법으로 사람과 개인적 서사를 자세히 다뤄 시즌 3으로 거듭났다. 재미와 웃음이라는 예능의 본질을 놓치지 않으면서, 실존하는 인물이나 사건 등을 집중적으로 분석하는 다큐 형식으로 선수의 일상을 밀착해 보여준다. 마치 NBA의 전설 마이클 조던의 성공과 실패를 다룬 넷플릭스 다큐 〈더 라스트 댄스(The Last Dance)〉처럼, 한국 프로야구의 전설적 엘리트 선수들의 지난 업적을 상세히 다룬다.

동시에 프로야구 선수로 지명받지 못해 아마추어 사회인 선수로 활동한 비주류 선수들의 성장 이야기도 다큐 문법으로 전달했다. 특히 황영묵(24, 현 한화 이글스), 정현수(23, 현 롯데 자이언츠), 원성준(24, 현 키움 히어로즈) 선수가 야구에 임하는 간절함을 구체적으로 살펴봤다. 〈최강야구〉는 이들이 갖은 우여곡절과 많은 고생 끝에 평생소원인 프로야구 선수로 성장하는 순간을 극적으로 전했다. 이와 같은 감동적인 사연에 시청자와 제작진, 선수 모두가 같이 울고 웃었다.

나아가 〈최강야구〉는 시즌 1에서 시즌 3까지 출연한 선수들의 성장을 주류와 비주류 구분 없이 공정하게 다뤘다. 은퇴했어도 주류인 레전드 선수와 프로야구단에 입단하지 못해 비주류가 된 아마추어 사회인 야구선수들의 경쟁을 공평하고 투명하게 소개했다. 매 경기 선수 명단은 '이름값'이라는 쉬운 길이 아닌, 유명세가 떨어지더라도 오직 훈련 성과와 실력, 효율을 기준으로 경쟁 속에 채워졌다.

특히 〈최강야구〉는 "유튜브로 야구를 배웠다"는 선성권 선수(25)를 앞세워 '성장 스토리'를 효과적으로 드러냈다. 선 선수는 유소년 야구에서 시작해 초·중·고등학교 야구부를 거쳐 대학에 진학한 뒤, 프로야구단의 지명을 받는 엘리트 과정을 전혀 거치지 않았다. 그는 선수 경력은커녕 '경험'에 불과한 리틀 야구 취미반과 대학교 야구 동아리 소속 이력이 전부인 완벽한 비주류 야구인이었다.

하지만 〈최강야구〉는 선 선수에게 약 3개월의 시간을 주고 실력을 기르게 했다. 은퇴한 레전드 선수들은 야구 노하우를 직접 가르쳐주고, 장비를 지원하며 응원했다. 동정이 아닌 기다림 끝에 선 선수는 결국 1만 6000명이 지켜보는 가운데 마운드 위에 섰다. 늘 비주류였던 인물의 주류 데뷔는 그렇게 또 다른 의미로 시청자에게 큰 울림을 줬다. 그동안 어떤 스포츠 예능이 이랬을까. 엘리트가 아닌 아웃사이더, 비주류였던 사람의 성장을 기다리며 기회를 줬을까. 선뜻 떠오르지 않는다.

그런 점에서 〈최강야구〉는 웃음을 중시하는 '예능'이면서, 동시에 사람의 성장에 집중한 '다큐'다. 갈수록 불공정해지고, 성공과 도전할 기회를 주지 않는 현실에서 '기다림'으로 사람에게 다가선 관찰형 다큐다. 그 과정을 공정하게 다뤄 시청자에게 감동을 선사하는 콘텐츠이기도 하다. 누군가의 삶을 지지하며 그 꿈을 이룰 때까지 기다려주는 방송. 지금 〈최강 야구〉가 대중에게 사랑받는 또 다른 이유다.

패자부활전 없는 사회에서 '부활'을 꿈꾼다

한국 사회는 '패자부활전'이 없다. 한번 실패하면 두 번째 기회가 거의 주어 지지 않는다. 그간 우리 사회가 과정보다 승리, 성과에 집착했던 원인이다. 성공하지 못하면 앞을 기약할 수가 없다. 실패하면 뒤는 더욱 없다. 지금까 지 한국 사회가 '무한 경쟁'으로 내몰리게 되었던 주 배경이다.

　그동안 미디어도 이런 현실을 반영했다. 스포츠 예능에서 누가 우승하 고 몇 골을 넣었는지 결과에 집착했다. 그런데 〈최강야구〉는 이 흐름을 따 르지 않았다. 그 대신 패자에게 기회를 주고 또 준다. 〈최강야구〉 팀에서 맹활약하는 김문호(37, 전 한화 이글스)와 이홍구(33, 전 KT 위즈) 선수를 보 면 더 그렇다.

　김문호 선수는 아마추어 시절 '천재 타자'로 불렸다. 하지만 프로야구 입단 후, 그 천재성을 끝내 보여주지 못했다. 부진한 성적으로 치열한 주 전 경쟁에 밀려 결국 이적했다. 하지만 큰 반전 없이 곧바로 은퇴했다. 이 홍구 선수도 비슷했다. KIA 타이거즈 향후 10년 미래를 책임질 포수 유망 주로 판단되어 꾸준히 관리받았다. 그러나 발전이 더뎌 결국 경쟁에서 밀 리고 서른 살의 이른 나이에 은퇴했다.

　두 사람은 프로야구라는 항상 경쟁하는 냉혹한 현실에서 결국 패자였 다. 하지만 지금 〈최강야구〉에서 야구선수의 꿈을 이어간다. 그 대신 과 거와는 다르게 임한다. 김문호 선수는 프로야구 선수 때와 다른 타격 태도 로 타석에 선다. 본인도 득점을 내 조명받고 싶겠지만, 다른 선수가 점수를 얻을 수 있도록 본인을 희생한다. 이홍구 선수는 〈최강야구〉에서 부활을 꿈꾸며 프로야구 선수 때보다 몸무게를 20킬로그램 감량했다. 평생 포수로 활약했던 것을 고집하지 않으며, 낯선 1루 수비에 도전한다. 그 이유는 단 한 가지, 야구를 하고 싶다는 간절한 소망 때문이다.

그렇게 〈최강야구〉는 익숙했던 것에서 멀어진 패자였던 선수들의 시행착오를 다룬다. 이것이 시즌마다 야구의 꿈을 한 번 접었던 선수들이 다시 야구를 하려고 모이는 주된 배경이다. 무언가가 성장하고 변화하려면 늘 당연시하던 것을 버려야 하는 법이다. 〈최강야구〉는 매주 선수들의 변신과 그 과정을 담담하게 전달한다. 패자부활전이 없는 세상에서 과거 패자였던 야구 선수들이 '부활'하려는 모습에 시청자는 다시 한번 크게 공감한다. 대중이 이 방송에 열광하는 세 번째 이유다.

나가며: 맥락 없는 '간접광고'와 부적절한 '언어'

성공한 방송이 언제나 안고 있는 고질적인 문제가 있다. 바로 '간접광고(PPL)' 문제다. 현재 〈최강야구〉는 단순히 특성 상품을 홍보하는 수준을 넘어 노골적인 광고로 시청자들의 몰입을 방해한다. 지금까지 〈최강야구〉가 간접광고로 시청을 방해한 구체적인 상황은 다음과 같다. 선수들이 경기를 앞두고 특정 장소에 삼삼오오 모여 있다. 아무런 설명이 없는 상황에서 선수들은 갑자기 무언가를 먹기 시작한다. 곧바로 음식의 상호가 자막으로 노출되고, 선수들이 음식의 맛과 특징을 강조한다.

비단 음식과 관련된 간접광고만 그런 게 아니다. 〈최강야구〉는 아무런 맥락 없이 갑자기 선수들끼리 진통, 국소 마취 성분이 포함된 첨부제인 '파스'를 서로에게 자주 붙인다. 이들은 "손가락에도 붙일 수 있어", "냄새가 하나도 안 난다"며 상품 기능과 사용법을 구체적으로 말한다. 선수들은 심지어 '케토톱'이라는 특정 상호를 연신 외친다.

현재 방송통신심의위원회 '방송심의에 관한 규정' 제47조는 간접광고에 대해 시청 흐름을 방해하지 않는 선에서, 프로그램의 특성이나 내용 전개 또는 구성상 불가피한 경우에만 허용된다고 정의한다. 물론 〈최강야구〉는 지금까지 방심위 간접광고 규정을 어겨 제재받은 적이 없다. 하지만 처벌받지 않았다는 사실이 아무런 문제가 없다는 것을 보장하지는 않는다. 앞으로 〈최강야구〉가 간접광고 관련, 큰 규제를 받기 전에 미리 개선해야 할 부분이다.

반복되는 부적절한 언어 사용도 문제다. '맛도리'라는 표현이 특히 그렇다. 방송에서 출연자들은 '대적하기 쉬운 선수', '만만한 선수'라는 의미로 맛도리라는 말을 자주 사용한다. 현재 국립국어원에서는 이 단어를 두고 공식적으로 "쓰임을 어휘 자료에서 찾을 수가 없다"라며 "맛도리와 의미상 관련이 있어 보이는 '마토리'에 대한 정보도 일본어 사전에서 찾지 못했다"라고 답했다. 그동안 의미의 출처를 정확히 알 수 없는 괴상한 표현이 〈최강야구〉에서 씌어왔다.

아울러 〈최강야구〉에서 흔히 사용하는 '노조'라는 단어도 문제다. 이 말은 "노동자의 사회적·경제적인 지위 향상을 목적으로 노동자가 조직한 단체"를 의미한다. 하지만 〈최강야구〉는 본래 의미와 다르게 '자주 경기에 뛰지 않고 벤치를 지키는 사람'이라는 뜻으로 쓴다. 심지어 부상으로 경기에 나서지 못하는 선수를 놓고 '노조 가입'이라는 자막으로 강조한다. 특정 단어와 집단에 대해 강한 편견과 오해를 심어주는 우려스러운 표현이 〈최강야구〉에서 자주 사용되고 있다.

불특정 다수가 시청하는 방송은 다른 어떤 매체보다 파급력이 강하다. 따라서 시청률과 화제성이 높은 방송일수록 광고와 화면 구성, 언어선택에 더 신중해야 한다. 현재 〈최강야구〉는 시즌 3은 막바지로 치닫고 있다. 앞으로 시즌 4, 5로 연착륙하기 위해선 지난 성과를 되돌아보며, 그동안 소홀히 했던 간접광고와 부적절한 언어 사용을 꼭 손봤으면 한다. 항상 스스로 부족함을 고민하고 개선하는 것과 그렇지 않은 것은 그 차이가 크다. 〈최강야구〉 시즌 3 내내 보여준 선수들의 모습처럼 미흡한 점을 스스로 깨닫고 변화해, 성장하기를 기대해 본다. 🔚

지금이 아니면 안 되는 일, 다큐멘터리 방송의 미학과 역할

SBS 다큐멘터리 〈학전 그리고 뒷것 김민기〉

오승재

들어가며: '지금이 아니면 안 되는 일'로서의 다큐멘터리 방송

지금이 아니면 안 되는 일이 있다. 더 이상 나중으로 미룰 수 없는 일, 그러므로 반드시 지금 해야 하는 일, 그래야만 비로소 의미가 있는 일. 〈학전 그리고 뒷것 김민기〉(2024.4.21~2024.5.5)의 제작 배경에도 '지금이 아니면 안 되는 일'이라는 의식이 담겨 있다. 실제로 제작진은 소극장 학전이 문을 닫게 되었다는 소식을 듣고 "우리가 뭐라도 해야 되지 않을까"라는 이야기를 나누다 다큐멘터리 제작을 결심했다고 한다.[1]

　다큐멘터리 콘텐츠가 말 그대로 쏟아지고 있다. 지난해 발표된 다큐멘

---

[1]　"'뭐라도 해야 되지 않을까' … <학전 그리고 뒷것 김민기> 제작진이 밝힌 다큐 제작 이유", SBS, 2024년 4월25일 자, https://news.sbs.co.kr/news/endPage.do?news_id= N1007624642(검색일: 2024.8.23).

터리 영화만 71건, OTT 한국 오리지널 다큐멘터리 콘텐츠가 21건에 이른 다. OTT가 자체 제작하지 않고 스트리밍 서비스만 제공한 다큐멘터리 콘 텐츠는 무려 1738건에 육박한다.[2] 이러한 상황에서 다큐멘터리 방송은 자 신만의 미학과 역할을 증명하기를 요구받고 있다. 동시에 한편으로는 OTT에 대한 이해와 협력을 기반으로 시대 변화에 따라 생존을 모색해야 할 상황에 직면했다. 분명한 사실은 "다큐멘터리는 방송사의 과감한 투자 가 있어야만 탄생한다"라는 암암리의 공식이 더 이상 통하지 않는 시대가 도래했다는 것이다.

이러한 상황에 〈학전 그리고 뒷것 김민기〉는 '지금이 아니면 안 되는 일'로서의 다큐멘터리 방송이 지녀야 할 미학과 역할이 무엇인지 증명해 냈다는 점에서 의의가 있다. 그 의의는 성과로도 나타났다. 3부작 모두 동 시간대 시청률 1위를 기록했으며[3] 방송통신심의위원회 이달의 프로그램 상(2024년 7월)을 비롯한 여러 수상의 영예를 얻었다.[4] 물론 〈학전 그리고 뒷것 김민기〉가 얻은 성과는 프로그램의 주제로서 김민기라는 인물의 서 사와 캐릭터로부터 비롯된 것이라는 점을 부정할 수 없다. 하지만 다큐멘 터리 방송으로서 미학과 역할을 증명했기 때문에 얻은 결실이기도 하다 는 점도 부정할 수 없다고 말하고 싶다.

따라서 이 글은 〈학전 그리고 뒷것 김민기〉에 나타난 '지금이 아니면 안 되는 일'로서의 다큐멘터리 방송에 대해 미학 측면의 시의성과 역할 측 면의 접근성 중심으로 살펴본다.

---

2   박채은·한지수, 「2023년 한국 다큐멘터리 산업 현황 조사」(DMZ국제다큐멘터리영화제
     사무국 보고서, 2024).

3   "'학전 그리고 뒷것 김민기' 3부작 종영 … 3.3% 동시간대 1위, 유종의 미", 《일간스포츠》,
     2024년 5월 6일 자, https://isplus.com/article/view/isp202405060052(검색일: 2024. 8. 25).

4   "방심위 '이달의 프로그램'에 SBS '학전 그리고 뒷것 김민기'", 연합뉴스, 2024년 7월 17일
     자, https://www.yna.co.kr/view/AKR20240717132300017?input=1195m(검색일: 2024. 8. 25).

아슬아슬 줄타기: 신속한 제작과 방영인가, 주제에 대한 충실성인가?

2024년 3월 15일 소극장 학전이 문을 닫았다. 폐관한다는 소식이 알려진 것은 그보다 넉 달 전이었다. 김민기 대표의 위암 투병과 만성적인 경영난이 폐관의 이유였다. 1990년대 연극, 뮤지컬, 콘서트 공연으로 시대를 풍미한 학전의 폐관 소식에 사람들은 저마다 연관된 추억을 돌아보며 안타까움을 표했다.[5] 학전을 지켜야 한다는 목소리와 더불어 인연을 맺었던 가수들이 '릴레이 콘서트'를 열겠다며 팔을 걷고 나서기도 했다.[6]

문화예술계를 중심으로 학전 폐관 소식에 뒤숭숭하던 연말 〈학전 그리고 뒷것 김민기〉는 제작을 시작했다. 시의성 있는 출발이었다. '우리가 뭐라도 해야 되지 않을까'에서 시작된 다큐멘터리 방송 제작은 기획과 촬영을 동시에 진행해야 할 정도로 촉박한 일정에 따라 진행되었다. 자료 조사와 관련된 어려움도 있었다. 다큐멘터리 방송의 주인공인 김민기가 "본인의 업적 남기는 것을 극도로 꺼"린 탓에 "여러모로 남아 있는 기록을 찾기가 쉽지 않아서 막막"했다는 메인 연출 PD 이동원의 후일담은, 촉박한 일정과 자료 조사의 어려움이 만든 난관의 크고 높음을 충분히 짐작할 수 있게 한다.

그러나 〈학전 그리고 뒷것 김민기〉 제작진은 끝내 난관을 돌파하기에 이른다. "김민기의 삶은 워낙 방대해서 많은 사람을 만나서 조각을 모아야 할 거다"라는 배우 장현성의 조언에 따라 제작진은 "3개월 간 거의 매일

---

5   "소극장 문화 상징 '학전', 운영난으로 33돌에 문 닫는다", ≪한겨레≫, 2023년 11월 9일 자, https://www.hani.co.kr/arti/culture/culture_general/1115558.html(검색일: 2024.8.28).

6   "대학로 '학전' 폐관 소식에… 가수들 '릴레이 콘서트'", ≪동아일보≫, 2023년 11월 8일 자, https://www.donga.com/news/article/all/20231117/122238004/1(검색일: 2024.8.28).

1~2명씩 사람들을 만나 인터뷰"하는 방식으로 김민기에 대한 기억과 기록을 모았다.[7] 촉박한 제작 일정에도 불구하고 제작진은 서두르거나 재촉하지 않았다. "인터뷰이 한 사람 한 사람이 궁금하다는 느낌"을 갖고 "방송일이 며칠 안 남은 걸 생각하면 인터뷰를 정중히 고사해야 하는 상황인데도 그 이야기가 궁금해서 인터뷰를 진행"하기도 했다.

다큐멘터리 방송 제작 과정은 매 순간 아슬아슬 줄타기와 같아 보인다. 신속한 제작과 방영을 우선해야 하는지, 주제에 대한 충실성에 보다 집중해야 하는지를 두고 제작진은 하루에도 수십 번 마음이 뒤바뀔 테다. 이러한 딜레마에 정답은 없을 것이다. 다만 분명한 사실은 〈학전 그리고 뒷것 김민기〉가 아슬아슬 줄타기를 잘해냈다는 점이다. 아니라면 어떻게 시청자가 만날 수 있었겠는가. 가수도 연출가도 아닌 노동자 김민기의 이야기를.

내실 있는 다큐멘터리 방송의 토대: 방송 프로그램 실무 경험과 역량의 축적

1970년대 초반 김민기가 가사와 곡을 쓴 「아침이슬」이 자신의 의사와는 무관하게 군사독재에 대한 저항의 상징이 되면서, 김민기의 이름으로는 어떤 곡도 쓰고 부를 수 없는 상황이 된 때였다. "학생운동에 대해 별 관심도 없었던" 그가 "하루아침에 주목받는 운동권 학생이 되어버린 것"이었다. 그 때문에 김민기는 인천의 피혁공장에 취직해 총무과 사무직원으로 일하기 시작했다. 김민기 본인은 "먹고살기 위해서" 갔다고 하지만 그 공장에서도 다채

---

7   "'뭐라도 해야 되지 않을까' … <학전 그리고 뒷것 김민기> 제작진이 밝힌 다큐 제작 이유", SBS, 2024년 4월 25일 자, https://news.sbs.co.kr/news/endPage.do?news_id=N1007624642(검색일: 2024.8.23).

로운 이야기가 피어났다. 달리 말하면 '뒷것 김민기'의 삶을 다루는 과정에서 빼놓을 수 없는 이야기라는 뜻일 테다.

문제는 사전에 제작진이 파악하고 있던 정보가 "김민기가 공장에서 일한 적이 있다"는 수준이었던 것이다. 그러나 제작진은 이러한 난관까지도 극복해 낸다. 〈학전 그리고 뒷것 김민기〉 제작진은 SBS 시사교양본부에서 일한 PD와 작가들로 구성되어 있었다. 그들이 〈궁금한 이야기 Y〉나 〈그것이 알고 싶다〉와 같은 시사교양 방송 프로그램을 제작하면서 갈고 닦은 취재력이 빛을 발한 것이었다. 제작진은 수소문 끝에 1977년 인천 피혁공장에서 김민기와 함께 일했던 생산직 노동자를 찾아 인터뷰했다.[8] 그는 세상이 몰랐던 노동자 김민기의 일화를 여과 없이 이야기했다. 그 이야기를 들은 덕분에 이어서 만나게 되는 김민기 제작 노래굿 〈공장의 불빛〉이 주는 울림은 배가될 수밖에 없다.

탁월한 다큐멘터리는 탁월한 사람이 만들 확률이 높다. 주제에 대한 충실성을 잃지 않으면서도 당시 사회의 사정이나 요구에 뒤처지지 않기 위해서는 진정성만 갖춰서는 부족하다. 다양한 인력이 실무 경험을 쌓으며 전문적인 역량을 지속적으로 축적할 수 있는 체계가 구축될 때, 비로소 다큐멘터리 방송의 지속성 또한 담보할 수 있다. 그것이야말로 내실 있는 다큐멘터리 방송의 역사를 쌓아갈 수 있는 토대가 될 테니 말이다.

다큐멘터리 방송의 미학: 시의성

앞서 살펴본 바와 같이 〈학전 그리고 뒷것 김민기〉 제작진은 촉박한 제작

---

8   "시청률 1위 해도 빚진 마음 … '김민기 다큐'는 아직 안 끝났습니다", ≪오마이뉴스≫, 2024년 7월 11일 자, https://omn.kr/29e41(검색일: 2024.9.2).

일정을 맞추면서도 주제에 대한 진정성 있는 태도를 잃지 않았다. 방송사에서 방송 프로그램을 제작하며 축적한 다양한 실무 역량이 한데 모였기 때문에 실현할 수 있는 모습이었을 것이다.

바로 여기서 다큐멘터리 방송의 미학으로서 시의성이 갖는 의미를 유추할 수 있다. 우리는 단순히 지금 당장 일어나고 있는 일에 대해서 가장 먼저 말을 하면 시의성을 갖추었다고 착각을 하게 된다. 마치 터치 패드에 가장 먼저 손을 대면 우승하는 수영 경기처럼 말이다. 그러나 방송, 특히 주제에 대한 보다 깊은 고찰을 필요로 하는 다큐멘터리 방송의 경우에는, 시의성을 신속성으로 오독하는 오류를 범하는 순간 그 존재 의의와 가치에 치명타를 입게 될 가능성이 크다. 촉박한 제작 일정에 쫓겨 내실 있는 프로그램을 만들지 못하는 우를 범하게 될 수밖에 없으니 말이다. 그러한 맥락에서 시의성은 다큐멘터리 방송의 미학이라 표현해도 과언이 아니다.

이렇기 때문에 시의성은 신속성이 아닌 그 자체의 고유한 의미로서 살릴 필요가 있다. 시의성의 사전적 의미는 '당시의 사정이나 사회의 요구에 알맞은 성질'이라고 한다. 사전적 의미에 의하더라도, 시의성이 신속성을 내포하는 개념이라는 점 또한 주목할 만하다. 당시의 사정이나 사회적 요구에 부합하기 위해서는 누구보다 신속하게 그 사정과 요구를 포착해야 하기 때문이다.

〈학전 그리고 뒷것 김민기〉가 시의성을 갖춘 다큐멘터리 방송이라고 힘주어서 말하는 이유가 바로 여기 있다. 〈학전 그리고 뒷것 김민기〉는 당시의 사정과 사회 요구라는 두 마리 토끼를 모두 잡았다. 우선 당시 사정으로서 소극장 학전의 폐관이라는 역사적인 순간을 앞두고 공간이 남긴 의미를 정리하는 작업을 충실히 수행했다. 학전이라는 공간의 소멸로 상실감과 안타까움을 느끼는 많은 이들에게 자신의 추억을 돌아보고 그 추억에 개인적·사회적 의미를 부여하도록 도왔다. 그 공간을 온 힘 다해서 꾸려온 김민기가 남긴 족적을 따라가는 여정을 통해, 힘겨운 시기를 버텨 낸 1970~1990년대 문화예술인들의 희로애락을 펼쳐 보이기도 했다.

사회의 요구 역시 잘 받아 안았다고 평가할 수 있다. 다양한 지점이 있 겠지만 하나를 꼽자면 '존경할 만한 어른'을 찾아 헤매고 있는 사회 구성원 들에게 '존경할 만한 어른'으로서의 김민기가 좀처럼 세상에 드러내지 않 았던 다양한 면모를 보여줬다는 점을 분명히 짚고 싶다. 농부 김민기, 야 학교사 김민기, '해송유아원' 후원자 김민기, '밥과 4대 보험' 챙긴 대표 김 민기 ……. 앞에 나서기를 꺼려하면서 항상 뒤편 어느 한구석에서 가치를 지키고 만든 어른이 존재했다는 사실을 확인하는 일은 그 자체만으로도 위안, 용기가 되기에 충분하기 때문이다.

시의성을 신속성으로 오독하지 않으면서도 꾸준히 나아온 결과 〈학전 그리고 뒷것 김민기〉는 시류에 맞는 방송을 시청자 앞에 선보일 수 있었 다. 3월 중순 폐관의 여운이 희미해질 무렵인 4월 하순 TV를 통해 전파를 탄 〈학전 그리고 뒷것 김민기〉는 학전과 김민기가 남긴 가치와 이야기의 힘을 지속시켰다. 마지막 3부의 경우 5월 5일 어린이날 전파를 타면서 어 린이에 대한 학전과 김민기의 진심 어린 애정이 시청자에게 더욱 뜨거운 온도로 가닿도록 도왔다.

시의성은 다큐멘터리 분야에서 OTT나 다른 매체보다도 방송이 강점을 가진 특징에 해당한다는 점에서 살펴볼 실익이 더욱 크다. OTT는 사전제 작 시스템으로 운영되는 경향을 띠기에 시의성 있는 다큐멘터리를 즉각적 으로 내놓기 쉽지 않은 구조. 다른 매체의 경우도, 예를 들면 유튜브는 시청자 조회수의 88.2%가 쇼츠, 다시 말해 짧은 길이의 영상에 집중되는 경향을 보여 50~60분 분량의 다큐멘터리 영상을 공급하기에는 플랫폼상 한계가 명확하다.[9] 영화의 경우에는 상영 공간과 매체, 장르의 특성에 따른 차이가 있기 때문에 단순 비교하기에 적절하지 않다.[9] 따라서 시의성은 다큐멘터리 방송의 미학일 뿐만 아니라 강점이자 차별화 지점이라고 할 수 있을 것이다.

다큐멘터리 방송의 역할: 접근성

시의성 못지않게 다큐멘터리 방송의 중요한 지점은 다름 아닌 접근성이다. 여기서 접근성은 시청자가 방송에 접근하기 용이해야 한다는 개념이면서, 동시에 방송사(제작진)가 시청자에게 접근하기 용이해야 한다는 개념이기도 하다. 그러한 맥락에서 특히 다큐멘터리 방송은 다른 분야의 방송 프로그램과는 달리 특정한 인물이나 사건, 현상을 주제로 다루는 경우가 많으며, 이 때문에 접근성에 대한 보다 심도 깊은 고려가 필요하다. 주제별로 주 시청자에게 최대한 가닿도록 노력을 기울일 필요가 있기 때문이다.

〈학전 그리고 뒷것 김민기〉는 학전, 김민기와 동시대를 경험한 50대 이상의 중장년층을 주 시청자로 설정할 수 있을 것이다.[10] OTT 서비스의 보급 확대에 따라 세대를 불문하고 그 이용률이 높아졌다고 하지만 여전히 TV 이용률이 높은 연령대가 있으니, 바로 50대 이상 중장년층이다. 방송통신위원회가 실시한 「2023 방송매체이용행태조사」에 따르면 "주 5일 이상 TV를 이용하였다"라는 응답이 50대는 86%, 60대와 70세 이상은 각각 95.3%, 97.5%로 나타났다. 50대 이상 중장년층의 절대다수가 여전히 주 5일 이상 TV를 보고 있다는 것이다. 반면에 OTT 이용률의 경우 50대는

9   "유튜브 시청자 10명 중 7명이 쇼츠로 유입", 연합뉴스, 2023년 2월 1일 자, https://www.yna. co.kr/view/AKR20230201038300017(검색일: 2024.9.5).

10   40대 이하 역시 주 시청자로 설정할 수 있으나 분량의 한계로 인해 여기서는 제외한다.

81%로 TV 이용률과 비슷한 수치를 보였고, 60대는 61%, 70세 이상은 23.2%에 그치면서 TV 이용률 대비 낮은 수치를 기록했다.[11]

그러한 의미에서 다큐멘터리 방송은 접근성을 보장하는 차원에서 여전히 존재 역할적 의의와 가치를 갖는다고 할 수 있다. 〈학전 그리고 뒷것 김민기〉는 TV 매체 방영을 통해 중장년층 시청자의 접근을 용이하게 했으며 중장년층 시청자에 대한 방송사와 제작진의 접근 역시 용이해졌다. 다큐멘터리 방송이 지켜야 할 역할을 적절히 수행한 셈이다.

나가며: 다큐멘터리 방송, 노래처럼

어떤 이름은 노래처럼 불린다. 여기서도 저기서도 불리지 않는 법이 없다. 누구 하나 시키지 않았는데 삼삼오오 모이기만 하면 저절로 그 이름을 부른다. 그 이름을 부르며 어떤 사람은 뛰는 가슴을 주체하지 못한다. 또 어떤 사람은 눈물을 훔친다. 그 이름은 입에서 입으로, 귀에서 귀로 전해진다. 그러다 보면 어느새 마음 한구석에 남은 그 이름을 중얼거리는 자신을 보게 된다.

김민기라는 이름이 그렇다. 학전 간판은 철거되었다. 당사자는 세상을 떠났다. 하지만 철거되지도 떠나지도 않은 그 이름, 김민기는 남았다. 마치 노래처럼 사람과 사람 사이에 남아 지금도 세상 곳곳에 깃들고 있다. 그 모습도 참 다양하다. 가수로, 작사가로, 작곡가로, 기획자로, 연출자로, 노동자로, 야학교사로, 심지어는 농민으로 ……. 김민기라는 이름을 기억하는 사람들의 마음에 새겨지지 않았나.

---

11   정용찬·김윤화, 「2023 방송매체이용행태조사」(방송통신위원회·정보통신정책연구원 방송매체이용행태조사 보고서, 2024).

문득 다큐멘터리 방송도 비슷한 원리로 작동할 수 있지 않을까 생각해 본다. 앞으로도 미학과 역할을 두루 갖춘 다큐멘터리 방송이 노래처럼 여기서도 저기서도 불리면 좋겠다. 아직도 이 세상에는 '지금이 아니면 안 되는 일'이 셀 수 없이 많으니까. ░

Best 파트너의 세상을 위하여

이유빈

최근 2024 파리 올림픽으로 발생한 공백에도 불구하고 순간 시청률 20퍼센트를 넘으며 순항 중인 드라마가 있으니, 바로 SBS의 금토 드라마 〈굿파트너〉다. 〈굿파트너〉는 실제 이혼 전문 변호사가 극본을 맡아 법정 드라마의 핵심인 전문성과 현실성을 잡아내는 데 성공했다는 평을 받았다. 또한 주연 배우로 장나라가 출연하는 등 드라마의 주축으로 안정적인 연기력을 확보한 것으로 보인다. 〈굿파트너〉는 메인 홍보용 포스터에서 볼 수 있듯이, 스타 변호사인 차은경과 신입 변호사인 한유리가 투 톱으로 나오며 그들의 일과 삶을 모두 비추고자 하는 오피스 드라마다. 대척되는 특징이 많은 두 인물로 인해 드라마는 첫 회부터 흥미진진한 스토리라인으로 시청자를 사로잡는 데 성공했다. 해당 드라마는 총 16부작 예정으로 현재 종영 전이다. 그러나 회차를 거듭할수록 폭발적인 시청률만큼이나 우리가 주목해야 할 비판의 지점이 곳곳에서 발견되고 있다. 이 글에서는 드라마의 내적, 외적으로 개선이 필요한 점들을 분석해 보고자 한다.

우선 첫째, 〈굿파트너〉는 진부하고 구시대적인 가치관을 따른다. 〈굿파트너〉는 당초 스타 이혼 변호사의 이혼 쇼를 예고하며 드라마 전반부의 반전과 긴장감을 충족시켰다. 한 예로 한유리가 차은경에게 남편의 불륜 사실을 알리는 장면이 있는데, 차은경은 이미 그 사실을 알고 있었다는 반전을 통해 이 캐릭터의 성격과 욕망을 효과적으로 보여주고, 그의 '스타'적 속성이 본인의 이혼에는 어떤 카타르시스로 작용할지 궁금케 한다.

그러나 진행되는 스토리는 '스타'와 '쇼'라는 기대에 부응하지 못하는 것으로 보인다. 외도를 한 남편보다는 내연녀와의 갈등을 주 소재로 삼아 내연녀를 징벌하는 과정을 앞세워 보여준다. 또한 남편의 불륜 계기를 설득하고자 차은경이 '아내' 혹은 '엄마'로서 가정에 헌신하지 않아 가정 붕괴를 야기했다는 구시대적 도식을 그대로 차용함으로써 불륜을 저지른 남편에게 오히려 면죄부를 주는 듯한 뉘앙스를 풍긴다. 이는 여성의 사회 진출이 장려되는 현대 사회상에 전혀 부합하지 않는다. 흔히 입시생을 둔 가정에서는 자녀의 성공을 위해 열성적인 엄마와 돈 많고 무관심한 아빠가 필요하다는 농담 같은 주문이 있다. 이는 여전히 가정 내 남성의 역할을 경제 활동에 국한하고, 여성이 그 외의 것을 책임져야 한다는 믿음의 발산이다. 다만 이를 전복시켜 차은경이 경제력 있는 남성, 남편은 가정을 돌보는 여성의 역할로 재분배한 것뿐인데, 〈굿파트너〉는 차은경에게 가정 파탄의 계기라는 무리한 부담을 지운다. 자녀가 그로 인해 부모와 적절한 유대 관계를 쌓지 못해 정신적으로 고통스러워한다는 죄악감은 덤이다.

이는 여성이 사회 구성원으로서 경제 활동을 하는 역할보다 여전히 가정에 종속되어 있어야 한다는 구시대적 시대관일 뿐만 아니라, 여성에게 지나친 역할을 배분하는 가부장적 가치관에 편승하고 '일하는 여성은 가정 내에서는 죄인'이라는 프레임을 양산한다. 또한 내연녀와 차은경의 대척 관계에 초점을 두며 흔히 말하는 '여자의 적은 여자' 공식을 공고히 하는 스토리는 진부함을 넘어 일종의 여성 혐오 정서까지 포함한다. 극 중 내연녀는 커리어의 성장 단계에 있는 미혼 여성이고, 이는 이미 커리어의 고점을 달성한 기혼 여성인 차은경과 분명하게 대비된다. 여기서 미혼 여성과 기혼 여성의 갈등 상황을 오직 불륜을 저지른 남성을 중심으로 풀어나가려 하기 때문에 문제가 발생한다. 극 중 내연녀는 능력을 인정받고 승진해 자신의 방을 갖고 싶다는 소망을 언급했는데, 이것을 캐릭터의 주도적인 성장 과정이 아니라 위계에 의한 단죄 수단으로 치환해 버린다. 차은경이 내연녀를 승진시키고 곧바로 해고하는 장면이 그렇다.

또한 〈굿파트너〉는 이러한 모든 과정에서 남성의 존재를 의도적으로 지운다. 남편은 스토리의 진부한 연결책에 불과하다. 간혹 튀어나와 자신의 불만과 분노를 표출해 두 여성 캐릭터의 다음 행동을 촉진하는 기능으로만 작용한다. 이로 인해 주 가해자가 부재한 상황에서 남은 여성끼리 갈등과 해결을 온전히 감당해야 한다. 여성의 사회 진출과 돌봄의 공백, 그리고 능력주의 사회의 단면 등 구조적 문제들을 〈굿파트너〉는 오직 여성 개인의 책임으로 축소한다. 이는 여성 혐오를 양산하는 매우 전형적인 접근법이다. 〈굿파트너〉는 10화에서 내연녀를 징벌하는 또 다른 장치로 유산을 택했는데, 이때 내연녀는 흰색 원피스를 입고 등장한다. 통상 웨딩드레스의 색으로도 쓰이는 흰색은 순결과 순수함을 상징하며, 그러한 이미지는 기존 미혼 여성에게 부여된 사회적 여성성 중 하나다. 이를 징벌 소재로 사용함으로써 해당 작품은 여성성을 박탈당한 것이 미혼 여성에게 큰 벌이라는 식의 혐오 시선을 적나라하게 드러낸다.

둘째, 〈굿파트너〉는 여성 주연 투 톱으로 홍보를 했음에도 '워맨스'를 제대로 활용하지 못하는 한계를 보인다. 해당 작품의 기획 의도를 보면 차은경과 한유리를 주축으로 삼았고, 앞서 언급했던 대표 홍보용 포스터 또한 두 여성 변호사의 투 톱 체제임을 대대로 선언하고 있다. 그러나 드라마 전개가 지나치게 이성애에 기대고 있음은 분명하다. 기성세대와 젊은 세대의 관계적 성장과 일명 '케미'를 기대했을 시청자들에게는 매우 안타까운 지점이다. 특히 해당 작품 4화에서 비혼주의를 선언했던 한유리가 동료 남성 변호사와 술에 취한 채 인사불성으로 이성적 관계를 맺는 장면은 불필요하다 못해 '한유리'라는 캐릭터의 본질을 훼손한다. 그는 이미 미래의 선택지 중 하나로 결혼하지 않기를 택했다. 그 결정이 바뀔 가능성은 충분히 있을 수 있지만. 그것이 비이성적인 상태에서 손쉽게 전복되는 방식은 피했어야 했다.

실제로 극 중 한유리가 관계 맺은 것을 자각한 후 곧바로 자괴감에 빠지는 감정이 고스란히 드러난다. 해당 장면은 남녀 캐릭터에 대한 너무나 손쉽고 게으른 접근법이며 시청자들이 함께 성장 중이던 신입 변호사 한유리 캐릭터에 쌓아온 믿음을 농락하는 기만이다. 또한 극 중 한유리라는 인물이 비혼주의를 결심하게 된 데는 부모 세대의 갈등이 큰 요소로 작용한다. 아버지의 외도로 인해 받은 상처가 캐릭터의 내면에 있고, 그것을 암시적으로 동료 남자 변호사에게도 전달한다. 그러나 〈굿파트너〉는 이런 배경을 한유리가 지닌 방어적이고 수동적 언행에 대한 일회용 핑곗거리로 사용한다. 한유리라는 캐릭터의 선택을 충분히 존중하지 않고 결국은 이성애 주의를 관철시킬 도구로 사용하는 지점은 굉장히 안타깝다. 이성애 중심의 정상 가정에 대한 과도한 집착이 워맨스 관계성을 붕괴하고 캐릭터들을 납작하게 곡해하는 것이다.

비단 한유리뿐만 아니라 차은경의 가정을 그릴 때도 비슷한 시선을 보여준다. 〈굿파트너〉는 부모의 이혼 후 아버지의 부재로 인해 힘들어하는 자녀를 비추는 방식이 매우 일관적이다. 해당 작품 11화에서는 차은경과 그의 딸 김재희가 자전거를 타는데 어느 부자가 탄 자전거가 추월하는 장면이 나온다. 김재희가 그것을 부러워하자 이를 눈치챈 차은경은 속도를 내기 위해 무리하다가 결국 자전거가 쓰러져 두 캐릭터 모두 찰과상을 입는다. 함께 캠핑을 가서도, 옆 데크에서 부모와 자녀로 구성된 가족이 텐트를 치는 장면을 끊임없이 의식하는 모습이 나온다. 모든 비교는 아버지, 어머니 그리고 자녀로 이루어진 '정상 가정'이 기준이 된다.

물론 갑작스러운 아버지의 부재는 인물의 상처와 직결될 수 있으니 감정 전개를 위해 필요한 장면이라고 볼 수도 있으나, 〈굿파트너〉의 시선은 상당히 단편적이다. 가족 구성원 하나의 부재가 아니라 '아버지'의 고정적인 역할의 부재로 상황을 연출한다. 자전거 페달을 빠르게 밟을 수 있고 가정의 나머지 구성원들을 보호하는 관념적인 '아버지'를 갖추지 못한 불완전한 존재로 이혼 가정을 비춘다. 그리고 그러한 가정은 일정한 사회적 역할을 수행하지 못할 것으로 예상한다. 차은경이 거듭 무리하여 아버지의 역할을 수행하고 실패하는 장면이 그렇다. 그 과정에서 어머니와 자녀는 상처를 받고 남성의 부재를 극복해야 할 대상으로 여기게 만든다. 전개상 후반부에는 당연히 조금 더 안정적인 가정이 될 것으로 기대된다. 하지만 특정 가정 구성원의 부재를 극복 혹은 재건의 대상으로 보는 시선은 여전히 경계해야 한다. 이는 정상 가정 외 다양한 가정의 형태를 미완의 것으로 취급하는 사회적 시선을 재생산할 뿐이다. 가정의 구성 조건을 이성애에 국한하며 그 외의 범주는 비정상으로 치부하는 것은, 실제 우리 사회에 존재하는 수많은 형태의 가정에게 무례하고 악의적인 영향을 끼침을 알아야 한다.

셋째, 〈굿파트너〉는 계급주의를 자발적으로 따르며 옹호한다. 인물의 배치가 변호사 위주이기 때문에 전문직의 중상류층 이야기가 많이 노출되는 것은 어쩔 수 없는 일이다. 그러나 그 외의 이야기를 보여주기 위한 충분한 고려가 해당 작품에서는 보이지 않는다. 애초에 대형 로펌의 변호사 수임료를 부담할 수 있어야 하므로 〈굿파트너〉에 등장하는 의뢰인의 계급은 한정적이다. 물론 재산분할과 위자료 등의 소재가 대거 등장해 흥미를 더하고 이야기 전개에 극적인 장치가 설치될 수 있다는 장점이 있다. 다만 중상류층 이외의 계층은 노출 빈도가 적은 만큼 자연스럽게 그들의 이야기는 배제된다. 흔치 않게 경제적으로 소외된 이들이 가끔 등장하기도 하는데, 그 예로 해당 작품 5화 중, 산골에 사는 위장 이혼 부부가 그러하다. 부부는 위장 이혼을 하고자 로펌에 의뢰를 했으나 이후 시간이 지나고 성공 보수를 요구하는 변호사들에게 돈이 없다며 선처를 요구한다. 그리고 그중 아내는 변호사에게 직접 재배한 농산물을 건네며 자신들의 사랑을 강조하고, 혹시 죄가 있다면 본인이 감옥에 가겠다고 말한다.

　이 장면은 한유리 변호사가 부부의 채무자 집행 재산을 공란으로 보고하기로 결심하면서 새롭게 각성하는 시퀀스로 연결된다. 이는 그동안 드라마가 조망하지 않았던 계급이 오직 전문직 계급의 정서적 각성을 위한 장치로 소모되고, 변호사라는 전문직 계급의 시혜적 태도로 산골 부부와 같은 이들의 삶이 안전하게 유지될 수 있다는 것을 시사한다. 극 중 로펌의 구조 또한 눈여겨볼 만하다. 주요 인물들이 일하는 장소이자 사건 대부분이 발생하는 로펌 사무실은 복층 형식의 특이한 인테리어를 보여준다. 계단을 통해 올라갈 수 있는 위층에는 파트너 변호사를 비롯한 전문직 인물들이, 아래층에는 그 외의 실무진이 위치한다. 애초에 해당 작품은 첫 시작부터 차은경이라는 인물의 위계와 서열을 드러내기 위해 계단을 오르며 직원들에게 우러름과 인사를 받는 모습을 트래킹 숏으로 보여준다. 변호사 계급은 반 층 위에 서서 나머지 직원을 볼 수 있는 공간을 점유한다. 이는 능력주의와 계급주의를 단적으로 드러낸 예시이며 두 계급 간의 정서적, 물리적 거리감을 유지하려는 의도로 보인다. 앞서 언급했던 것처럼 내연녀인 직원은 승진을 하여 자신의 방을 갖는 것이 소망이라고 했다.

이렇듯 계급에 따라 특정 계급이 하위 계급을 손쉽게 감시할 수 있는 구조를 만들고 그것에 모두가 복종해 그 상황을 타개할 방법으로 다른 계급으로의 이전을 꿈꿔야만 하는 배치가 매우 노골적이다. 다양한 세대와 계급을 아우르고 공감하며 논의를 펼쳐야 하는 매스미디어로서는 치명적인 결함이라고 보인다.

　마지막으로 〈굿파트너〉에서 피해자에 대한 초점을 과도하게 맞추는 연출은 어떤 의도를 내포하는지 질문해 볼 필요가 있다. 해당 작품 12화에서 가정 폭력을 다루는 장면이 나오는데, 이때 남편이 아내를 물고문하고 머리채를 잡는 등의 폭력적인 장면을 여과 없이 보여주었다. 많은 법정 드라마에서 그렇듯이 사건을 사실적으로 다루기 위해 어느 정도의 선정성과 폭력성이 병행되는 것은 사실이다. 그러나 우리 사회는 이를 경계하기 위한 논의를 끊임없이 계속해 왔고, 직접적으로 폭력 장면을 삽입하지 않고도 사건의 심각성을 충분히 전달할 수 있다는 합의를 해오고 있다. 비유나 암시를 통해서도 폭력으로 인해 발생한 피해를 전달할 수 있다는 식으로 말이다.

　그러나 〈굿파트너〉는 피해자가 가정 폭력으로 인해 고통받고 수치스러워하는 모든 순간에 주목한다. 폭력을 행사하는 남편에게 애원하며 물건처럼 끌려 다니는 장면을 낱낱이 포착하고 방영한다. 이는 피해자를 조감하는 가해자의 시선이 발현된 것이며 이러한 연출은 오직 자극을 위한 것으로 해석된다. 자극으로 점철된 장면들은 폭력이 나쁘다는 메시지를 던지기에 앞서, 폭력 그 자체를 노출하는 데 급급하다. 해당 사건이 얼마나 잔혹하고 피해자가 어떤 식으로 온 힘을 다해 살아남으려 했는지를 궁금하게 한다. 이로 인해 폭력의 본질은 흐려지고 피해자성에 주목하게 한다. 이렇듯 연출 후에 남는 것이 피해자의 고통뿐인 포르노적 시선은 매우 부도덕하며, 창작자로서의 윤리의식을 재검해 볼 필요가 있다고 보인다.

물론 〈굿파트너〉는 장르 드라마라는 정체성을 놓치지 않으면서도 여성 캐릭터 투 톱 체제를 택했다는 점은 기성 드라마의 관습에서 벗어나려는 많은 노력을 한 것으로 보인다. 또한 아직까지 보수적인 우리 사회에서 이혼이라는 소재를 활용해 다양한 휴머니즘 서사를 만들어감으로써 이혼에 대한 사회적 시선 및 인식에 긍정적인 영향을 끼칠 것으로도 보인다. 통상 서사의 결실이었던 결혼을 스토리라인 시작점에 놓으면서 그 이후의 가정 폭력, 방임, 학대 등 그동안 우리 사회에서 묵인되었던 해묵은 갈등을 수면 위로 끌어올리는 역할도 수행하고 있다. 동시에 결혼은 절대적 성공이 아니며, 따라서 이혼 또한 실패가 아니라는 메시지를 효과적으로 전달한다. 그리고 매 화 반전을 보여주는 엔딩과, 서브플롯과 메인플롯의 유기적인 연결성은 시청자로 하여금 극에 몰입하게 하고 매력을 느낄 수 있도록 했다. 이러한 많은 강점은 해당 작품이 높은 화제성을 올리고 있다는 점에서도 충분히 납득 가능하다. 다만 우리 사회 내에서 여전히 많은 담론을 이어가는 여성 혐오 문제, 계급 간 갈등 문제, 가정의 다양성 문제, 매체의 자극성 문제 등에 대한 심도 깊은 고려는 반드시 필요한 것으로 보인다. 이를 위해서는 기존 〈굿파트너〉의 문법에서 배제된 집단의 서사를 남+하고 그들의 이야기를 충분히 반영해야 할 것이다. 게으른 창작에서 벗어나 더 많은 사람들을 포용하고 울림을 줄 수 있는 작품이 탄생하길 기대한다. 🈯

제62호
좋은 방송을 위한
시민의 비평상

시대정신에서 역사 논쟁까지,
사극은 어떻게 대중을 史로 잡는가?

〈고려 거란 전쟁〉으로 돌아본 역사 드라마 논쟁과 시대 의식

이준목

역사는 역사가와 사실 사이의 지속적인 상호작용 과정이며, 현재와 과거 사이의 끊임없는 대화다.

역사학자 에드워드 카의 격언은 역사에 관심이 없는 이들이라도 한 번쯤은 들어봤을 유명한 어록이다. 이를 드라마에 빗대어 변주하자면, "사극(史劇)은 사실과 해석, 픽션과 논픽션 간의 끊임없는 대화"라고 할 수 있지 않을까?

'옛날이야기'라는 테마는 그 자체로 사람들의 마음을 끌어당기는 매력이 있다. 과거의 인물이 극적인 사건을 겪으며 역사를 만들어가는 과정은, 다른 장르보다 더욱 강렬한 서사와 핍진성을 이끌어낸다. 그래서 실존한 역사적 인물이나 시대를 배경으로 하는 대하사극은 오랜 세월 대중의 사랑을 꾸준히 받아온 장르였다.

하지만 이러한 역사 드라마의 매력이 온전히 발휘되기 위해서는 까다로운 조건들을 충족해야만 한다. 스포일러가 되는 실제 역사와의 비교, 디테일한 고증, 배우들의 연기력, 높은 제작비, 사회적 메시지에 대한 공감대까지. 역사 드라마는 대체로 현대물보다 높은 제작 난도를 요구하며 대중의 평가 또한 더 엄격한 장르로 꼽힌다.

2010년대 이후 장편 대하사극은 막대한 제작비에 비해 시청률과 화제성이 떨어진다는 이유로 방송가에서 한동안 제작을 기피하는 현상이 벌어지기도 했다. 그만큼 대중예술에서의 '역사'란, 시대를 아울러 가장 흥미롭고 매력적인 소재인 동시에 함부로 다루어서는 안 될 '양날의 검'이 될 수도 있음을 보여준다.

왜 지금 〈고려 거란 전쟁〉이어야 했나?

2023년에 방송된 KBS 〈고려 거란 전쟁〉은 최근 몇 년간 방송된 국내 사극을 통틀어 가장 논쟁적인 작품으로 기억될 것이다. 드라마는 한국사 최대의 국난 중 하나였던 '여요전쟁(麗遼戰爭)' 시대(993~1019)를 배경으로 황제 현종과 강감찬, 양규 등 고려의 영웅들이 어떻게 당대 동북아의 강대국 거란을 격퇴하고 평화를 쟁취할 수 있었는지 그 여정을 조명했다.

〈고려 거란 전쟁〉은 방송 초중반부까지만 해도 고려와 거란의 팽팽한 외교전, 2차 여요전쟁의 영웅 양규의 활약상 등 그동안 사극에서 많이 다루지 않았던 고려사를 재조명했다는 점과 진화된 전쟁 고증 장면으로 많은 호평을 받았다.

하지만 방송 후반부에 접어들며 극적 완성도의 급격한 저하와 관련해 원작자와 제작진의 갈등, 역사 왜곡에 대한 비판 등이 속출하면서 '고려컬 안전쟁'이 되었다는 각종 오명에 휩싸였고, 끝내 전반부와는 반응이 극명하게 엇갈리는 용두사미식 결말로 막을 내렸다는 평가까지 나왔다.

한편으로 이러한 〈고려 거란 전쟁〉을 둘러싼 논쟁들은, 결국 대중이 역사 드라마의 사회적 기능과 메시지를 어떻게 바라볼 것인가라는 담론과도 깊이 관련되어 있다.

〈고려 거란 전쟁〉은 '정통 사극'이라는 차별화된 아이덴티티를 강조했다. 정통 사극이 일반적인 퓨전 사극이나 판타지 사극과 가장 구분되는 지점은, 상상력에 기반한 허구보다는 역사적 사실과 고증을 바탕으로 하여 진중한 '정치 혹은 사회 드라마'의 성격으로서 인식된다는 것이다.

특히 역사 드라마 중에서도 대하사극은 주로 왕조의 실제 사건이나 위인들을 조명하는 만큼 자연히 그 시대를 바라보는 역사 인식과 사회적 메시지를 담기 마련이다.

〈고려 거란 전쟁〉은 10세기 말부터 11세기 초 고려가 처했던 국가적 위기 속에서 지금 현대 대한민국의 현실을 투영하게 만든다. 『고려사』에 따르면 당시 고려는 안으로는 강조의 쿠데타와 현종의 불안한 정통성으로 인한 정치적 혼란, 밖으로는 동북아의 강대국으로 발돋움한 거란의 위협으로 전쟁 위기에 내몰려 있었다. 이를 현시대에 대입하면, 안으로는 극심한 좌우 진영 대립과 국론 분열, 밖으로는 미국-중국 갈등과 러시아-우크라이나 전쟁, 북핵 문제 등으로 혼란한 '신냉전' 시대의 한복판에 놓인 대한민국의 상황과도 겹쳐 보인다.

전쟁론 속에 담긴 반전의 역설, 고려는 어떻게 평화를 쟁취했나?

그렇다면 1000년 전의 고려인들은 어떻게 국가적 위기를 극복하고 스스로의 힘으로 평화를 '쟁취'했을까? 드라마는 그 질문의 해답을 찾는 과정에서 먼저 '전쟁의 본질'을 진지하게 통찰하는 데 초점을 맞춘다.

〈고려 거란 전쟁〉은 제목에서처럼 전쟁사를 조명하면서도, 기존 대하 사극의 낭만적인 민족주의나 영웅주의 사관에서는 한 걸음 거리를 두었다. 오히려 전쟁의 참상을 끊임없이 부각하며 전쟁이 인간에게 얼마나 끔찍한 재난인지를 강조한다.

이러한 메시지는 주인공인 강감찬의 대사를 통해서도 여러 차례 반복된다. "한 사람의 능력으로 막을 수 있다면, 전쟁이라 부르지도 않사옵니다. 온 고려가 총력을 다해야 하는 일이기에 전쟁이라 부르는 것이옵니다", "전쟁은 누구에게나 지옥이오. 죽음의 공포와 마주서는 것은 거란이나 고려의 군사들에게나 똑같이 고통스러운 일이오". 강감찬의 신랄한 '전쟁론'은 어쩌면 전쟁의 참상을 직접 겪어본 기성세대나, 그 두려움을 체감하지 못할 젊은 세대 모두에게 깊은 울림을 전한다.

또한 적국인 거란은 단순한 선악 이분법에서 벗어나 그들이 당대의 강국으로 부상할 수 있었던 민족적인 특성과 장점, 나름의 명분과 계산을 가지고서 전쟁을 정치적으로 활용하는 현실적인 면모 등도 균형감 있게 재조명되었다.

이에 맞서는 고려의 대응도 기존 사극보다 한층 입체적으로 묘사된다. 드라마는 초반부터 현종, 강감찬, 양규, 강조, 김은부 등 각자 다른 개성과 철학을 지닌 여러 인물들이 저마다의 위치와 관점에서 자신들의 신념을 구현하고 어떻게 국가를 지켜야 할 것인지 고뇌하는 모습을 군상극으로 조명한다.

거란과의 대결에서 전면전, 게릴라전, 국왕의 몽진, 농성, 외교적 지연, 기만술에 이르기까지 그야말로 온갖 수단과 방법을 가리지 않는 고려 측의 모습은, 외적을 격퇴하는 통쾌함보다는 어떻게든 이 전쟁에서 살아남아야 한다는 약소국으로서의 처절함이 더 두드러진다. 2차 여요전쟁 파트에서 고려 백성들이 거란군의 전투용 방패막이로 참혹하게 희생되는 흥화진 전투나, 양규와 김숙흥이 사투 끝에 장렬하게 전사하는 애전 전투에서는, 이러한 전쟁의 허무함과 비극성을 한층 극대화한다.

또한 고려가 마침내 대승을 거두는 최종 전투인 귀주대첩 장면에서도, 용맹한 살인 기계 같은 거란군에 비해 고려군의 모습은 전투와 거리가 먼 일반 백성들에 가깝게 묘사된다. 군인이라기보다는 지극히 평범하고 선량한 사람들이 전장에 끌려나와 오직 살아남기 위하여 처절하게 싸워야만 하는 인간적인 모습은, 곧 나를 지키기 위해 남을 죽여야 하는 전쟁의 냉혹한 현실과 극명하게 대비를 이룬다. 그리고 두려움에 떠는 군사들을 독려하며 "고려는 죽지 않는다. 고려는 승리할 것이다"라고 주문처럼 부르짖는 강감찬의 나지막한 독백은, 한반도의 역사가 여요전쟁을 비롯한 수많은 국난과 시련 속에서도 끈질기게 살아남는 강인한 생명력으로 이어져 왔음을 일깨우며 '고려 = 오늘날의 KOREA'를 향한 응원이자 위로의 메시지처럼 들린다.

한편으로는 전쟁을 다룬 사극임에도 '외교'의 비중이 유독 부각된 것 역시 〈고려 거란 전쟁〉만의 두드러진 특징이다. 드라마는 장장 30년에 걸친 여요전쟁 기간 동안 전투 장면 못지않게 고려인들이 막전, 막후에서 외교를 통하여 전쟁을 막기 위해 얼마나 필사적으로 노력했는지 비중 있게 조명한다. 사실상 여요전쟁의 대미를 장식하는 장면도 극의 클라이맥스인 귀주대첩이 아니라, 오히려 후일담에서 승전국인 고려가 패전국 거란에 사신을 보내어 먼저 화친을 제안하는 실리 외교를 선택한 순간이다.

고려는 전쟁의 승리를 활용해 원수인 거란에 복수하는 대신 백 년간 이어질 평화라는 실리를 택했다. 귀주대첩의 영웅이자 작중 가장 강경한 주전파였던 강감찬이 대미에 이르러 유일하게 외교적 해결로 돌아올 것을 제안하는 반전과 함께, 거란 황제 앞에서도 비굴하지 않고 당당한 고려 사신의 모습으로 화룡점정을 찍는다.

이는 "좋은 전쟁이나 나쁜 평화란 존재하지 않는다"라는 벤저민 프랭클린의 유명한 격언을 떠올리게 하며, 이 드라마가 추구해 온 방향성이 '고려가 어떻게 전쟁에서 승리했나'가 아닌 '고려는 어떻게 평화를 쟁취했나'였음을 새삼 환기한다. 승자에게나 패자에게도 모두 처절했던 긴 전쟁을 거치면서 오히려 평화의 소중함을 더욱 절실하게 깨닫게 되는 과정은, 이 드라마의 진정한 주제 의식이자 시대정신이기도 한 '반전(反轉)'의 메시지를 최종적으로 완성한 장면이었다.

'역사 왜곡인가, 재창조인가', 역사 드라마 논쟁의 본질은?

한편으로 〈고려 거란 전쟁〉은 이처럼 나름의 흡인력 있는 소재와 확고한 주제 의식에도 불구하고, 정작 극적 완성도에서는 역사 왜곡과 고증 오류를 둘러싼 논쟁에서 내내 자유롭지 못했다.

대표적으로 실제 역사에서 고려 최고의 성군이던 현종은 작중 '성장형 군주'로 설정되었음에도, 개혁이나 인의라는 자신만의 명분에 갇혀 아집을 부리다가 실수를 남발하는 암군처럼 묘사되면서 공감대를 상실했다. 현종이 가장 사랑한 아내이자 모범적인 현모양처로 사서에 기록된 원정왕후는, 극 중에서 원성왕후 김 씨를 질투해 현종을 배신하고 그 측근들까지 탄압하는 흔한 궁중 악녀로 왜곡되어 드라마의 가장 큰 피해자가 됐다.

또한 드라마에는 호족과의 갈등 구도를 상징하는 박진이라는 가상인물이 등장한다. 박진이 드라마 후반부인 김훈·최질의 난 파트까지 살아남아 실제 역사를 좌우하는 '흑막'으로까지 비중이 과도하게 커지면서, 오히려 극의 개연성이 무너지고 정작 실존 인물들의 역할은 축소되거나 왜곡되는 빌미를 제공하기도 했다.

이 중 대부분은 2~3차 여요전쟁 전간기(戰間期)에 해당하는 내용으로, 32부작 가운데 17~28회에 몰려 있다. 역사서에서 찾아볼 수 없는 현종과 호족 연합의 대립, 왕비들의 궁중 암투 등 이야기 흐름상 굳이 없어도 되거나 창작에 가까운 설정이 드라마 전체 분량의 무려 3분의 1을 차지하는 기이한 구도가 되어버렸다. 이로 인해 정작 시청자들이 기대했던 1차 여요전쟁과 서희의 활약상은 작중에서 아예 생략되고, 클라이맥스인 3차 여요전쟁과 귀주대첩 분량도 마지막 4회로 대폭 축소되면서, 주객이 전도되어 버렸다는 비판을 초래한 원인이 되었다.

역사 드라마 장르를 논하면서 '역사를 소재로 재창조한 드라마'로 볼 것인가, 아니면 '드라마로 구현한 역사적 사실'에 더 무게를 둘 것인가는, 마치 닭과 달걀의 논쟁처럼 진부하지만 좀처럼 결론이 나지 않는 딜레마다.

어쩌면 〈고려 거란 전쟁〉이 초래한 논란의 본질은, 역사 왜곡 그 자체라기보다는 극적 완결성과 방향성의 변질에 대한 문제 제기에 가깝다. 마침 〈고려 거란 전쟁〉과 비슷한 시기에 방영되었던 MBC 〈연인〉은 오히려 역사라는 소재의 '재해석' 혹은 '재창조'라는 아이디어를 적극적으로 구현해 낸 것이 성공 비결로 손꼽힌다. 〈연인〉은 병자호란이라는 실제 역사를 배경으로 하고, 인조나 소현세자 같은 실존 인물들이 등장한다. 하지만 극을 이끌어나가는 주인공은 가상의 인물들이며 서사의 중심은 정치가 아닌 로맨스였다.

냉소적인 반항아와 순애보적인 면모가 교차하는 이장현, 여성이 착취당하고 억압받던 시대에 주체적이고 능동적인 여성상을 대변하는 유길채는 시대적 배경상 과거의 인물이지만, 지극히 현대적인 관점이 투영된 캐릭터라는 특징을 지닌다. 이러한 주인공은 왕조나 위인 중심으로 전개되는 지배계층 위주의 정통 사극이나 정치 사극 속 인물상과는 달리 개인의 동기로 움직이는 캐릭터로서, '아래로부터 새롭게 해석한 역사'라는 오늘날 트렌드를 대변하는 설정에 해당한다.

그리고 대중은 병자호란과 소현세자 독살 미스터리 등 가혹했던 실제 역사적 사건들 속에 던져진 연인들이 온갖 고난을 헤쳐 나가며, 그 속에서도 끝까지 버티고 살아남아 내 사랑을 지켜내는 여정에 깊이 몰입하고 공감했다. 정덕현 대중문화평론가는 "역사적 시공간을 가져오긴 하지만, 허구로 만들어진 인물들이 그려나가는 무한한 상상력의 허용"이 〈연인〉과 같은 현대 사극들의 가장 큰 매력 포인트라고 평가한 바 있다.[1]

다만 여기서 '무한한 상상력'이란, 그에 걸맞은 이야기의 세계관과 완결성이 뒷받침되었을 때만 진가를 발휘한다. 〈연인〉을 비롯해 2010년대 〈추노〉, 〈공주의 남자〉처럼 호평을 받았던 작품들의 공통점은, 퓨전-트렌디 사극인데도 오히려 시대 구현이나 고증에서 정통 사극보다 더 진일보한 완성도를 보여줬다는 것이다. 극의 중심은 가상 인물이었지만, 실존 인물과 주요 사건들을 최대한 실제 역사에 가깝게 묘사하며 자연스럽게 스토리에 녹여냈기에 찬사를 받을 수 있었다.

〈연인〉의 경우 기존의 정치 사극에서는 많이 다루어지지 않았던 병자호란 당시 청나라로 끌려간 조선인 포로와 '환향녀'의 애환을 조명하며, 역사에 기록되지 못하고 잊힌 사람들의 이야기를 상상력을 더해 구체적으로 그려냈다. 오히려 정통 사극을 표방한 〈고려 거란 전쟁〉이 무리한 각색과 재해석으로 에피소드를 끼워 맞추려다 실제 사건이나 인물들의 캐릭터까지 왜곡하는 실수를 저지른 것과 대조적이다.

최수웅 단국대학교 문예창작과 교수는 〈고려 거란 전쟁〉 논란을 비평

---

1   정덕현, 「달라진 스타일, 소재로 부활한 사극 열풍의 이면」, ≪방송작가≫, 216호(2024.3), http://www.ktrwawebzine.kr/page/vol216/07.html(검색일: 2024.8.20).

하며 "역사극에서 창작자의 잘못된 해석은 작품 밖의 피해로까지 이어질 수 있다. 작품의 논리 안에서는 허구로 인정된다고 해도, 작품 바깥에서의 파장에 대해서는 윤리적인 책임을 져야 할 수 있다"라고 지적했다.[2] 역사 드라마에서 대중의 공감을 얻지 못한 극적 상상력과 재해석은 언제든 모래 위에 지은 성처럼 무너질 수 있음을 보여준다.

시대정신의 거울, 역사 드라마는 계속되어야 한다

〈고려 거란 전쟁〉의 완성도를 둘러싼 일련의 논쟁과는 별개로, 정통 사극에 대한 시청자의 여전한 수요와 소재의 확장성을 확인했다는 사실은 중요한 성과다. 비록 드라마 업계가 제작비 상승과 편성 위축 등 위기의식이 높아진 상황이지만, KBS는 〈고려 거란 전쟁〉에 이어 2025년 방영을 목표로 새로운 정통 사극을 기획 중이라고 선언했다. 이 외에도 티빙의 〈우씨왕후〉, tvN의 〈원경〉 등 기존 역사물에서는 조명받지 못했던 고대사나 여성 서사를 내세운 사극들도 속속 등장하고 있다.

이처럼 사극들이 낡고 진부한 옛 이야기를 넘어 오늘날 화제의 중심으로 다시 부활한 데는, 최소한의 역사적 사실에 기반을 두면서도 보다 과감한 상상력을 결합하면서 다채로운 세계관의 확장이 가능해졌기 때문이다. 온라인동영상 서비스(OTT) 등 뉴미디어가 등장하며 매체 환경이 급격히 변화하는 오늘날에도 사극이라는 장르는 고대에서 근현대에 이르는 다양한 역사를 정통 사극에서 퓨전-트렌디 사극이라는 형식을 오가며 끊임없이 변주해 진화된 모습으로 시청자의 마음을 사로잡고 있다.

---

2   "'고려 거란 전쟁', 역사 왜곡으로 봐야 할까", ≪한국일보≫, 2024년 2월 7일 자, https://www. hankookilbo.com/News/Read/A2024020216230005763(검색일: 2024.8.20).

역사 드라마의 매력은 과거의 이야기이지만 곧 동시대 대중의 열망과 문제의식을 배출할 창구가 된다는 점이다. 과거부터 시청자들의 큰 반향을 일으킨 국민 사극들은 대부분 그 시대만의 가치관, 사고방식, 사회 분위기를 반영하는 고유의 '시대정신(時代精神, Zeitgeist)'을 대변했던 경우가 많았다.

파울루 프레이리는 "역사란 항상 이미 결정되어 있는 것이 아니라 가능성으로 가득하며, 미래는 숙명적으로 정해진 것이 아니라 변화의 여지가 충분하다"라고 이야기했다.[3] 역사는 과거에 고정된 이야기가 아니라 현재와 미래를 관통하는 주제로서 끊임없이 변주될 것이다. 한편으로 대중예술에서 역사적 재해석과 왜곡을 둘러싼 논란은 앞으로도 계속되겠지만, 사실과 해석의 균형을 추구하면서 작품 내적으로 완성도 있는 콘텐츠로 대중의 공감대를 이끌어내야 하는 것은, 모든 창작자들의 공통된 숙명이기도 하다. 🖋

---

3   파울루 프레이리(Paulo Freire), 『페다고지』, 남경태 옮김(서울: 그린비, 2009).

백 명 중 한 명이 아니라 백 명을

김선진

국제박물관협의회(ICOM)의 박물관 정의는 다음과 같다.

> 박물관은 유무형 유산을 연구·수집·보존·해석·전시하여 사회에 봉사
> 하는 비영리, 영구기관이다. 박물관은 모든 사람에게 열려 있어 이용하
> 기 쉽고 포용적이어서 다양성과 지속 가능성을 촉진한다. 박물관은 공동
> 체의 참여로 윤리적, 전문적으로 운영하고 소통하며, 교육·향유·성찰·
> 지식 공유를 위한 다양한 경험을 제공한다.

그리고 방송통신심의위원회가 '방송심의에 대한 규정' 제7조를 통해 명
시한 방송의 공적 책임은 다음과 같다. 방송은 "국민이 필요로 하고 관심
을 갖는 내용을 다룸으로써 공적매체로서의 본분을"(1항) 지켜야 한다. 또
"민주적 여론형성에 이바지"(4항)해야 한다. 그분만 아니라 "인류보편적

가치와 인류문화의 다양성을 존중하여야 하며"(6항), "국민문화생활의 질을 높이는 데"(9항) 노력을 기울여야 한다. 아울러 "다양한 의견과 사상을 적극적으로 다루어 사회의 다원화에 기여"(10항)해야 한다.

이렇게 보면 방송이라는 매체는 박물관, 그리고 박물관에 속하는 미술관과 상당한 교집합을 지닌다. 물론 차이는 있다. 그중 하나는 미술관이 '대중'에게 훨씬 늦게 관심을 가지기 시작했다는 점이다. 대한민국에서, 미술관이 다양한 사람들에게 적극적으로 다가가려고 시작한 지는 15년도 되지 않았다. 반면 매스 미디어로 출발한 TV는 대중과 훨씬 편안하고, 친숙한 관계를 맺어 왔다. 그래서 "모든 사람"을 위해 문턱을 점차 낮춰온 미술계와, 사람들의 안방까지 더 다양한 것들을 전달하려 나선 TV가 어느 순간 마주친 것은 자연스러울지도 모른다.

어느새부터인가 한국 TV에는 미술을 비롯한 문화예술을 다루는 프로그램들이 나타났다. 〈아트스타코리아〉(CJ E&M, 2014)부터 시작해 최근에는 〈예썰의 전당〉(KBS1, 2022~2023), 〈노머니 노아트〉(KBS2, 2023), 〈헬로아트〉(MBN, 2024), 〈화100〉(MBN, 2024.3~2024.5)까지.

이들을 포함해 많은 TV 프로그램은 미술을 다룰 때 '쉽고 재밌는' 같은 수식어를 자주 사용한다. 권위적이기보다는 수평적이고, 고급스러운 척하기보다는 대중 친화적인 TV의 속성이, 미술을 특별한 방식으로 끌어안게 만드는 것이다. 이 점이 미술관 앞에서 미술을 다루는 TV만의 장점이다.

점차 변하고는 있지만 미술관은 아직 작품에 대한 설명을 충분히 친절하게 제공하지 않는다. 또, 미술관은 서울에서도 대중교통이 활발한 중심가에 지나치게 몰려 있다. 따라서 비수도권 생활자, 교통 약자, 외출할 만한 여가 시간이 적은 사람 등은 미술관에서 미술품을 향유하기 쉽지 않다. 그러나 텔레비전에 미술이 등장한다면 이야기는 달라진다. TV는 방 안까지 미술품을 생생하게 비추어 보여준다. 그뿐만 아니라 MC와 전문가 혹은 작가가 직접 작품에 대한 해설을 곁들여주니 재미있고 쉽다.

그런데, 텔레비전은 'tele-vision'이다. 원격(tele)을 통한 시각(vision) 경험을 가능케 하는 매체다. 그 경험은 시청자의 능동적인 텍스트 독해를 통해 이루어진다. 따라서 TV는 단순히 누구나 미술작품을 집안에서 재밌게 볼 수 있게 하는 데 그치면 안 된다. MBN의 〈화100〉도 "대국민 미술 작가 오디션 프로그램"이라는 문구를 내세우며 등장했다. 만일 TV를 통해 '대국민'이 미술을 즐기게 된다면, 그것은 TV가 능동적인 경험으로서의 텔레-비전을 제공해야 가능할 것이다. 과연 〈화100〉은 그럴 수 있었을까?

〈피지컬100〉을 연상시키는 제목의 〈화100〉은 실제로 평면 회화 작업을 하는 화가 100명을 모아 한 명의 우승자를 가리는 서바이벌 프로그램이다. 프로그램의 구성과 진행은 다음과 같다.

1. 제작진이 섭외한 화가 100명의 자화상을 3명의 전문가 '에이전트'가 심사한다. 생존자 40명.

2. 생존한 화가들은 두 명씩 짝지어서 동일한 오브제를 소재로 100시간 동안 그림을 그린다. 완성물을 에이전트가 심사해 한 명만 통과시킨다. 생존자 26명.

3. 화가들은 다섯 팀으로 나뉘어, 인천 곳곳에 설치된 대형 캔버스에 48시간 동안 공동으로 그림을 그린다. 완성물을 에이전트가 심사해 점수를 매기고, 가장 점수가 높은 두 팀은 전원 생존한다. 나머지 세 조 중에서는 에이전트가 선택한 일부만 생존한다. 생존자 17명.

4. 화가들은 자신이 원하는 장르의 가수를 만나 그들의 신곡 속에 담긴 이야기를 잘 표현하는 앨범 커버를 그린다. 에이전트가 지난 미션에서의 모든 성과까지 고려해 심사한다. 7명의 생존자는 '국내외 유수의 아트페어 참가 기회' 획득.

5. 화가들은 제주의 고급 호텔에 묵으며 제주의 고대 신화를 소재로, 폐화장품을 재료로 삼아 그림을 그린다. 에이전트가 심사한다. 5명의 생존자는 '3년간 신한화구사의 미술용품 지원' 획득.

6. 화가들은 영월의 유물 창령사지 오백나한상에서 영감을 얻어 현대의 희로애락을 담은 우리 시대의 초상을 그린다. 에이전트의 심사 점수 75%, 전국 5 도시(서울, 춘천, 강원, 전라, 경상)의 곳곳에서의 시민 현장 투표(2566명) 25%를 합산해 우승자 1명을 가린다. 우승자는 '5000만 원의 활동 지원금' 획득.

서바이벌 포맷은 다양한 출연자를 통해 다채로운 재미를 선사하고, 시청자가 출연자의 우승을 응원하며 몰입하게 한다. 게다가 일반인 출연자의 낮은 인건비로 제작비를 절감할 수 있다. 당락의 발표를 다음 회차로 미룸으로써, 한 회차에 시청자를 확보하면 다음 회차의 시청률을 안정적으로 끌어갈 수 있는 장점도 있다. 그뿐만 아니라, 매 회차의 탈락자, 생존자, 최후의 우승자가 온라인으로 퍼지기 때문에 화제성을 노리기에 좋다. 2024년 9월 현재 네이버에 화100을 입력했을 때 완성 검색어로 "화100 우승자"가 추천되는 것을 보면, 서바이벌 포맷이 만들어내는 화제성이 얼마나 강력한지 알 수 있다.

사실 서바이벌 포맷의 핵심인 '경쟁과 선발'은 미술계의 오랜 제도이기도 하다. 흔히 '국전'이라 불려온 대한민국미술전람회부터 시작해 에르메스미술상, 국립현대미술관의 올해의작가상 등 여전히 미술계에선 각종 재단, 기업, 미술관이 운영하는 수상 제도가 있다. 수상 제도를 운영하는 세력은 자신이 특정 작품/작가에 권력을 나누어 준다. 그리고 그 작품/작가가 체현한 가치나 방향성이 예술계 내에서 큰 입지를 갖게 한다. 따라서 각각의 수상 제도는 미술이라는 장(field) 속에서 벌어지는 권력 싸움의 일종이다. 그렇다면 〈화100〉은 단순히 예능적 재미를 위해서 서바이벌 포맷을 채택한 것이라고 볼 수 없다. 〈화100〉은 서바이벌 예능 프로그램이면서, 수상 제도 그 자체이기도 하다. 〈화100〉에서 오랫동안 생존하거나 우승한 화가들은 〈화100〉이 부여한 힘과 가치를 얻는다.

하지만 예술품의 가치는 절대적으로 판단하기 어렵다. 시대나 사람에 따라 다른 여러 판단 중 무엇이 더 '맞는지'는 알 수 없다. 그럼에도 〈화100〉은 생존자와 탈락자를 결정 내려야만 한다. 이 문제를 해결하기 위해 〈화100〉은 "대중과 미술의 거리를 좁혀 줄 아트 에이전트 3인", 즉 전문가를 빌린다. 각자 다른 판단을 내렸을 시청자에게 결론을 납득시키고자 전문성, 대중성, 시장성 등을 논리적으로 평가하고 설명해 줄 전문가의 권위가 필요하기 때문이다.

에이전트 3인은 미술사학계와 미술비평계에서 활동해 온 심상용과 홍경한, 그리고 예술가 지원 사업 현장에서 활동해 온 김희영이다. 심상용은 대중성과 잠재성을 고려한 부드러운 평가를, 홍경한은 전문성과 예술의 사회적 책임에 기반한 냉철한 평가를 보여준다. 김희영은 시장성을 주로 평가한다. 그런데, 평가 기준을 이 세 사람만이 세우는 것은 아니다.

〈화100〉이 매번의 새 미션 시작을 알리며 외치는 문장은 "K-아트의 위상을 알리게 될 차세대 스타 화가는 누가 될 것인가!"다. 서바이벌 예능이자 일종의 수상 제도인 〈화100〉이 만든 '스타'는 어떤 가치를 체현한 스타일 것인가. 〈화100〉이 말하는 'K-아트의 위상'이라는 가치는 시장적 가치와 긴밀히 맞닿는다. 이는 프로그램의 다양한 구성 요소에서 확인된다.

우선, 전문가가 관여하지 않고 〈화100〉 제작진이 사전 섭외한 100명의 화가들은 모두 평면 회화 작업을 한다. 회화는 조각, 설치, 영상 등의 형태를 한참 제치고 미술 시장 거래액의 대부분을 차지한다. 그 이유는 납작한 회화가 판매, 관리, 운송, 향유의 모든 측면에서 까다롭지 않기 때문이다. 게다가 다양한 담론과 지식을 습득해야 이해하기 용이한 설치, 영상, 혼합 매체의 작품들과 다르게, 회화는 직관적인 예술적 경험이 가능할 확률이 높다. 〈화100〉 1화에서 모든 화가들이 들고 나오는 자화상 모두 평면 회화로서 앞서 말한 장점을 갖는다. 이러한 회화 편중은 〈화100〉에 출현한 작품과 작가가 언제든 시장에 팔리기 용이하다는 것인데, 실제로 그렇게 되었다.

〈화100〉은 국내 거대 경매사 서울옥션 등이 만든 미술품 거래 플랫폼 '하입앤컴퍼니'를 통해 방송에 출연한 작품을 판매했고, 이를 방송 중 수시로 내보내 홍보했다. 또한 아트테인먼트 회사 '레이빌리지'와 협업해 출연 작품을 NFT로 발행했다. NFT는 2020년 전후 미술 시장에 큰 거품을 잠시 일으켰던 가상화폐를 이용한 거래 방식이다. NFT 미술 시장에서는 투기에 활용되곤 하는 시장 친화적 미술품이 거래된다. 나아가 〈화100〉은 종영 후 프로그램을 후원한 기업인 '한국전시정보주식회사'가 주최한 아트페스타에 출연자 100인의 작품을 출품했다. 이러한 사실을 따져봤을 때, 아트페스타는 사실상 판매 작품을 방송을 통해 미리 광고한 것과 다름없다.

〈화100〉이 갖는 시장과의 친연성은 포맷에서도 확인된다. 우선 작가의 합격/불합격을 결정하고 공지하는 세부 요소들이 경매장을 강하게 연상시킨다. 가령 에이전트들은 '합격'이나 '탈락'이라고 말하지 않는다. 책상에 놓인 '후원' 버튼을 누르거나, "후원"이라는 글씨가 쓰인 동그란 팻말을 든다. 당락이 드러나면, MC는 나무망치를 세 번 두드려 낙찰을 선언하듯 합격을 발표한다.

헌데, '후원' 또한 미술사에서 가볍게 쓰이는 단어가 아니다. 서양 미술사에서 후원이란 부와 권력을 쌓은 귀족/왕족이 유능한 예술가의 작품 뒤에서 후광을 과시하는 방식이었다. 예술 작품을 통해 자신이 기록하고픈 역사, 기념하고픈 가치를 적어 내려온 것이다. 오늘날의 후원자인 기업은 미술관 후원을 통해 이미지를 심미화한다. 나아가 미술관의 경영과 운영, 전시 기획에 개입해 예술 검열을 시도하기까지 한다. 또 후원은 한국의 갤러리나 미술품 컬렉터들이 앞으로의 '성장 가능성'을 믿고 젊은 작가들에게 많이 사용하는 단어이기도 하다. 면세 혜택이 가득한 미술 시장에서 작가의 '성장 가능성'이란 사실상 주식이나 기업의 '성장 가능성'과 똑같은 의미다. 즉, 후원 가치란 투자 가치다. 이러한 맥락을 고려했을 때 합격도, 인정도, 응원도 아닌 '후원'이라는 단어는 기업/시장과 미술의 유착 관계, 그리고 심화된 자본주의 속에서 몸을 불린 미술 시장의 메커니즘을 강하게 환기한다.

또 〈화100〉의 서바이벌 구조는 자유시장의 구조와 흡사하다. 〈화100〉은 스타, 대국민, K-아트라는 단어를 내세우며 시장화를 시도한다. 화가들은 매 회차의 미션 때마다 100시간, 48시간 등 시간 제약을 받는다. 깊이 있는 고민을 하기에도 부족한 시간 속에서 이들은 잠을 줄이거나 연차를 쓰고 그림에만 매진한다. 문제는 이들의 모든 활동이 전부 예술 노동 혹은 창의 노동임에도, 그 대가는 너무나 멀고 불확실하다는 점이다. 이들은 미션 통과라는 미래의 불확실한 대가를 위해 어제부터 무대가로 그림을 그린다.

예술계에서는 이러한 사고의 연쇄가 익숙하다. 예술가들은 포트폴리오에 실을 만한 경력이나 경험이 된다는 이유로 형편없는 대가나 무대가를 받으면서 자기 자신을 알리기 위해 곳곳을 돌아다닌다. 이들이 대가를 받지 못하는 이유는 창작 활동을 하고 있음에도, 시장의 논리가 그 활동을 인정하지 않기 때문이다. 그나마 땡전 한 푼 없는 현실과 다르게 〈화100〉 화가들에게는 출연료가 지급된다. 그러나 그 또한 촬영 시간과 퇴근 시간, 밤과 낮을 구분하지 않고 이어지는 창의 노동의 특수성을 고려하지 못했을 것이다. 더구나 〈화100〉에 출연한 몇몇 출연자들은 작품 활동만 해서는 생계를 이을 수 없었다고 직접 토로한다. 그들의 힘든 현실은 어디서 올까? 백 명 중 한 명만을 골라내고 나머지 아흔아홉은 떨쳐내는, 진짜 서바이벌인 현실에서 기인한다. 화폐를 통한 교환 가치로 환산되지 않는 것들은 무가치하다고 일갈하는 시장주의 말이다.

〈화100〉은 화가들의 고달픈 현실과 그로부터 기인한 절박함을 예술가로서의 진정성, 순수함, 열정으로 포장한다. 그리고 정작 힘겨운 현실을 만든 예술계의 시장 실패에 대한 해결책으로 다시금 생존자 혜택이라는 시장 구조를 제시한다. 서바이벌 장르는 많은 개인이 각자의 능력을 가지고 경쟁해, 단 한 명이 모두가 납득할 만한 우승을 선취하는 메커니즘을 갖고 있다. 서바이벌 예능은 각자도생, 승자독식, 적자생존의 이데올로기를 수호하고 뒷받침한다. 이는 자유시장주의와 결합한 능력주의 이데올로기로 이어진다. 뛰어나다는 이유로 백 명 중 한 명이 나머지 아흔아홉 명보다 훨씬 더 큰 이득을 취하는 불평등 구조가 자연스러워 보이게 만든다. 백 명 중 한 명, 그것이 시장의 메커니즘이다.

그렇다면 이러한 구조를 선택한 〈화100〉이 일종의 수상 제도로서 수상사에게 부여한 가지, 출연자들을 통해 강조하고자 한 가치는 무엇일까. 물론 시장적 가치다. 〈화100〉이 보상을 제공한 최후의 7인은 전부 시장적 가치를 어느 정도 이상 체현하고 있다. 그림이 보기에 편안하거나 예쁘고, 유행에 맞고, 작품 안에 담긴 사회적 발언은 없거나 얄팍하다. 에이전트 중 홍경한이 그나마 시장성을 경계하며 예술의 사회적 책임에 대해 논평하기는 하지만, 그의 말은 공허해진다. 작가들이 자신의 당락을 쥐고 있는 평가자의 입맛에 맞추어 약간만 사회 이야기를 얹는 공략법을 시도했기 때문이다. 결과적으로 〈화100〉은 매스 미디어인 TV 방송을 통해 이른바 '시장에서 먹히는 그림', 시장에 도전하지 않는 그림에 권위를 부여한다.

그러니 '대국민 미술 작가 오디션 프로그램' 〈화100〉이 놓쳐버린 것은, '대국민 미술 작가'는 서바이벌 '오디션'을 통해 성취되지 않는다는 점이다. 대중화는 시장화와 다르다. 미술의 대중화는 시민의 문화예술 향유권 확대, 문화예술 향유와 생산 양측을 위한 넉넉한 공적 지원, 시민들의 자발적 후원에서 온다.

존 피스크의 『텔레비전 문화』(2017)에 의하면 시청자는 프로그램을 받아들일 때 그 "텍스트 밖의 경험과 태도를 끌어들이는 능력과 자유를 갖고 있다". TV는 최대한 많은 시청자를 확보하기 위해, 다양한 시청자들이 각자의 방식으로 다르게 해석할 만한 틈을 남겨두어야 한다. 사실 〈화100〉이 에이전트를 서로 다른 관점을 지닌 3명으로 구성한 것도 시청자의 다양한 독해를 허용하기 위해 그렇게 섭외한 것이다. 미술관은 해설이 없거나, 있다 해도 전문적인 단어로 가득해 종종 관람자를 압도한다. 그래서 관람자가 자신의 독해를 열등하다고 느끼게 만들고는 한다. 반면 다채로운 독해를 장려하는 TV는 시청자가 더욱 능동적으로 작품을 향유할 수 있게 만든다. 이러한 매체의 특성은 결국 서바이벌 포맷이 함의하는 승자와 패자라는 이분법, 우열을 결정하는 서열, 단일한 승자와 정답을 은근히 거부하고 뒤집는다.

예를 들어, 어떤 시청자는 탈락한 화가가 우승자보다 더 낫다고 판단한다. 에이전트들의 엇갈리는 해석 중 무엇이 더욱 타당한지 따져보거나, 자신만의 의미를 떠올리기도 한다. 실제로 〈화100〉에 대한 시청자들의 다양한 반응을 인터넷 게시물에서 찾아볼 수 있다. 이들은 투자나 후원 가치를 전혀 고려하지 않고 작품을 바라보면서 오히려 시장적 가치를 걷어내기도 한다. 시청자들은 끌리는 화가를 검색하고 전시를 찾아가는 등 더 적극적인 예술 향유를 이어갈 수도 있다. TV는 그 매체적 특성을 통해 예술 향유의 폭을 넓히고, 서바이벌 포맷이 은유하는 시장 구조의 강력함을 피해갈 수도 있다. 각 시청자의 상이한 독해는 백 명 중 한 명을 골라내는 〈화100〉의 결론에 동의하지 않는다. 시청자들의 다양한 독해를 통해, 화가 백 명 중 백 명이 모두 적어도 한 명 씩의 향유자를 얻을 것이다. 백 명 중 백 명, 이것이 시청자들이 〈화100〉의 메커니즘을 뒤집는 방식이다.

그렇지만 여전히 〈화100〉은 아쉽다. 우선, 제작진이 섭외한 백 명의 화가가 모두 질적으로 가치 있는 작품을 생산해 내는 작가가 아니었다. 좋은 향유는 건강한 독해자뿐만 아니라 건강한 작품에서 온다. 등장하는 예술 작품은 팔리기에 좋은 예쁜 회화에만 몰리지 않고 다양해야 한다. 또, 미술을 다루는 TV 프로그램은 서바이벌 포맷이 아니어도 시민들이 미술을 가까이 여기고 향유할 수 있다는 점을 알아야 한다. 〈화100〉은 미술의 '자유시장화'를 '대중화'로 착각했다. '대국민'의 일상 속에 미술을 위치시키려면, 미술을 통해 시장이 아니라 삶을 은유해야 한다. 그리고 그것은 TV 매체가 언제나 품어왔던 가능성이었다.

다양한 사회, 문화, 계급, 젠더적 배경을 지닌 시민들이 TV를 시청한다. 이들이 TV 속 예술 작품을 통해 자신의 삶과 가치관을 작품에서 발견하고 공명할 수 있어야 한다. TV는 전문가뿐만 아니라 시청자를 질적으로 남을 필요가 있다. 〈화100〉은 전문가 의견 75%에 길거리 투표에 응한 시민의 의견을 25% 더해 최종 우승자를 결정했는데, 그마저도 투표수로 집계되어서 양적으로 반영되었다. 이러한 '시청자 참여'로는 부족하다. 시청자가 어떤 식으로 자신의 고유한 삶과 연관 지어 작품을 새롭게 의미화하거나 날카롭게 논평할 수 있는지를 TV가 담아야 한다.

글의 시작에서 이야기했듯, 사회적 가치를 모든 사람에게 널리 전달하고, 시민을 미술계에 직접 참여시키는 것은 기존의 미술관이 지향하는 바이기도 하다. 그런데 미술관과는 다른 방식으로 TV가 이를 달성할 수 있다. 방통위에서 규정한 방송의 공적 책무에서 보았듯, TV는 지역적 한계를 뛰어넘고, 시청자의 다양성을 포용하고, 시청자의 목소리를 직접 담을 수 있는 매체다. 이때 텔레비전은 단순히 모니터 화면을 의미하는 것이 아니다. 'tele-vision'은 다양한 독해를 만들고 교환하는 행위이자 실천이다. 그리고 예술은 다양한 의견과 삶을 끌어올 수 있는 매체다. 그렇다면 진정한 텔레비전으로서의 TV가 미술과 만날 때, 얼마나 큰 변화를 몰고 올 수 있을까? ☒

가 작

부지불식간에 우리를 불편하게 하는
드라마의 위험한 힘에 대하여

아름다운 희망과 치유의 메시지로 화려하게 포장한 〈웰컴투 삼달리〉가 남긴 찜찜함

김지민

행복과 힐링을 과도하게 이야기하는 시대, 행복 과부하에 걸린 듯, 힐링에 집착하는 우리의 모습은 역으로, 우리가 지금 불행하다는 반증이 아닐는지. 분명 물질적으로 풍요롭고, 재미난 게 넘쳐나는 요즘이다. 그런데 마음이 아픈 사람들이 너무 많을 뿐만 아니라 점점 늘어난다. 관계의 징검다리가 뚝뚝 끊어진 삶에서 딩 빈 맘으로 살아서일까. 만경 300미터 안에 당신이 좋아하는 사람이 있다면 당신은 행복할 가능성이 아주 높다던 한 강연이 남긴 울림과 〈웰컴투 삼달리〉의 앙상블이 단연 눈부시다. 돌아올 곳이 있는 사람들, 무조건적인 내 편이 주는 정서적 유대감이 얼마나 사람을 단단하게 만드는지, 그 강력한 치유의 힘과 사람 냄새가 우리를 홀리는 드라마다.

　바쁘게 일상을 소화하는 우리에게 숨을 고르라며 어깨를 토닥이는 추임새가 보기 좋다. 딱 자신의 숨만큼만 머물다 오라는 담백한 위로가 굳은 마음을 과하지 않게 건드리는 것도 좋다. 추억의 조용필 노래를 맘껏 들을

수 있고, 제주의 풍광을 한껏 음미할 수 있으며, 각 인물의 서사에 한껏 취할 수도 있는, 마치 선물 같은 드라마가 건강한 관계의 힘을 말하고 있다. 게다가 주옥같은 멘트와 따뜻한 캐릭터, 감동적인 명장면까지 ……. 이승원 작가는 도서 『시 읽는 마음』(2023)에서 "작품은 순간이지만 그 마음을 기록한 글은 마음보다 오래 남을 것이다"라고 말하며 비평의 가치를 역설했다. 의미를 발견하고 해석하는 시도는 여러 시선과 관점으로 작품을 바라보게 한다는 점에서 작품의 다양한 변주를 가능하게 한다. 〈웰컴투 삼달리〉(이하 <삼달리>)는 분명 많은 시청자들의 호응을 얻었다. 그런데 이상하다. 환상의 하모니를 자랑할 이 드라마가 찜찜함을 남긴 이유는 무엇일까.

공적 시스템이 아닌, 사적 시스템으로 악을 응징하는 불편한 전개

국민적 공분을 샀던 밀양 여중생 성폭행 사건은 숱한 화제에도 불구하고 가해자가 단 한 명도 처벌받지 않았다. 20년이 흐른 지금, 가해자들의 평온한 일상을 SNS에 제보한 시민들이 오히려 가해자가 되어 법의 제재를 받고 있다. 현실에서 속칭 사이버 렉카라 불리는 사적 시스템은 힘이 세다. 드라마 속 남자 친구의 바람과 후배의 갑질 폭로로 집중포화를 받는 주인공의 어려움은 누가 해결하는가. 법과 언론 같은 공적 제재는 아무런 힘을 발휘하지 못하고, 고작 친구 몇 명이 발 벗고 나서서 고군분투할 뿐이다. 지나친 판타지는 현실을 아름답게 각색하기보다 되레 초라하게 만들며 박진감을 떨어뜨린다.

결국 이 사회가 건강한 공적 시스템이 가동되지 않고 있음을, 바람직한 자정 능력을 잃어버렸음을 집중 저격한 것인가. 삼달은 어려움에 처했을 때 울기만 했을 뿐 공권력을 활용하지도, 그럴 의지도 내비치지 않았다. 이는 공적 시스템에 대한 뿌리 깊은 불신을 보여준다. 삼달은 체념과 순응에 몸을 맡겼고, 문제 해결을 쉽게 포기하는 악수를 뒀다. 친구들 몇 명이 하룻밤 인터넷을 뒤지면 쉽게 전세 역전될 일인데, 공적 시스템은 전혀 제 역할을 수행하지 않았다. 이것이 이 시대 부끄러운 우리의 자화상임을 성찰하게 되는 대목이다. 건강한 공적 시스템의 부재는 사적 시스템에 대한 과한 추종을 낳음과 동시에 공적 시스템을 유명무실하게 만들어버린다. 〈삼달리〉가 이런 우리 사회의 기형적 문제 해결을 부추기는 한편, 잘못된 결과를 미화하는 것은 아닌지 생각해 볼 일이다.

문제는 던져졌지만 응징은 증발한 듯한 찜찜함

개운치 않은 찜찜함이 덕지덕지 묻어 있는 것은, 드라마가 던진 문제적 현실에 대한 응징이 너무 미미하기 때문이다. 잘 나가는 사람을 한순간 생매장하는 것쯤은 아무렇지 않은 시대를 우리는 산다. 못마땅한 갑을 을이 갑질로 신고하면, 사실 확인도 전에 속칭 기레기들에 의해 갑이 마녀 사냥을 당하는 것은 흔하디흔한 문제적 현실이 됐다. 열심히 해명하지만 누구도 눈과 귀를 열지 않는 상황 속에서 갑은 단말마의 비명을 토하며 조용한 최후를 맞는다. 이것이 인권의 존엄성에 관한 한, 우리 모두를 잠재적 가해자이자 피해자로 만드는 대한민국 언론 문화의 현주소다. 국민의 알권리라는 미사여구로 그럴듯하게 포장하지만 정작 사람들의 말초신경만 자극하는 가십을 쏟아내기 바쁘며 진상 규명에는 그 단초 제공에도 인색한, 기자 정신의 실종이다. 날선 공방에는 뜨겁게 여론몰이를 하다가도, 정작 진실에는 관심이 없는 사람들의 무심함까지 드라마는 판박이로 박제한다.

피곤하게 쪽잠 자고, 무거운 장비로 치열하게 일하며, 결기 하나로 버텨왔던 한 사람이 쌓아온 금자탑을 이토록 허무하게, 하룻밤 안에도 끝장낼 수 있다는 것을 너무 여실하게 보여줘서일까. 악행을 저지른 방은주와 천충기의 비참한 결말을 보고 싶다는 평이 많았지만 그마저도 싱겁게 솜방망이 수준으로 끝났다. 현실과 드라마가 데칼코마니라면 서사문학의 효용적 가치는 빛을 발하지 못한다. 동화적 판타지 같은 결말을 통해 사이다 같은 통쾌함으로 답답함을 해소해 주던, 대리만족의 매개체로서 심판자 역할을 다하던 드라마는 어디로 갔는가. 악행의 징벌은 시들했고, 흐지부지한 응징은 씁쓸하게 막을 내렸다. 악이 드러나고 진실이 까발려졌지만 손바닥 뒤집듯 판도를 바꾸는 여론 앞에 불쾌함만 남았다.

각 인물의 서사가 보여주는 꿈과 성공의 가치, 그 세속됨에 대하여

망한 조삼달은 다시 업계에서 모셔가는 귀한 사진작가로 복귀한다. 조용필도 세계기상기구(WMO)에 파견되어 꿈에 다가간다. 경태는 여러 체인점을 거느린 분식집 사장이 되고, 서울에 분점을 낸 상도는 대박 횟집의 사장으로 바쁘다. 은우는 웹툰 작가로 승승장구, 폼 나는 삶을 산다. 한때 도망치듯 섬으로 돌아왔던 그들은 육지로 나아가 번듯하게 성공하며 돈을 긁어모은다.

그런데 '성공 = 명예', '성공 = 부'라는 속물적 시각은 앞서 〈삼달리〉가 보여주었던 행복에 대한 가치관과 사뭇 달라 우리를 어리둥절하게 한다. 이는 가족과 친구의 품에서 편안함을 되찾는 삼달을 통해 '성공 = 행복 = 내 사람을 끌어안는 것'임을 보여준 메시지에 찬물을 끼얹는 엔딩이다. 바로 뒤통수를 맞은 듯 고개를 갸웃거리며 배신감을 느끼게 되는 이유이기도 하다. 왜 성공해야 하는지, 그 가치를 진정성 있게 말하거나 성공의 과정을 자세하게 풀어가지도 않았다. 그저 서울에 분점을 내고, 여러 사람을 거느리며 화려하게 일하면, WMO에 가면 성공한 것인가. 내면의 행복을 찾으라면서 정작 이들은 외적 성공에 집착한다. 물론 명문대생이던 지찬이 돌고래센터에서 돌고래 아빠가 되어 연구원을 하는 것이나 엄마를 지키기 위해 해녀가 되는 해달, 소중한 이를 품는 용필의 모습은 소박한 행복을 보여준다. 그러나 작품 전면에 흐르는 성공에 대한 세속적인 가치는 아무리 가리고 포장해도 어김없이 스멀스멀 비집고 나온다. 행복은 성공순이 아니라고 거듭 외치면서도 성취와 결과만을 극대화하는 엔딩은 시청자들을 혼란스럽게 하는 완벽한 표리부동이요, 인지부조화다.

잘못된 고정관념의 주입이 주는 불편함

제주 = 개천, 서울 = 용이 승천한 하늘?
서울과 지방을 편 가르는 서울 중심주의적 잣대

망한 사람은 제주로 돌아오고, 성공한 사람은 육지에 가서 정착한다는 식의 스토리가 심심찮게 회자된다. 육지 사람에 대한 선망, 꿈, 이상형이 당연하게 거론된다. 서울 사대주의에 물든, 참으로 위험천만한 발상이다. 서울에 가면 성공한 것이고, 지방에 머무르면 그저 '개천에서 노니는 망한 사람'이라는 이분법적 시각은 지방을 폄훼하는 비루한 사고의 발로다.

대전에는 빵을 좋아하는 사람들의 성지로 잘 알려진 '성심당'이 있다. 대전의 상징적인 볼거리로 빵집이 관광 자원 그 자체가 된 지역 문화 알림이의 대표 케이스다. 이뿐만 아니라 부산의 감천문화마을은 그리스 산토리니에 비유되는 아름다운 골목마을로 부산 원도심의 대표적인 랜드마크가 되었다. 그럼에도 그 지방에 남아 지역문화를 대표하기보다 그저 서울에 분점을 내야만 성공이라고 바라보는 천박한 사고에 피로감을 느낀다. 지역의 가치와 장점을 송두리째 부정당한 느낌이다. 서울로, 세계로 뻗어 가야만 성공이 아니다. 지역의 특화된 산물을 기르고, 그곳의 문화와 사람을 지키고 가꾸며 개천에서 살아가는 사람들의 삶도 충분히 그 자체로 가치 있고, 아름답다.

남자 친위대로 구성된 독수리 오형제, 삼달리 해녀 삼촌들이 여자 주인공의 모든 문제를 해결한다?

삼달의 고향지기 경태, 상도, 은우, 용필은 모두 남자다. 현대판 백설공주와 일곱 난쟁이를 보는 느낌이다. 여자가 봉변을 당할 때 모든 어려운 상황을 제압하며 녹슨 현실에 기름칠을 하는 건 죄다 남자의 몫이다. 이는 은연중 여자를 남자의 도움이 필수적인 의존적, 수동적인 대상으로 자리매김하며 시청자들에게 그릇된 잠재적 가치관을 심어줄 수 있다. 남자들이 여자 한 명을 에워싸고 모든 레이더를 집중하며 돌격대장 포스를 발휘하는 것이 불편한 것은, 남자는 힘 있고 여자는 그저 나약하다는 그릇된 성 역할을 부여하기 때문이다. 또한 삼달리의 좀녀 부대는 무수한 소문의 근원지가 되지만, 크고 작은 일에 나서며 주인공의 든든한 지원군 역할을 한다. 두 어멍이 한 아이를 키우고, 온 동네가 아이들을 업어 키운다는 동네의 유기성은 분명 따뜻하다. 그러나 특정한 사람에 대해 카더라 통신을 생성하며 숱한 명예훼손과 개인정보 침해를 일삼는 이들을 정에 입각해 인간미로 똘똘 뭉친 해결사로만 포장하는 시선은 불편하다.

이분법적이고도 이중적인 잣대로
'제주'를 바라보는 불편한 시선에 대하여

〈삼달리〉가 제주의 아름다운 풍광을 담아내고 향촌 공동체의 삶을 유쾌하게 담아내면서도 해녀들의 애환을 사실적으로 풀어낸 점은 특기할 만하다. 해녀들이 무리하게 물질하다 사고를 당하는 장면은 제주의 아픔을 진솔하게 보여주었다. 사고와 관련한 회한의 서사는 그들이 지닌 아픔의 무게를 진중하게 드러냈다. 성산일출봉을 품은 푸른 바다를 끼고 달려가는 시원한 도로, 올레길, 붉은오름 등 다양한 명소를 아름답게 담아낸 점이나 토속적인 방언을 사실적으로 담아낸 〈삼달리〉는 '제주' 문화에 대한 홍보대사 역할을 톡톡히 해냈다. 저절로 제주도 사람이 된 듯, 제주도 말이 입에 착 달라붙어 버리니 드라마의 생경한 제주 방언이 뿜어내는 언어적 힘은 자못 굉장하다. 이 드라마는 제주말 보존의 가치를 지닌, 마치 지역 방언집 같은 언어학적 가치와 함께 아기자기한 재미를 선사한다.

　최근 방영한 〈우리들의 블루스〉가 비교적 소상히 제주의 삶을 파고들었다면, 다른 드라마는 그저 배경으로서의 제주를 소소하게 스케치하는 데 그쳤다. 〈삼달리〉는 하이퍼리얼리즘에 입각한 듯 제주의 문화, 공동체성을 더욱 본격적으로 사실화했다. 그러나 지역 홍보용 드라마의 성격을 띤, 제주에 대한 이분법적이고 이중적인 시선을 담아낸 부분은 불편하다. 개발 때문에 토착민들이 경제적으로 누리는 혜택을 인정하면서도, 바로 그 개발 때문에 소중한 삶의 터전이나 그들만의 추억의 명소를 훼손당한다고 징징대는 이중 잣대는 거슬린다. 삼달리에 테마파크가 들어온다고 하자 제주의 해녀촌이 들썩인다. 개발이 되면 위험한 물질을 하지 않고도 일자리가 창출되어 비교적 안전하고 편하게 돈을 벌 수 있다는 경제 논리와 삶의 터전인 바다를 지키자는 생태 지킴이의 입장이 맞선다. 또한 삼달이 어렸을 적 한갓지고 평화로웠던, 이른바 그들만의 은밀한 아지트였던

제주가 배경이 된 드라마

연번	제목	연도	방송국	연번	제목	연도	방송국
1	올인	2003	SBS	5	내 생애 봄날	2014	MBC
2	아이리스	2009	KBS2	6	공항 가는 길	2016	KBS2
3	시크릿 가든	2010	SBS	7	우리들의 블루스	2022	tvN
4	구가의 서	2013	MBC				

사적 장소는 인터넷을 통해 입소문을 타면서 어디에나 사람들 천지인 관광지로 전락한다.

제주의 현실이 삼달의 눈을 통해 전달되면서 관광지로서 제주가 호황을 누리는 한편으로, 지역 토착민들의 삶이 침해받고 있음이 그대로 여과없이 드러난다. 요즘 제주의 '바가지 사태', '끼리끼리 문화'가 도마 위에 떠오르며 제주의 일그러진 민낯이 드러나고 있다. 제주 사람들끼리만 어울리고, 타지 사람은 배척하는 그들만의 패거리 문화도 꼴불견이다. 그러나 드라마는 사회적으로 곱지 않은 제주에 메스를 들이대기보다는 그저 아름답게 포장했다. 다층적 관점에서 제주의 속살을 제대로 되짚어 볼 필요가 있지 않을까. 제주에 리조트를 세우고자 하는 구태의연한 개발 논리도 아쉬웠다. 왜 새로운 놀거리를 만들기에만 급급할까? 제주만의 감성과 자연을 있는 그대로 보여주는 것만으로도 충분히 매력적인 관광 자원이 될수 있지 않은가. 일본 식당에는 아직도 오래된 마호병이 있어 옛것을 찾는 이들의 향수를 자극한다. 반면 우리는 지나치게 새 것에만 열광한다.

개발해야 할 통속적인 것으로 제주를 대상화할 것이 아니라 있는 그대로의 자연, 전통적인 문화 자체로도 충분히 제주를 빛낼 수 있음을 말하는 드라마도 나옴 직하지 않은가.

클리셰의 반복과 확장이 주는 피로감

잘 나가던 커리어우먼이 자신을 질투하던 후배의 모함으로 나락에 빠진다. 사진가 조은혜는 사랑도, 명예도 일도, 사람도 잃는 가여운 신세가 된다. 그러나 돌아온 고향에서 가족과 친구들이 뿜어주는 관계의 힘으로 기사회생, 악화된 상황을 전화위복으로 역전시키는가 싶더니, 더 편안한 모습으로 일상의 행복을 되찾는다?

줄거리도, 악인과 선인의 이분법적 캐릭터 설정도, 권선징악의 주제도 뻔하다. 식상한 연출, 어디서 본 듯한 장면, 많이 들어봤음직한 대사, 겹치는 서사가 연속으로 확대되며 뇌관으로 작용하고, 피로 버튼을 꽉꽉 누른다. 영양 가득 갈비찜이나 엄마표 김밥은 꽉 찬 풍미를 자랑하지만 반복되는 회차에 따라 시들해지기 마련이다. 맛있지만 특별하지 않게 다가오는 건 모든 것이 너무 예측 가능한 선로 위 기차처럼 천천히, 뻔하게 움직였기 때문은 아닐까.

작품의 개연성 부족에 실소를 자아내기도

모두가 등을 돌렸다 생각하여 웅크렸던 시간에도 자신을 믿어준 한 사람이 있었다. 삼달이 세상 밖으로 내쳐져 손가락질 받을 때 그의 근황을 걱정하며 조용히 비타민을 보내준 지인이 있었던 것. 그러나 그 진심은 전해지지 못했다. 비에 젖어 방치된 택배를 청소 아주머니가 쓰레기통에 버렸기 때문이다. 이는 개인의 신상은 물론 그 누구의 물건도 쉽게 터치하지 않는 요즘, 디테일이 부족한 차원의 문제가 아니라 완전히 잘못된 상황 설정이었다.

또한 이혼한 지 4년 만에 전처의 고향을 찾아 내려왔지만 9살 난 조카의 존재도 모르고, 심지어 처가인 삼달리를 알아보지도 못한다는 인물의 상황 설정은 시청자가 이해하기에 너무 무리수였다. 굳이 부모를 통하지 않더라도 SNS 하나로도 연결되는 초연결사회를 살면서도 연락처를 몰라 8년 동안이나 연락을 끊고 지냈다는 친구들의 사연도 어리둥절했다. 이렇게 사소한 구석에서 허점이 생기면 몰입도는 현저히 떨어지며 극의 사실성을 위협할 뿐만 아니라 작품의 본질적인 메시지까지 흐리고 만다.

갈등과의 전면전을 피하고 비껴가는 힘 빠진 스토리

삶의 질곡 앞에서 나를 믿어주고 괜찮냐고 물어봐 주는 한 사람만 있으면 행복할 수 있음을 이 드라마는 슴슴하게 보여주었다. 죽은 아내를 부여잡고 20여 년을 그리워하는 순정남 조상태의 지고지순한 사랑이 용필과 삼달의 사랑으로 대물림되는 과정은 그 자체로 뭉클했다. 인내하며 묵묵히 응원하고, 환하게 마주 웃어줄 수 있는 것이 사랑임을 용필과 삼달은 보여주었다.

우리네 속물스런 사랑을 비웃듯 이들은 오랜 시간을 바라봐 주고, 업어주고, 안아주고, 토닥이며 어루만진다. 막장도 아니고, 오히려 갈등을 빗겨가며 정면 승부를 피하는 듯한 〈삼달리〉가 자칫 밋밋해 보이는 이유다. 긴 호흡의 드라마에서 꽁냥거리는 커플의 사랑만 클로즈업하고, 나머지는 음영 처리하거나 빠르게 넘긴 느낌이다. 앞서 제시한 문제적 현실은 멈춰 있는데 드라마의 많은 부분이 평온한 일상과 사랑으로 채워지다 보니 드라마를 끌고 가는 동력 자체가 너무 소소해 아쉬움을 더했다.

그럼에도 드라마가 던진 메시지는 해무리처럼 아름답다

그 옛날, 추억의 과자 종합 선물 세트가 때깔 좋은 모습으로 아이들의 마음을 사로잡았던 것처럼, 〈삼달리〉의 메시지에도 우리를 뒤돌아보게 만드는 마성의 매력이 있다. 가족과 친구, 연인의 소중함을 이야기하는 건 드라마의 묵은 주제이지만, 영원히 회자될 가치이기에.

자신의 아내를 죽게 만든 고미자를 용서할 수 없었던 상태의 미움과 분노는 고미자의 딸 삼달로 향하고, 그녀와 아들의 사랑도 용납할 수 없게 만들었다. 그러나 삼달과 아들 용필의 한결같은 사랑은 가랑비처럼 상태의 마음을 파고들었다. 메밀꽃밭 아래 마주 서서 사랑을 속삭였던 상태-부자의 모습과 삼달-용필의 애절한 사랑 장면이 오버랩되는가 싶더니 굳은 철벽같았던 상태의 마음도 어느새 스르르 녹아버린 것. 지옥에 살았던 상태가 용서로 웃음을 되찾는 모습은 보는 이도 치유로 감화되게 했다. 오랜 시간 함께 작업했던 모델들, 연예인들을 상대로 '내 사람'이라는 이름의 사진전을 준비했던 삼달이, 의심과 오해 속에서 자기 사람을 잃어가는가 싶었는데, 고향의 가족과 이웃, 친구, 연인의 모습으로 새롭게 내 사람을 채워가는 모습 또한 다른 채움과 감동을 선물했다.

배신한 사람을 소모적으로 다시 철저히 짓밟기보다는, 자신의 사람을 찾고 자신의 삶을 온전히 살아내며 중심과 본질을 회복하는 모습은 참으로 멋있었다. 자신을 거꾸러뜨린 세상과 화해하며 밝게 조우하는 모습은 더없이 밝고 힘찼다. 결국, 서울 한복판에서 깨지더라도 우리를 다시 일어나 나아가게 해준다는 것, 뜻대로 되지 않는 세상에 좌절하더라도 우리를 다시 사람들 사이에 서게 한다는 것, 그 힘의 근원은 가족과 고향이라고 드라마는 말한다. 돌아갈 그곳을 향해 힘을 내보자는 흐뭇한 다짐을 건네는 메시지에 나는, 오늘도 감동한다.

해무리처럼 밝음을 전하는 드라마의 효용적 가치는 실로 크다. 휩쓸리지 않고 자신을 지키는 힘은 내부에 있음을 이 드라마는 짚어준다. 걸려 넘어지고, 사람에 아파하면서도 "나도 엄마 있어"하면서 가슴을 쫙 펴고 다부지게 일어났던 그때 그 시절을 생각나게 하는 이 드라마의 따뜻함은, 그래서 분명 그 자체로 반짝인다. 때때로 좌절하는 당신에게 드라마는 다가와 속삭인다. "너, 괜찮아?" 이처럼 명랑한 드라마가 계속 만들어지는 한, 이 시대를 살아가는 많은 이들은 계속 꿈꾸며 씩씩하게 살아갈 힘을 얻게 될 것이다. 이 비평이 더 좋은 드라마 창작에 숨비소리가 되어주기를 고대한다. 🎭

제22회
좋은 방송을 위한
시민의 비평상

어쩌면 나도 ······ 히어로?

JTBC 드라마 〈히어로는 아닙니다만〉

나윤채

여기, 초능력 가족이 있다. 행복한 시간으로 무한정 돌아갈 수 있는 주인공 복귀주, 예지몽을 통해 미래를 엿볼 수 있는 엄마 복만흠, 온 하늘을 자유롭게 훨훨 날아다닐 수 있는 누나 복동희. 눈을 마주치면 다른 사람들의 마음을 볼 수 있는 딸 복이나까지, 이들은 하나같이 '특별한 능력'이 있다.

다른 이들은 죽었다 깨어나도 얻을 수 없는 이 '특별한 초능력'은 주인공 가족에게 큰 행복을 안겨주었다. 날아다니는 듯한 특유의 가벼운 발걸음은 복동희를 그 누구도 따라올 수 없는 차별화된 모델로 만들어주었으며, 예지몽을 꾸며 수없이 엿본 복권 당첨 번호들은 복만흠에게 막대한 부를 선사해 주었다. 별다른 노력 없이, 그저 편히 잠들었다 깨어 머리맡 쪽지에 복권 당첨 번호를 적는 행위만으로, 그녀는 아무런 노동 없이 편한 인생을 살았다. 복귀주 역시 어릴 적 뽑기 게임에서 대왕 달고나를 받았던 행복한 시절로 돌아가고 또 돌아가며, 남들은 단 한 번도 느끼기 힘든 행복을 느끼고 또 느끼며 끊임없이 되새겼다. 행복은 아무리 반복돼도 질리지 않았다. 오히려 반복되면 반복될수록 그 행복은 배가 됐다.

하지만 그들의 행복은 그리 오래가지 못했다. 그들의 행복은 얼마 못 가 '불행'에 잡아먹혀 버렸다. 초능력을 잡아먹었다기엔 다소 어이없는 어떤 평범한 불행에 말이다.

행복한 과거로 회귀할 수 있는 복귀주의 초능력을 막은 불행은 '우울증'이었다. 우울증을 앓는 그에겐 행복한 시간이 없다. 그래서 그에게는, 행복한 과거로의 회귀가 무의미하다. 오히려 이 초능력은 독이 됐다. 딸 복이나가 태어나 그 무엇과도 바꿀 수 없는 행복을 느꼈던 날로 몇 번이고 돌아가길 반복했지만, 사실 그날은 동료 소방관이 현장에서 사망한 날이었다. 행복과 불행이 뒤섞인 이 이상한 시간에 복귀주는 무한정 끌려갔고, 누군가 죽어가는 이 순간 아무것도 할 수 없었던 복귀주는 무력감마저 느껴버린다. 결국 가장 행복했던 과거는 아이러니하게도 복귀주에게 불행이 됐고, 현재의 행복은 누리지 못한 채 과거의 불행에 묶여 자신의 모든 시간을 불행으로 만들어버렸다.

복만흠은 불면증에 시달렸다. 꿈을 꿔야만 미래를 볼 수 있고, 부를 축적할 수 있는데 그녀는 잠들지 못했다. 그래서 꿈도 꾸지 못했다. 물질적 부는 점점 줄어들기만 하고, 간혹 꿈을 꾸더라도 그녀는 좋지 않은 미래만 반복해서 본다. 현대인을 감싸고 있는 온갖 불안이 '불면증'의 가면을 쓰고 그녀의 초능력을 잡아먹어 버린 것이다. 잠을 자지 못하니 그녀는 점점 더 예민해져만 갔고, 그 예민함은 꿈이 아닌 현실에도 영향을 미쳤다. 복만흠은 자신만을 사랑하고 아껴주는 남편 순구의 가치는 알아보지 못한 채 한낱 꿈속 가치에만 매달렸고, 자신도 모르는 사이 주변 사람들에게 상처만 주는 사람이 되어버렸다.

복동희는 비만이다. 뚱뚱해서 날지 못한다. 마치 날아다니듯 가벼운

워킹으로 최고의 모델이라 극찬받던 복동희는 극도의 스트레스로 인해 폭식을 반복하며 비만에 걸렸다. 지금 그녀는 남자 친구에게 뚱뚱하다고 구박받으며, 그의 외도를 알면서도 못 본 척하는 처지다. 비굴하지만 자신의 못난 외모 때문에, 외모에만 집착하며 하루하루를 보낸다. 외모지상주의 사회에서 비만은 너무나도 큰 결함이다. 결국 비만은 복동희의 초능력뿐 아니라 자신감도, 사랑도, 믿음도, 모든 것을 앗아가 버렸다.

복귀주의 딸 복이나에게는 사실 아직 심각한 병은 없다. 고도근시가 있긴 하지만 이는 그녀의 초능력에 별다른 영향을 끼치진 못한다. 하지만 복이나는 학교에서 왕따를 당하고 있다. 누군가와 눈만 마주치면 자신을 향한 비난, 이기적인 마음까지 모두 다 들리는 탓에 복이나는 고작 중학생 어린 나이에 타인에게 마음의 문을 닫고 자기 자신을 고립시켜 버린다. 결국 복이나에게도, 현대인의 병을 앓게 될 것이라는 복선이 마치 꼬리표처럼 졸졸 뒤를 따라다닌다.

너무나 어이없게도 이 초능력 가족에게 불행을 선사한 건 현대인에게 너무나도 평범한 질병들이었다. 우리 주변에서 쉽게 볼 수 있는 우울증, 불면증 그리고 비만이 이 위대한 초능력을 막을 수 있을 것이라 누가 생각이나 했을까!

특별함을 무기로 한 초능력을 가로막고 있는 것이 '고작' 현대인의 질병이라는 이 어이없는 설정에서, 이 순간 우리는 JTBC 드라마 〈히어로는 아닙니다만〉에 매료되고 만다. 여기, 〈히어로는 아닙니다만〉에서 필자가 찾아낸 특별함은 크게 세 가지였다.

'유난'이 아닌, '그럴 수 있는' 불행

사실 한국의 드라마는 행복과 불행에 유달리 집착하는 경향이 있었다. 드라마 속 주인공들이 불행하지 않길 바랐으며, 불행에 허우적대는 작중 인물들에 비판의 화살을 돌렸다. 불행에서 빠져나오기 위해 조금 더 적극적으로 행동하길 바랐고, 시청자들은 하나의 드라마가 종영하면 그 드라마가 해피 엔딩인지, 새드 엔딩인지를 제일 먼저 묻고는 했다. 모든 드라마를 해피 엔딩과 새드 엔딩으로 나누며 우리는 행복과 불행을 이분법적으로 강렬하게 나누고 있었던 것이었다. 그래서일까? 우리는 드라마에서라도 행복을 느끼고 싶었는지 대부분의 드라마를 해피 엔딩으로 만들어왔다.

　하지만 〈히어로는 아닙니다만〉은 달랐다. 물론 〈히어로는 아닙니다만〉역시 해피 엔딩에 가까운 결말을 맞이하기는 했지만, 그 과정에 확연한 차이가 있다. 작가는 드라마로 하여금 우리가 히어로라 칭송하는 초능력자마저도 힘든 이 세상에 "지금 당신이 느끼는 불행은 충분히 그럴 수 있는 것"이라고 가벼이 말해 준다. 그리고 동시에 그 마음을 달랜다. 불행에 빠진 무기력한 이 인물에게 시청자들의 비난을 유도하는 것이 아닌, "괜찮아, 저 대단하다는 히어로도 아픈데, 우리도 당연히 아플 수 있는 거야"라고 공감을 줘어준다. 이 드라마가 그동안 '행복'이라는 단어에 집착하던 한국 드라마의 변곡점이 될 수 있는 이유다.

위로, 행복으로의 구원

초능력 가족 복귀주네에게 행복을 되찾아 준 것은 초능력이 없는 '도다해'다. 도다해는 복귀주가 소방관으로서 화재 현장에서 살린 인물이자, 불행의 구렁텅이에서 빠져나올 생각조차 하지 않는 현재의 복귀주를 세상으로 끌어내 주는 인물이다. 등장인물 소개 그 어느 곳에도 도다해의 초능력에 대한 언급은 없다. 그런데 놀랍게도 드라마의 키 맨, 아니 히어로는 이 '도다해'다. 그녀가 지닌 '위로의 힘' 덕분에 등장인물들은 현대인의 질병을 극복하고, 행복을 찾기 때문이다.

도다해의 위로에, 불행의 고리를 끊고자 복귀주 가족은 끊임없이 노력한다. 각자의 위치에서 각자의 방법으로, 사랑하는 사람을 살리기 위해 서로의 마음을 어루만져 준다. 설령 실패하고 잠시 주저하더라도, 다시 일어선다. 복귀주는 수없이 과거로 돌아간 끝에 자신의 과오를 바로잡았고, 평생 끌려 다니던 불행한 과거 속에서 무기력한 시간을 보내는 대신, 자신을 희생하며 사랑하는 사람을 살려냈다. 복만흠은 잠들기 위해 갖가지 노력을 하며 '부'에 국한되지 않는 다른 행복의 꿈을 꾸게 됐으며, 복동희는 건강한 방법으로 체중 감량에 성공하며 그간 외면에 가려져 보지 못했던 내면을 다듬기 시작했고, 복이나는 무섭다고 피하기만 하던 타인의 눈을 똑바로 쳐다보기 시작하며 진정한 친구를 얻게 됐다. 그렇게 도다해의 위로 덕분에 아픔은 씻겨나가고, 등장인물들은 스스로의 진가를 되찾으며 타인에게 판단되는 행복이 아닌, 자기 자신 나름의 행복을 찾아 나아간다.

그래서 〈히어로는 아닙니다만〉을 보고 있노라면, 우리가 원하는 '히어로'의 상이 얼마나 바뀌었는지 알 수 있다. 그동안 우리에게 히어로는 대부분 '초능력이 있는 사람'이었다. 하늘을 날든, 힘이 엄청나게 세든, 일반인들은 넘볼 수 없는 그런 능력들을 지녔고, 그 능력으로 평범한 사람들을 구원해 주었다.

그런데 〈히어로는 아닙니다만〉의 히어로는 달랐다. 히어로는 오히려 아팠고, 평범한 사람인 도다해가 구해주는 꼴이 펼쳐졌다. 어쩌면 작가는 우리에게 가장 필요한 '초능력'이 무엇인지를 다시 정의해 주고 싶은지도 모른다. 하늘을 나는 것도, 엄청난 힘을 갖는 것도, 미래를 보는 것도 아닌 도다해가 보여준 그 '위로'의 능력 말이다.

사실 드라마를 보다 보면, '과연 도다해는 정말 초능력이 없는 것일까?' 하는 의문이 들기도 한다. 그리고 필자는 도다해 역시 초능력이 있다고 생각했다. '위로'의 능력. 그것이 도다해가 가진 능력이자 작가가 초능력이라고 말하고 싶은 능력이었을지도 모른다. 무기력에 빠져 폐인처럼 살아가는 복귀주에게, 누군가의 진심에 되레 상처받은 복이나에게 보여준 그녀의 '위로의 능력'이 결국 드라마를 해피 엔딩으로 이끌었다는 점에서, 작가는 이 현대 사회의 히어로를 '위로해 주는 사람들'이라고 정의하고 싶었는지도 모르는 것이다.

뻔하지 않은 '타임 리프' 드라마

그리고 또 하나, 〈히어로는 아닙니다만〉이 다른 드라마와 다른 '뻔하지 않은 드라마'가 될 수 있었던 것은 바로 뻔하지 않은 타임 리프 드라마라는 점이었다. 근래 들어 드라마고 영화고 웹툰이고, 너 나 할 것 없이 이른바 '타임 슬립', '타임 리프' 방식을 차용해 이야기를 전개했다. 시간을 돌려 과거로 돌아간다는 시나리오가 성행하는 이유는 무엇일까? 바로, 수도 없이 휘몰아치는 선택의 상황 속에서 결정에 결정을 거듭하며 그로 인해 후회를 반복하는, 현대인이 가지는 스트레스를 우리 사회의 드라마가 정통으로 반영했기 때문이다.

그래서일까. 후회가 반복되는 세상에서, 자신의 결정을 번복하고픈 마음에 사로잡혀 우리는 너무나도 판에 박힌 듯 시간을 거슬러 올라가는 드라마들을 수도 없이 양산했다. 2016년 방영해 큰 인기를 끈 tvN 드라마

〈시그널〉을 시작으로 2017년 방영한 KBS 드라마 〈고백부부〉, 2018년 방영한 tvN 드라마 〈아는 와이프〉, 2020년 방영한 JTBC 드라마 〈18 어게인〉, 2024년 방영한 tvN 드라마 〈내 남편과 결혼해줘〉도 모두 그러했다. 주인공들은 하나같이 과거로 돌아가 사랑하는 사람을 바꿔보기도 하고, 이전 생애와는 다른 다양한 선택도 번복해 보면서 너무나도 쉽게 자신의 결정을 바꾸고, 손바닥 뒤집듯 운명을 교체해 버렸다. 아무리 비현실을 논할 수 있는 드라마라지만, 인간의 선택에 대한 무게감에는 눈을 감아버린 채 말이다.

〈히어로는 아닙니다만〉도 그럴 뻔했다. 그런데, 달랐다. 시간을 거슬러 올라갈 때 조건이 있었기 때문이다. '행복한 시간'으로만 돌아갈 수 있다는 것, 그 조건은 우리에게 너무 쉽게 행복을 넘겨주지 않는다. 그래서 이 드라마는 더 쫀득했다. 무작정 행복을 전해주는 것이 아닌, 등장인물들의 노력으로 행복을 쟁취하게 했다. 현대인의 질병으로 대변되는 불행의 요인들을 하나씩 헤쳐 나가며 그들이 얻은 행복의 모습은 같은 아픔을 겪고 있는 시청자들에게 되레 더 큰 희망을 전달해 준 것이다.

그래서 〈히어로는 아닙니다만〉은 달랐다. 기분 나쁠 정도로 현실을 잘 반영하긴 했지만, 그 속에서 사실적인 희망을 전달해 줬다. 드라마를 보고 있노라면 묘하게 기분이 나쁘고 우울하다가도 묘하게 치유받는 느낌이 드는 이유다.

따지고 보면, 참 현대의 세상은 아픈 세상이다. 아프지 않은 사람을 찾기 어렵다. 직장에서, 학교에서, 가정에서, 모두 다른 공간에서 다른 시간을 살아가지만, 사람들은 하나같이 아픔을 겪는다. 그 아픔들은 곧 질병이 되어 돌아오며, 감당하지 못할 불행으로 찾아온다. 그런 현실을 드라마 〈히어로는 아닙니다만〉은 매우 잘 반영했다. '우울증 유병률 OECD 국가

1위', '우울증 100만 명 시대' 등 한국 사회의 만연한 질병은 물론이고, 요즘 심각한 사회 문제로 대두되는 '왕따' 문제까지. 현실을 너무나도 사실적으로 반영해 냈다.

이처럼 우울한 시대를 살고 있는 우리들에게, 그래도 드라마 〈히어로는 아닙니다만〉은 힘든 하루 속에서의 행복을 끊임없이 읊어준다. 어쩌면 이 드라마는 현대를 살아가는 우리에게 가장 필요한 '위로'로서, 우리를 불행에서 끌어올려 줄 '도다해' 그 자체로서의 역할을 해내고 싶었는지도 모르겠다. 그래서 필자는 오늘도 가장 힘든 하루를 보낸 당신에게 이 드라마를 바치고 싶다.

"나 역시, 히어로는 아닙니다만 ······." 🈚

좋은 방송을 위한
시민의 비평상

어느 날 문득 소나기처럼

드라마 〈선재 업고 튀어〉의 성공 요인 분석

문규빈

꽂히는 것보다 스며드는 것의 위험함. 경계할 수조차 없이 서서히 녹아드는 것의 무서움. 어느새 일상의 한 부분이 되고, 방영 시간이 기다려지고, 1초 후가 궁금해지는 드라마가 있다. 갑자기 내린 소나기처럼 피할 수 없는 작품, 드라마 〈선재 업고 튀어〉는 아슬아슬한 줄타기에 성공한 작품이다.

〈선재 업고 튀어〉는 130개국에서 1위를 차지했다. 압도적인 인기와 화제성으로 K-콘텐츠의 대표 드라마가 되었다. 각 나라의 OTT 순위에 〈선재 업고 튀어〉는 당당히 이름을 올렸다. 북미 넷플릭스에서도 순위권을 차지했다. 미국의 여느 콘텐츠 제작 비용에 비해 약 10분의 1 정도 예산을 가지고 시작한 〈선재 업고 튀어〉는 이처럼 높은 효율성을 보여주었다. 드라마의 인기가 입소문을 통해 전 세계로 퍼져가면서 K-콘텐츠 열풍에 힘을 실었다. 막대한 제작비가 들어가지 않아도 '콘텐츠'로서의 가치를 보여주는 데 충분하다는 것을 증명했다. 〈선재 업고 튀어〉의 어떤 점이 우리나라는 물론 전 세계를 반응하게 했을까?

〈선재 업고 튀어〉는 판타지 로맨스 장르의 드라마다. 드라마의 가장 밑바탕에는 사랑을 중심으로 한 로맨스가 자리 잡고 있으며, 그 위로 타임슬립과 스릴러가 쌓였다. 언뜻 비치는 코미디 요소와 힐링 포인트가 드라마를 더욱 풍부하게 만들어준다. 높은 화제성에 비해 시청률은 저조한 편이었지만, 회차가 거듭될수록 더욱 커져가는 인기는 이 드라마가 '흥행 드라마'임을 보여주었다. 장르적 특성과 뻔한 내용 전개로 혹평받은 순간들도 있었지만, 그 와중에도 드라마에 대한 관심은 끊이지 않았다. 그마저도 후반부로 갈수록 차츰 혹평은 사라지고 뜨거운 화제성만이 남았다. 점차 인기가 더해진다는 것은 무엇을 뜻할까? 드라마 〈선재 업고 튀어〉는 뒤로 갈수록 사람들의 시선과 시간을 붙잡을 만한 '무언가'를 가지고 있다.

"실사화, 자신 있어?": 성공적인 캐스팅

최근 한국 드라마계와 영화계에는 웹소설이나 웹툰을 원작으로 한 작품들이 잇따라 등장하고 있다. 〈선재 업고 튀어〉는 웹소설 〈내일의 으뜸〉을 기반으로 만들어진 드라마다. 텍스트로 시작한 〈내일의 으뜸〉은 그림인 웹툰을 지나 실사 드라마로까지 만들어졌다. 글에서 그림으로, 그림에서 실제 사람으로 만들어지는 동안 상상과 미지의 영역은 점점 흐려지며, 뚜렷하고 구체적인 현실이 그 자리를 채운다. 생각의 무한함. 그 매력적인 끌림은 본능에 따라 선명한 형태로의 전환을 거부하게 된다. 상상과 다른 결과물이 나왔을 때의 실망감, 이후 본래 가지고 있던 흥미마저도 잃을지 모른다는 불안감이 그 이유다.

하지만 기대 이상의 결과물이 나온다면 어떨까? 흐릿하고 희미했던 부분이 모습을 갖추면서 빈 곳을 채워줄 때의 짜릿함이 우리가 '형태'로의 전환을 멈추지 못하는 이유다. 텍스트에서 그림으로의 전환은 호불호가 적은 편이다. 완벽한 비율, 뚜렷한 이목구비, 윤기 나는 머리칼. 그림은 그림이기에 완벽하다. 얼마든지 흔적과 흉터를 지울 수 있으며, 그야말로 완벽한 재배치가 가능하다. 현실이 아니기에 완벽할 수 있다. 사람의 손에서 탄생하는 불완전함 속의 완벽. 그림은 말을 할 수도, 들을 수도, 볼 수도 없지만, 시각적으로 무결한 '미(美)'를 제공한다. 텍스트로 보며 상상만 하던 주인공이 완벽한 비율과 비주얼로 온다면 마다할 사람이 있을까?

그러나 그림에서 실제 사람으로의 전환에 대해서는 평가가 극명하게 갈린다. 현실은 완벽하지 않다. 그래서 많은 사람이 실사판 제작을 꺼린다. 그것이 웹소설이나 웹툰을 기반으로 하는 실사 드라마와 영화는 캐스팅에 많은 시간을 쏟는 이유이다. 최대한 캐릭터와 싱크로율이 높은 배우를 찾기 위해 노력한다. 〈선재 업고 튀어〉는 실사화 캐스팅에 성공한 사례다. 밝고 사랑스러운 이미지의 김혜윤 배우와 순수하고 신선한 이미지의 변우석 배우의 합은 상상 이상이었다. 풋풋하고 서툰 사랑을 이야기하는 드라마에 두 배우의 산뜻한 이미지가 완벽하게 맞물렸다. 두 배우 모두 톱스타 배우는 아니다. 톱배우의 출연은 인기와 화제성을 보장받을 수 있다. 그러나 드라마에서 중요한 건 보장된 인지도가 아닌, "작품의 분위기와 캐릭터를 얼마만큼 잘 표현할 수 있느냐"이다. 두 배우가 드라마 속 '임솔'과 '류선재'를 온전히 담았기에 그들의 사랑이 새로운 이미지로 아련하게 표현되었다. 배역에 대한 깊은 고민이 담긴 빈틈없는 캐스팅에 성공했기에 실사 드라마 제작에 대한 거부감이 줄어들었다.

"어딘가 살아 있을 지도 몰라": 비현실 속의 현실화

〈선재 업고 튀어〉의 가장 큰 성공 요인은 비현실 속의 현실이다. 드라마에서 주인공들의 메인 OST였던 「소나기」는 아련한 가사와 서정적인 멜로디로 남자 주인공이 여자 주인공을 생각하며 만든 노래다. 이 노래는 두 주인공의 서사에 깊이를 더해주는 중요한 역할을 한다. 특히 이 곡의 가사는 남자 주인공의 실제 경험을 바탕으로 쓰인 곡이다. 자신의 경험을 진심 어리게 눌러쓴 가사가 드라마 밖의 시청자에게 고스란히 전달되었다. 이는 주인공의 상황에 대한 감정 이입을 더욱 용이하게 만들었다. 가사 속에는 "이제는 내게로 와요", "언제나처럼 기다리고 있죠" 등의 내용이 포함되는데, 가사 그대로 언제나 같은 자리에서 기다리는 순애보적인 남자 주인공의 사랑을 상징적으로 보여준다. 이 노래로 인해 남자 주인공은 더욱 확고한 캐릭터성을 부여받게 된다. 뚜렷한 캐릭터성은 드라마에서 개연성을 높인다. 앞으로 일어날 일이나 사건에 대한 예측이 가능한 것이다. 캐릭터성이 확실하다면 이후 행동에 고개를 끄덕이게 된다. OST는 드라마가 지루하지 않도록 하는 역할도 있지만, 주인공의 성격과 내면을 보여주어 이야기를 이끌어가는 힘을 가지기도 한다.

드라마에서 '몰입'은 곧 드라마에 대한 평가다. 몰입력, 흡입력이 높을수록 시청자는 드라마에 빠져든다. 몰입을 높이는 요소로는 흥미진진한 스토리, 배우의 연기력, 탄탄한 세계관 등이 있다. 이 드라마에서 남자 주인공은 '이클립스'라는 그룹명으로 데뷔한다. 〈선재 업고 튀어〉의 똑똑한 전략은 여기서 드러난다. 남자 주인공이 데뷔를 한다는 설정을 통해 더욱 현실적인 접근을 시도한 것이다. 〈선재 업고 튀어〉는 이클립스의 노래 「소나기」를 실제 음원 사이트에 발매했다. 시청자들로 하여금 가상의 공간이 정말 존재하는 것처럼 느껴지게끔 한 것이다. 단순히 스크린 속 이야기가 아닌, 그들이 살고 있는 현실 어딘가에서 벌어지는 일이라고 믿게 만든다. 실제로 존재할 것만 같은 기대감이 드라마에 몰입감을 더해준다. 이러한 기대감은 '이클립스'를 응원하게 하고, 주인공을 응원하게 하며, 나아가 드라마를 응원하게 한다. 이는 드라마를 '가상 현실'로 단정 짓는 것을 막는다. 원한다면 언제든지 '드라마 속의 현실'로 갈 수 있음을 전한다. 현실과 드라마의 경계를 모호하게 만들어 드라마를 '현실'로 불러오는 것도 가능하다. 경계가 모호해졌기에 드라마의 몰입과 현실에서의 화제성을 동시에 잡을 수 있었다.

"좀 과하지 않나?": 장르의 균형과 적절한 조화

사람들이 드라마를 찾는 이유는 무엇일까? 다양한 이유가 있겠지만, 가장 큰 이유는 익숙한 일상에서 벗어나 새로운 세계를 간접적으로 경험할 수 있기 때문이다. 내가 모르는 세계를 명확하게 볼 수 있다는 것은 상상력을 자극하고 호기심을 끈다. 리모컨 버튼 하나로 다른 세상을 온전히 느낄 수 있는 것이다. 비현실적인 타임 슬립이라는 소재는 자칫 과할 수 있다. 과함의 위험뿐만 아니라 유치해지거나 가벼워 보일 수도 있다. 또한, 비현실적인 장르인 만큼 연출의 난도도 올라간다. 시청자들이 한눈에 알아볼 수 있도록 시간의 흐름을 잘 설계해야 한다. 장르적 특성이 강한 이야기에서 가장 치명적인 위험 요소가 될 수 있는 것이 '나만 아는 세계관'이다. 시청자들은 이해하지 못한 채 드라마가 독단적으로 진행되는 것이다.

그러나 〈선재 업고 튀어〉는 가상과 현실이 적절하게 조화되었다. 시간을 넘나드는 연출은 자연스럽고 부드럽게 이어졌으며, 부족한 부분은 인물들의 대사로 보충 설명을 했다. 장르적 특성의 위험 요소를 완전히 떨쳐버린 연출 방식이었다. 색감과 말투, 소품, 분위기 등으로 과거를 표현했으며, 현재의 모습도 이질적이지 않은 선에서 세련되고 성숙하게 보여주었다. '연예인과 팬의 사랑'은 흔히 볼 수 있는 소재다. 평범한 사랑 이야기에 판타지, 스릴러, 코믹을 조화롭게 더했다. 로맨스가 지루해질 타이밍에 판타지로 시선을 끌고 스릴러로 긴장감을 조성한다. 힐링 요소인 코믹도 배놓지 않았다. 색채가 뚜렷한 장르의 혼합은 위험 부담이 크다. 연출 단계에서부터 장르의 적절함에 대한 고민의 흔적이 드라마에 고스란히 담긴 것을 볼 수 있다. 선을 지킨 다양한 장르가 스토리를 중심으로 균형 있게 어우러진다. 무모해 보일 수 있는 〈선재 업고 튀어〉의 도전 정신이 이 드라마만의 정체성을 확립한 것이다.

'클리셰', 흔하고 진부한 흐름을 두고 쓰이는 말이다. 〈선재 업고 튀어〉도 클리셰적인 요소가 많다. 드라마에서 자주 쓰이는 표현과 전개가 곳곳에서 보인다. 기억을 잃는 설정이라거나 삼각관계가 만들어지는 상황 같은 것들이 클리셰에 해당된다. 클리셰는 뻔하고 예측 가능한 이야기이기 때문에 참신함과 독창성이 떨어진다. 그러나 클리셰가 클리셰로 굳혀지는 이유가 무엇일까? 클리셰는 많은 사람이 비슷한 상황을 상상하고 생각해 낸 결과들의 집합체다. 전개에 '익숙함'을 넣는 것이다. 물론 '새로움'이 극단적으로 결여된 과도한 클리셰는 주의해야 한다. 〈선재 업고 튀어〉는 여러 장르를 혼합했기에 자칫 과해 보일 수 있다. 이를 해소하기 위해서는 새로운 시도와 장르들의 뚜렷한 개성을 눌러줄 무언가가 필요하다. 그 역할을 클리셰가 할 수 있다. 여러 장르의 어지러움 속에서 클리셰는 시청자의 긴장감과 경계를 덜어준다. 드라마를 볼 때, 혼합된 장르에만 초점을 맞춘다면 스토리에 대한 이해도가 떨어진다. 뻔한 전개라고 실망하기보다 왜 클리셰가 쓰일 수밖에 없었는지, 드라마 속에서 클리셰의 역할은 무엇인지 생각해 봐야 한다. 클리셰는 가장 밑바탕에서 다양한 가능성과 도

전들을 뒷받침하며 진중하게 무게를 잡고 있는 것이다.

"내가 잊고 산 것들, 내가 잃고 산 것들": 드라마가 전하고자 하는 것

드라마에서 이야기의 시작점이 되는 것이 두 주인공의 '관계'다. 드라마의 주인공은 서로가 서로를 구원하는 서사를 만든다. 남자 주인공은 여자 주인공에게 살아갈 이유와 희망을 주고, 여자 주인공은 남자 주인공을 살리기 위해 과거로 돌아간다. 이 관계는 서로가 서로이기에 유효하다. 코로나19로 인한 봉쇄와 격리가 현대인들에게 외롭고 고독한 기분을 안겨주었고, 이후 변화된 업무 방식(재택근무, 원격 회의 등)과 인간관계에서의 변화가 현대인들의 외로움을 심화했다.[1] 이러한 현대 사회 속 대중을 위해 〈선재 업고 튀어〉가 선택한 처방은 위로와 공감의 메시지다. 지친 '누군가'에게 건네는 작은 위로, 용기, 희망. 살아갈 이유를 잃어버린 여자 주인공에게 남자 주인공은 "오늘은 살아봐요, 날이 너무 좋으니까. 내일은 비가 온대요. 그럼 그 비가 그치길 기다리면서 또 살아봐요. 그러다 보면 언젠간 사는 게 괜찮아질 날이 올지도 모르잖아"라고 위로를 건넨다.

　과연 이 말이 온전히 여자 주인공만을 위한 말이었을까? 누군가를 위해 맹목적으로 달리고, 희생하는 주인공들을 보며 시청자는 현실에서 쉽게 느낄 수 없는 '뜨거움'을 느낀다. 드라마를 보며 감정의 해방과 해소인 카타르시스를 느끼는 것이다. 스쳐 지나가는 장면과 대사에서 순간적으로

1　변금선·김정숙, 「서울 청년의 외로움과 사회적 고립 유형이 정신건강에 미치는 영향: 서울 이주 경험에 따른 차이를 중심으로」, 『사회적 관계의 새로운 위기 한국사회, 원인과 대안은 무엇인가?』(2024 한국사회복지정책학회 춘추계학술대회 자료집, 2024.5.17), 305쪽.

멈칫하게 만드는 한마디, 〈선재 업고 튀어〉에는 그 한마디가 매 회 존재한다. 관계에 목마른 사람들을 위해, 용기를 잃어버린 사람들을 위해, 사랑의 여유가 사라진 사람들을 위해. 〈선재 업고 튀어〉는 매 순간 손을 내민다. 드라마의 구원 서사는 두 주인공에게만 해당되는 것이 아니다. 적어도 〈선재 업고 튀어〉에서는 주인공뿐만 아니라 시청자에게까지 구원이 닿는다. 〈선재 업고 튀어〉는 지친 일상 속 작은 쉼표가 되어주었다.

"저 먼 결말 끝엔 뭐가 있을까?": 드라마 〈선재 업고 튀어〉

장르적 특성이 뚜렷하고 개성이 넘쳐서 우려되었던 초반과 달리, 〈선재 업고 튀어〉는 성공적으로 종영했다. 과감하고 용감했던 시도에 시청자들은 응답했고, 흔히 처음부터 끝까지 다 좋다는 의미인 '용두용미'라는 평가를 받게 되었다. 뒤로 갈수록 빈약해지는 내용 없이 탄탄한 흐름과 스토리로 시청자들과 16부작이라는 긴 여정을 함께 걸었다. 어느 날 갑자기 찾아와 휘몰아치듯 시청자의 마음을 쓸고 간 드라마의 여운은 아직까지도 남아 있다. 곁을 스쳐 지나가는 수많은 드라마 중 하나가 될 것이라는 예상을 깨고, 〈선재 업고 튀어〉는 짧지만 강렬한 '소나기'처럼 큰 흔적을 남겼다.

우리는 드라마를 통해 무엇을 보고, 어떤 것을 얻는가? 드라마는 단순히 유희를 위해서만 만들어질까? 드라마, 그 너머의 세계가 궁금하다면 〈선재 업고 튀어〉는 선택이 아닌 필수다. 성공한 캐스팅, 이야기에 힘을 실어줄 OST, 비현실의 현실화, 균형 잡힌 장르의 조화, 주인공들의 애틋한 관계성, 시청자에게 전하고 싶은 뚜렷한 메시지까지, 이 모든 요인이 한 드라마에 담겼다. 결말에 다다르면 재미와 감동, 호기심 등의 복합적인 감정이 남는다. 설렘과 함께 위로받았고, 긴장감 속에서 소소한 즐거움을 발견했다. 가치를 스스로 증명하는 것, 어렵고 힘들 것이라는 걸 알지만 믿고 앞으로 나아가는 용기, 스스로에 대한 믿음과 확신, 무모할지라도 시도하는 도전 정신. 세상을 살아가면서 한 번쯤은 배워야 할 요소들이다.

〈선재 업고 튀어〉는 '사람'이 살았던 과거를 떠올렸고, '사람'이 살아가는 현재를 연구했으며, '사람'이 살아갈 미래를 읽어냈다. 지금 우리의 삶에 무엇이 필요한지, 무엇이 부족한지를 정확히 짚어냈다. 드라마가 드라마를 넘어서게 하는 힘. 사람 속에서 살고 사람과 함께 살아가기에 우리는 사람의 이야기에 호기심을 가지며 궁금해하고 지켜보는 것이다. 우리는 드라마를 통해 세상을 배우고, 사람을 알아가며, 시야를 넓힌다. 그 '드라마'의 한편에 〈선재 업고 튀어〉가 오늘도 자리 잡고 있다. ◪

거부할 수 없는 흐름에 직면하기

박현휘

들어가며: 자본주의, 그 거부할 수 없는 흐름

"돈만 있으면 귀신도 부린다"라는 속담은 돈에 대한 한국인의 사랑을 잘 드러낸다. 귀신조차 부릴 수 있다는 돈을 마다할 이유는 없지만, 돈에 과하게 집착하는 세태는 상대적으로 돈과 무관하지만 공동체를 위해 지켜내야 할 사회적 가치를 도외시하게 한다. 돈을 좇는 사람을 보고 속물이라며 경원시하던 게 엊그제의 한국이었던 것 같은데, 어찌 된 영문일까. 돈이 보여주는 전능한 환상에 대한 까닭 모를 집착인지, 노동 소득만으로 미래를 보장받기 어렵다는 깨달음이 일거에 휘몰아친 것인지 모르겠으나, 돈 버는 일에 집단적으로 몰두하는 한국의 재테크 열풍은 쉽게 가라앉지 않고 있다.

지난 2020년, 글로벌 시장조사 기업 칸타의 설문에 따르면 한국인이 가장 중요하게 생각하는 자산으로 돈(53%)의 중요도가 시간(20%)에 비해 두 배가 넘는 것으로 나타났다.[1] 2019년, 흥사단투명사회운동본부의 조사에서는 "10억이 생긴다면 잘못을 하고 1년 정도 감옥에 들어가도 괜찮다"라는 질문에 대해 초등 23%, 중등 42%, 고등 57%, 20대 53%, 30대 43%, 40대 40%, 50대 이상 23%가 괜찮다고 답하는 충격적인 결과를 보였다.[2] 돈은 이미 윤리를 앞지르기 시작했다. 수년이 흐른 지금, 팬데믹 종식으로 인한 증시 호황을 거쳐 한국의 부동산 불패 신화가 계속되는 현실을 고려하면 이와 같은 경향이 완화되었으리라고 보기는 어렵다.

자본주의 사회에서 돈의 흐름을 거부하며 살아갈 수는 없다. 흐름을 거스르거나 되돌릴 수 없다면 제대로 올라탈 줄 알아야 한다. 삶과 돈이 불가분이라면 돈을 명철히 파악하고 올바르게 이해하는 것이 유일한 답일 것이다. 때마침 EBS가 '돈'을 주제로 삼았다. 2년간 9개국 로케이션을 거쳐 〈EBS 다큐프라임: 돈의 얼굴〉(이하 〈돈의 얼굴〉)을 내놓았다. 총 6부작으로 구성된 〈돈의 얼굴〉은 차례로 유동성, 금리, 물가상승, 부채, 디지털화폐, 투자를 다루며 시청자들의 경제적 안목 향상을 돕는다. 이 글에서는 EBS 다큐멘터리 〈돈의 얼굴〉에 담긴 제작 환경의 적절성을 검토한 후 프로그램 구성상의 특징을 거시적·미시적 관점으로 살펴보고자 한다.

다큐멘터리의 신뢰성과 시의성: 누가, 언제 다루었는가?

다큐멘터리에서 다루는 내용과 입체적 사실을 명확히 구분하기는 쉽지 않

---

[1] "'시간보다 돈이 중요해' 한국인 대답 압도적이었다", ≪한겨레≫, 2021년 6월 8일 자, https://www.hani.co.kr/arti/economy/consumer/998471.html(검색일: 2024.9.16).

[2] "흥사단 투명사회운동본부, 2019년 대한민국 성인 정직지수 조사 결과 발표", 뉴스와이어, 2019년 12월 12일 자, https://www.newswire.co.kr/newsRead.php?no=898765(검색일: 2024.9.16).

다. 다큐멘터리는 특정 주제에 대해 뉴스보다 오랜 시간에 걸쳐 심도 있는 시선으로 현실을 조망한다는 특징이 있기에, 그 과정에서 전달되는 정보는 진실에 가깝게 받아들여지는 경우가 잦다. 기획 의도와 카메라의 초점에 따라 내용이 달라짐을 모르지 않는데도, 다큐멘터리의 내용이 '부분적 진실'에 가깝다는 점은 종종 간과된다. 이는 다큐멘터리 제작 과정에서 숙고를 거듭해야 하는 까닭인 동시에 그 제작 주체의 중요도가 드라마나 예능보다 높은 이유기도 하다.

그러기에 EBS는 그 어떤 제작사보다 다큐멘터리 제작에 적절한 성격과 역사를 갖추고 있다. 1990년 개국한 EBS는 한국교육방송공사가 정식으로 발족한 2000년을 기점으로 현재까지 교육 분야의 공영 미디어로서 굳건한 입지를 다져왔다. 다큐멘터리에서 그 활약이 더욱 돋보인다. EBS는 2004년부터 매년 EIDF(EBS 국제다큐영화제)를 통해 다큐멘터리의 대중화에 앞장섰다. 올해 21회를 맞은 EIDF는 국내 유일의 지상파 방송과 온·오프라인 상영이 결합된 다큐멘터리 영화제이며 EBS 제작진과 세계의 다큐멘터리 제작진들이 서로의 역량을 계발하는 교류의 장이 되기도 한다.

특히 2008년부터 방영된 〈EBS 다큐프라임〉(이하 〈다큐프라임〉)은 '다큐멘터리 이즈 라이프(Documentary is Life)'라는 슬로건 아래 여러 수작을 배출하며 한국을 대표하는 다큐멘터리 시리즈로 자리 잡았다. 2023년만 보아도 '다큐프라임' 시리즈 내에 〈여성백년사〉, 〈아동인권 6부작 어린人권〉을 비롯한 다섯 편의 다큐멘터리로 한국방송대상, 국제앰네스티언론상 본상, 방송통신위원회 방송대상 등 다수의 상을 거머쥐었다. 지금까지 다큐멘터리로 쌓아온 역사와 '전 국민의 평생학교'를 자처하는 EBS의 특성을 고려할 때, EBS는 다른 어떤 제작 주체보다도 다큐멘터리의 본질적 특성에 부합하는 콘텐츠를 제작해 왔다고 볼 수 있다. 다큐멘터리의 형태를 통해 '돈'을 가르쳐줄 가장 훌륭한 선생님인 셈이다.

다큐멘터리는 제작 시기의 적절성도 함께 고려해야 한다. 제작 시기를 정하는 데 여러 기준을 적용할 수 있겠지만, 가장 일차적인 것은 시청자들의 수요다. 2012년, EBS는 〈다큐프라임: 자본주의〉(이하 〈자본주의〉)를 5부작으로 선보인 바 있다. 경제적 자유에 관한 높은 관심을 반영하듯 큰 화제가 되었고, 해당 내용으로 2013년에 출간된 책은 10년 연속 경제 서적 부문 베스트셀러 1위에 올랐다. 유튜브에서는 현재까지 누적 조회수 2200만 회를 돌파한 〈자본주의〉 시리즈의 최신화를 바라는 댓글을 심심찮게 찾아볼 수 있다. 〈돈의 얼굴〉을 제작한 이혜진 PD 역시 연합뉴스와의 인터뷰에서 "〈자본주의〉를 리뉴얼해 달라는 시청자들의 요청이 있었다"라고 밝혔다.[3]

수요가 갖추어졌다고 해도 이를 채울 실질적인 내용이 충분치 않다면 다큐멘터리의 제작은 어렵다. 그러나 〈자본주의〉 시리즈 이후에도 우리 사회에는 수많은 변화가 있었다. 암호화폐의 등장과 코로나19로 인한 팬데믹이 대표적이다. 비트코인으로 대표되는 암호화폐 광풍과 더불어 코로나19가 촉발한 경제 위기, 뒤이어 나타났던 주식과 부동산 가격의 폭등은 '벼락거지', '빚투', '영끌' 등 여러 신조어를 낳을 만큼 커다란 사회적 파급력을 보였다. 〈자본주의〉 시리즈 이후 12년 만에 〈돈의 얼굴〉이 제작될 수 있었던 것은 이러한 사회적 배경과도 무관하지 않았을 것이다.

다큐멘터리의 거시적 전개: 어디에서, 무엇을 다루었는가?

다큐멘터리 〈돈의 얼굴〉은 돈에 대해 무엇을 다룰 것인가를 특정한 후 그것을 다루기에 가장 적합한 공간을 촬영지로 선정했다. 얼핏 생각하면 당연

---

3 "EBS '돈의 얼굴' PD들 '돈이 뭐냐고요? 쉽게 설명해드릴게요'", 연합뉴스, 2024년 4월 18일 자, https://www.yna.co.kr/view/AKR20240417144000005(검색일: 2024.9.16).

히 여겨질 수 있으나 개념 설명과 단순한 사례 나열로 처리할 수 있는 지점까지 기어코 파고드는 것은 성의의 문제다. 〈자본주의〉 시리즈가 돈의 역사와 경제사상의 거대한 흐름에 초점을 두었다면, 〈돈의 얼굴〉 시리즈는 국경을 넘나들며 각각의 공간이 지닌 경제적 특성을 적극적으로 활용해 개별 주제에 관한 시청자의 이해를 섬세히 보조했다. 특히 1, 2, 5부는 공간에서 개인으로 이어지는 연역적 특징이 두드러진다.

돈의 유동성을 다룬 1부에서 제작진은 유동성의 개념에 대해 "원하는 시간에 언제든지 내 돈을 찾을 수 있는 것"이라 정의한다. 심야의 은행 점검 시간을 제외하면, 언제고 ATM에서 손쉽게 현금을 찾아왔을 시청자에게는 좀처럼 와닿지 않는 내용이다. 은행이 예금자들을 위해 늘 '유동성'을 갖추고 있어야 한다는 문장마저 당연하게 읽힌다. 제작진은 시청자의 통념을 깨기 위해 레바논의 사례를 제시한다. 유동성이 부족해 저축한 돈을 되찾지 못한 레바논 국민은 자기 돈을 되찾으려 은행을 공격한다. 고객이 강도가 되는 레바논의 혼란스러운 상황을 보며 시청자는 유동성의 뜻과 무게를 체감할 수 있다.

금리를 다룬 2부에서는 종교적인 이유로 금리 인상을 미루다 현재 45%에 육박하는 금리를 보인 튀르키예, 경기부양을 위해 최근까지 마이너스 금리를 시행한 일본의 대조적인 사례를 살핀다. 한국에서는 금리가 45%에 육박한 적도, 마이너스 금리가 시행된 적도 없다. 한국 시청자의 통상적 경험상 비상식적인 고금리와 한국에서 직접 경험한 바 없는 마이너스 금리를 설명하기 위해 극단적인 대조군을 제시한 것이다. 그 이후 제작진은 한국으로 공간을 옮겨 팬데믹 시기의 저금리가 과도한 대출을 허용했고, 그 영향이 대출이자 폭증과 전세 사기 피해자의 양산으로 이어졌음을 제시한다. 이처럼 돈은 공간에 따라 다른 얼굴을 내보이기도 한다.

디지털 화폐를 주제로 한 5부에서는 나이지리아를 살핀다. 나이지리아의 중앙은행은 2024년까지 국민의 95%를 금융 시스템 안으로 들이겠다는 목적하에 새로운 지폐를 발행했다. 집에서 잠자는 구권을 회수하고 통화량을 줄여 유통할 계획이었다. 그러나 당국은 현금의 수요를 적절히 파악하지 못했고 은행으로 구권이 들어왔음에도 교환해 줄 신권이 부족한 지경에 이르렀다. 암호화폐의 핵심이 제도권 밖에서 금융기관을 거치지 않는다는 데 있음을 고려하면, 금융 당국에 대한 신뢰가 떨어진 나이지리아의 환경은 암호화폐의 상용화에 더없이 적합한 조건이었다. 실제로 나이지리아에서는 통화 불안정성의 위험을 분산하고자 비트코인과 달러를 섞어 거래가 이루어지고 있었다.

나이지리아의 현실은 자산 배분을 위한 투자 또는 투기로 암호화폐에 접근하는 한국의 현실과 대조적이다. 이처럼 다큐멘터리 〈돈의 얼굴〉은 무엇을 어디에서 다루어야 적절할지 깊이 있게 검토하고 해당 주제가 가장 잘 드러날 수 있는 공간을 끊임없이 찾아다녔다. 돈의 모습을 가장 잘 담아낼 그릇을 고르는 데 심혈을 기울인 것이다.

다큐멘터리의 미시적 전개: 어떻게 다루었는가?

〈돈의 얼굴〉 시리즈가 1, 2, 5부에서 주로 공간 중심의 거시적이고 연역적인 전개를 통해 돈과 경제의 면면을 조망했다면 3, 4, 6부에서는 주요한 공간을 한국으로 고정한 채 시청자가 크게 이질감을 느끼지 않을 일반 대중의 개인적 시선을 담아내며 미시적 전개를 충실하게 활용했다. 제작진은 각자의 위치에 따라 서로 다른 돈의 얼굴을 마주한 개개인의 삶을 적극적으로 조명했고, 그들이 마주한 돈의 얼굴이 어떠한 경제적 이유에서 비롯되었는지 귀납적으로 접근한다. 이를 통해 〈돈의 얼굴〉 시리즈는 거대 담론을 중심으로 전개되었던 〈자본주의〉 시리즈와의 차별화를 이루어냈다.

〈자본주의〉 시리즈에서 대중과 유사한 일반인이 비중 있게 등장한 것은 소비 심리를 다루었던 2부가 유일하다. 이 외에는 세계적인 석학과 경제학계의 권위자들을 중심으로 내용이 전개되었고, 거시적 관점에서 자본주의의 흐름과 경제사상을 비롯해 국가 차원의 경제 정책이 주요하게 다루어졌다. 이러한 구성이 보편 지식의 획득이나 자본주의의 구성 원리를 이해하는 데 도움을 줄 수는 있다. 그러나 시청자의 관점에서 해당 내용이 나의 실재적인 삶과 직접적으로 연관되어 있다는 공감을 끌어내기에는 다소 부족하다. 〈돈의 얼굴〉 제작진은 개인의 삶에 더욱 가까이 다가가 개인과 돈이 생활 속에서 어떻게 상호 작용하는지 담아냄으로써, 자칫 평면적일 수 있는 건조한 담론을 입체화하는 동시에 돈을 이야기하는 주체의 다각화를 꾀했다.

이러한 구성은 공간 중심의 거시적 전개가 주요했던 1, 2, 5부에서도 활용되었다. 레바논에서는 유동성 부족으로 은행에 예금한 돈을 돌려받지 못하는 레바논 시민들의 목소리가 있었고, 튀르키예에서는 리라화의 화폐가치 불안정이 생활에 직접 영향을 준다는 인터뷰가 담겼다. 일본에서는 버블 폭락 때 부동산 임대업으로 부를 축적한 자산가 사토시의 이야기와 함께, 디플레이션으로 인한 저성장 국면이 가져온 위기를 여러 일본인의 입을 빌려 다루었다. 나이지리아에서는 아이스크림을 파는 크리스티사라의 이야기를 통해 은행에 돈이 없을 수밖에 없는 이유를 보여주었다. 이처럼 인터뷰는 타국의 경제적 실황을 시청자에게 효과적으로 전달하는 데 주요하게 작용했다.

개별 인터뷰에서 출발하는 귀납적 전개는 3, 4, 6부에서 더욱 본격적으로 활용되었다. 물가 상승을 다루는 3부에는 연 매출 26억에 23명의 직원이 근무 중인 부산의 방열복 회사가 등장한다. 흔한 우리네 어머니들의 모습 같은 생산 팀 직원들의 돈 이야기, 동남아에서 온 외국인 노동자들의 월급 이야기는 기축통화와 환율의 상호 작용이라는 거대한 흐름과 연결된다. 개별 인터뷰를 통해 명목임금으로 월급이 올라도 물가상승률을 제외한 만큼의 상승분이 실질임금임을 시청자에게 전달하고, 이를 바탕으로 인플레이션이 명목화폐의 진짜 구매력을 속이는 특성이 있음을 언급한다.

4부는 채무자와 채권자의 입장 차를 통해 빚을 상호주관적으로 다루었으며, 빚을 내어 투자하거나 부동산을 구매한 이들과 영문도 모른 채 빚을 상속받은 개인들의 인터뷰로 시작한다. 그 과정을 거쳐 빚도 자산이라는 말이 믿음처럼 퍼져 있는 현실을 지적하고, 전 세계의 다양한 경제 주체 사이에서 빚이 거래되며 부채 상환의 위험을 공유하는 초국적 금융 상품이 만들어지는 현실을 개인의 삶과 연결한다. 이러한 흐름을 따라가며 시청자는 세계적인 금융위기가 어떤 국제적 환경과 개인의 선택이 연속되며 촉발되었는지 구체적으로 이해할 수 있다.

6부는 초보 투자자 291명 중 각기 다른 특성을 가진 5명을 선발한 후 그들의 투자 여정을 따라가며 시청자의 동질감 형성과 몰입을 유도한다. 3개월간 공부를 거쳐 투자하는 사람이 있는 반면, 누군가는 잠깐의 판단만으로 투자하는 등 극명하게 다른 투자 성향을 보여주며 시청자의 흥미와 공감을 끌어낸다. 개미투자자로 시작한 이야기는 소유효과, 손실회피 성향, 자기과신편향 등 투자 과정에서 반드시 점검해야 하는 보편 사항으로 이어진다. 나아가 좋은 투자를 위한 덕목과 함께, 투자 과정에서 자기 특성에 대한 이해가 무엇보다 중요함을 행동재무학적으로 풀어낸다.

이처럼 개인의 이야기를 보편화하는 술기가 탁월하다는 점에서 돈을 '어떻게' 다루어야 적절할지 깊이 있게 고민한 제작진의 노력이 엿보인다. 돈을 다루는 데 뚜렷한 정답이 없다는 점에서 시청자가 답답함을 느낄 가능성도 있으나, 개인이 제대로 마주하기 어려운 '돈의 얼굴'을 당장 현실적으로 드러내기 위한 최적의 구성이었음은 의심할 여지가 없다.

나가며: 우리만의 '왜?'를 찾아서

숏폼과 뉴미디어가 범람하는 지금, 그처럼 짧은 길이의 콘텐츠로 복잡한 돈의 속성을 제대로 이해하기란 여간 어려운 일이 아니다. 그런 점에서 EBS의 다큐멘터리 〈돈의 얼굴〉 시리즈는 교육적 측면에서 경제 다큐멘터리의 신기원을 열었다고 해도 과언이 아니다. 〈자본주의〉 시리즈가 다소 난해하고 논쟁적인 주제에 과감히 도전했다면, 〈돈의 얼굴〉 시리즈는 전 국민이 열망하는 돈을 '거시적-연역적', '미시적-귀납적' 측면에서 다각적으로 풀어냈다. 머니맨으로 명명한 염혜란 배우를 캐스팅하거나 영화 〈돈〉의 OST를 활용하는 등 대중 친화적인 요소 역시 적절히 가미했다.

다큐멘터리 〈돈의 얼굴〉 시리즈는 돈을 이해하기에 더없이 훌륭한 다큐멘터리다. 그러나 아무리 좋은 다큐멘터리라도 돈을 대하는 우리의 정답까지 대신 제시해 줄 수 없다는 사실을 잊지 말아야 한다. 지금까지 돈을 두고 '누가, 언제, 어디서, 무엇을, 어떻게' 다루어왔는지 살펴보았다. 이제는 거부할 수 없는 현대 자본주의의 흐름 속에서, 제각기 우리 앞에 놓인 '돈의 얼굴'을 직면해야 하는 각자의 이유를 찾아 나설 시간이다. 🔖

가 작

꿈을 숫자로 이야기하는 '평등' 사회

채널A 예능 〈성적을 부탁해: 티처스〉

백진우

고등학교 1학년 여학생이 기말고사를 보고 집에 돌아온다. 거실에는 "중간고사 28.6점에서 기말고사 60점으로! 수학 2배 올리기!"라 적혀 있는 현수막이 걸려 있고 어른 셋은 머리에 "수학 60점 기원"이라 적힌 머리띠를 둘렀다. 학생 앞에서 시험지 채점이 시작되자, 빨간 펜의 움직임에 따라 환호와 탄식이 교차한다. 2023년 크리스마스 전날 밤 TV에 나온 장면이다.

한국에서 교육 이야기를 공론장에 올리기는 어렵다. 그중에도 대입을 주제로 한다면 더 조심스럽다. 무의미한 경쟁, 과도한 사교육 등 이제는 기시감까지 느껴지는 문제들을 해결하기 위해 수많은 시도가 있었지만, 그 무엇도 유의미한 개선으로 이어지지 않았다. 그만큼 교육은 복잡하고 다루기 어려운 주제. 그래서 채널A에서 대입을 주제로 한 프로그램을 한다고 했을 때 이를 어떻게 풀어낼지 무척 궁금했다.

채널A의 예능 프로그램 〈성적을 부탁해: 티처스〉(이하 <티처스>)는 두 번째 시즌을 방영 중이다. 시즌 1에서는 학교 내신 혹은 모의고사 성적을 올리고 싶은 중고등학생에게 사교육 수학과 영어 1타 강사인 정승제와 조정식 강사가 30일간 맞춤 지도한 뒤 전후 성적을 비교했다. 정승제 강사는 제작발표회에서 성적을 올리기 위해서는 무조건 사교육에 의존해야 한다는 통념을 깨트리기 위해 출연을 결정했다고 밝혔다. 하지만 당찬 포부와 달리, 이 프로그램이 오히려 교육의 문제를 정당화하고 이를 공고화하는 것은 아닌지 우려스럽다.

사교육이 비판받는 주요한 근거는 이로 인한 빈익빈 부익부 현상의 심화다. 사교육에 더 많은 돈을 투자할 수 있는 가정에서 태어난 학생은 그만큼 더 많은 기회를 얻는다. 반면 이에 따라 붕괴한 공교육 속에서 사교육에 의존하기 어려운 학생은 소외된다. 2023년 통계청에 따르면 소득 상위 20%의 가구는 자녀에게 평균 114만 3000원을 사교육에 지출했지만, 하위 20%는 절반도 안 되는 48만 2000원에 그쳤다.[1]

더 높은 사교육비 지출은 더 높은 성적으로 이어진다. 2021년 한국경제연구원의 조사에 따르면 사교육을 받을 시 수학의 경우 상위권에 속할 확률이 56% 증가하고 영어의 경우 53% 증가한다.[2] 2023년 통계청 국가통계포털(KOSIS)을 보아도 성적 상위 10% 이내의 초중고 학생들이 성적 분포 81~100% 학생들보다 사교육비를 2배가량 많이 지출했다. 나머지 성적 분포에서도 사교육비와 성적은 비례관계에 있었다.[3]

〈티처스〉도 돈 있는 자가 판치고 있는 세상을 보여준다. 우선 3명의 메

1   "고소득 자녀 학원비 114만 원, 저소득 2.4배 … 불평등한 사교육", ≪한국일보≫, 2023년 6월 25일 자, https://www.hankookilbo.com/News/Read/A2023062513420004465?rPrev= A2023062710270001869(검색일: 2024.10.17).

2   유진성, 「우리나라 교육지표 현황과 사교육 영향 분석」, ≪KERI Insight≫, 21-01(2021. 2.8).

3   통계청, 「2023년 초중고사교육비조사 결과」, 통계청 보도자료(2024.3.14).

인 패널부터 서울권 외국어고등학교 출신 전현무, 예대 입시 준비를 대치동에서 했던 한혜진, 그리고 아이를 의사로 키우고자 목동으로 이사했다는 장영란이다. 방송에서는 구체적인 사교육비 금액이 언급되기도 했는데, 120만 원이 적은 월간 총 사교육비 지출로 소개되고 월 60~80만 원 하는 주 1회 면접학원 수업료는 합리적 수준으로 평가된다.

시즌 1에 사례로 출연한 총 열네 가정은 대부분 중산층 혹은 고소득층으로 추정된다. 혼자 공부에 집중할 수 있는 방이 대부분 있고, 부모님의 경제적 지원으로 학원이나 스터디 카페를 문제없이 다닌다. 1인당 학비가 1500만 원이 넘는 외고를 다니는 학생은 물론이고 부모님은 S전자 연구원이거나 서울대학교 박사 출신이기도 하며 심지어 자녀의 학업을 위해 순천에서 대치동으로 이사한 가정도 있다.

부모님의 경제 사정이 좋지 않다고 언급되거나 사교육비 지출에 소극적인 경우는 두 사례다. 아버지를 여읜 탈북민 학생의 어머니는 홀로 아르바이트하며 가정을 지탱해야 했다. 그런데도 어머니는 월 200만 원의 사교육비를 지출하기 위해 "월급을 다 털고" 대출까지 받다가 결국 과로로 응급실에 실려 갔다.

또 다른 사례에서는 지방에서 사교육 없이 전교 1등과 2등을 차지한 쌍둥이 중학생이 소개되는데, 1타 강사들은 전국 단위 경쟁에서는 뒤처져 있다고 지적한다. 이를 증명하기 위해 쌍둥이를 서울로 데려가 몸소 체험하도록 한다. 프로그램은 심지어 IQ 검사까지 해 머리는 좋지만, 공부 환경 노출이 부족해 문제라며 사교육 참여를 유도한다.

문제는 이러한 현실에 대한 문제 제기는 찾기 힘들고 오직 성적 향상 방법에만 집중한다는 점이다. 엄연히 일반 대중을 대상으로 하는 방송에서 소득 상위 20% 가구의 평균 사교육비보다도 많은 사교육비를 지출하라고 장려하고, 이를 위한 돈이 부족하면 대출과 과로도 불사해야 하며 그러지 않을 경우 아무리 머리가 좋아도 경쟁에 뒤처진다고 말하고 싶은 것일까.

이렇게 무리한 지출을 감수하면서까지 해야 하는 공부가 학생의 진정한 배움이 아니라 단순히 시험을 잘 보기 위한 기교에 불과하다면 이는 국가적 낭비다. 하지만 프로그램은 오히려 적극적으로 시험만을 위한 사교육을 권장한다. 첫 에피소드부터 사교육 강사들은 대치동 학원가의 수많은 학생을 보며 "몇 퍼센트나 의미 있는 공부를 할까"라고 이야기한다. 그런데 그들에게 '의미 있는'이란 대입 성공분이다.

방송 속 영어 강사는 수능 영어에서는 말하기와 쓰기를 평가하지 않는다고 하면서 영어 독서와 토론 학원에 다니는 것을 만류한다. 심지어 실제 영어와 시험을 잘 보는 영어는 다르다며 학생에게 해법으로 영어 교과서의 지문을 영어 대신 한국어로 외우라고 주문한다. 한국어로 외운 후에는 영어로 외우라고 하는데, 실제로 학생은 30일간 교과서 지문을 외우는 것에만 치중한다. 시험이 끝나면 그 학생에겐 무엇이 남을까.

개인의 능력에 따라 자원을 분배한다는 능력주의를 기반으로 학벌을 따지는 우리 사회에서, 좋은 학벌을 위한 공부가 개인의 성장으로 이어지지 않음은 대입 경쟁이 엉덩이 싸움에 불과하다는 걸 시사한다. 특히 그러하다면 공부에 온전히 집중할 수 있는 유복한 환경에 있는 학생이 절대적으로 유리하다.

성장으로 이어지지 않는 공허한 공부와 이에 따른 무한 경쟁은 충분히 학생을 우울하고 불안하게 만들 수 있다. 조정식 강사도 최근 학업으로 인한 우울증을 겪는 학생이 많아 고민이라고도 이야기하는데, 실제로 국민건강보험공단에 따르면 2023년 만 7~18세 아동·청소년 우울증 진료 인원이 5년 전과 대비해 75.8%가 늘었다고 한다.[4] 〈티처스〉에서도 공식적으

---

4   "[단독] '우울·불안장애' 아동·청소년 5년 새 급증 … 자살도 역대 최대", ≪한겨레≫, 2024년 10월 1일 자, https://www.hani.co.kr/arti/society/health/1160436.html(검색일: 2024.10.17).

로 학업으로 인해 우울증을 진단받은 사례가 두 차례 나오는데, 공교롭게도 그 두 사례가 성적 향상에 실패한 두 명의 사례이다.

앞서 언급한 탈북민 학생의 경우 본인의 공부를 위해 어머님이 과로하고 있다는 부담뿐만 아니라 돌아가신 아버님의 유언이 "아픈 사람들을 위해서 의사가 되어라"였다고 한다. 따라서 해당 학생은 한의대를 가고자 하지만 이를 위해서는 방송에도 언급됐듯 상위 0.1%에 들어야 한다. 그래서 학생은 하루 5시간만 자며 공부를 열심히 하지만, 그 과정에서 결국 시험 성적으로 인한 불안과 우울을 진단받는다. 상식적인 사회에서는 아이의 정신 건강을 챙기는 게 먼저다. 하지만 시험 불안으로 인해 국밥을 넘기기도 어려워하던 학생에게 제작진이 마지막으로 전한 메시지는 "국밥보단 수학 1등급"이라는 자막이다.

더 나아가 전교 1등이었음에도 불구하고 극심한 학업 스트레스로 인해 우울증에 걸리고 "자퇴 안 하면 죽을 것 같아" 자퇴한 사례를 두고 자퇴가 오히려 입시 전략일 수 있다고 언급한다. 결국 1타 강사의 지도를 따르다 해당 학생이 번아웃이 와서 잠시 쉬겠다고 하자 강사는 매몰차게 "그러면 빼요"라고 하며 "하려는 애들이 얼마나 많은데"라고 덧붙인다. 그러자 패널들과 제작진은 이 사례를 계기로 "약속을 어기면 솔루션 종료"라는 교훈을 얻을 수 있다고 이야기한다.

한편, 해당 학생이 방송에 대한 책임감을 느꼈는지 끝까지 해보겠다고 사과하러 오자 강사는 학생이 강사 옆자리에 어색하게 앉을 때까지 눈길하나 주지 않는다. 결국 학생은 용서받기 위해 시키는 대로 하지 않을 경우 학생이 좋아하는 연예인의 모든 굿즈를 포기하고 탈덕(팬덤에서 이탈)하겠다는 각서를 쓰는 지경까지 간다. 사과해야 할 사람은 학생이 아니라 무의미한 공부를 강요하고 마음이 힘든 이에게 따뜻한 손을 내밀 줄 모르는 어른들 아닐까.

이렇게 많은 이들이 좋은 대학을 가기 위해 무리수를 두는 이유는 한국에는 대학 서열이 존재하고 이것이 개인의 삶에 지대한 영향을 미친다는 믿음이 있기 때문이다. 〈티처스〉는 이러한 믿음을 출연자, 패널, 강사가 모여 함께 간증하는 자리처럼 보인다. 에피소드를 시작하는 말이 "예비 고1 겨울방학 4개월로 대학 간판이 정해진다"인가 하면 '2호선 라인', '273번 버스'부터 '의치한약수간', '삼룡의'까지 노골적인 대학 서열화 은어를 상식처럼 소개한다.

　　그뿐만 아니다. 출연한 학생들은 하나같이 수도권 주요 대학을 가고 싶다고 고백한다. 서열화의 대상은 고등학교도 예외가 아니다. 한 학생은 가고 싶은 자사고에 탐방을 가 "모든 것이 완벽하다"고 치켜세우는 한편, 다른 학생은 특성화고에 대해서는 노골적으로 "공부를 제대로 안 한다"며 자신도 "그 길로 빠지게 될까?"라며 특성화고에 가기를 꺼려한다.

　　어쩌면 출연한 학부모들의 말이 이 프로그램의 핵심 메시지를 담고 있을지도 모르겠다. 한 학부모는 아직 진로를 다방면으로 생각하고 있다는 딸에게 "다방면으로 하고 싶으면 성적을 올리세요"라고 조언한다. 심지어 다른 학부모는 "1% 안에 든 사람들이 세상을 만들어가는 것 아닌가?"라며 "그 1%에 못 들면 들러리로 살아가는 것 아닌가?"라고 이야기한다. 이렇게 무심결에 방송을 보고 있던 99%의 시청자는 들러리로 전락한다.

　　〈티처스〉가 보여주는 교육은 세상을 만들어가는 인재를 키울 수 없다. 『대학』의 8조목에 따르면 '수신제가치국평천하(修身齊家治國平天下)'라는 말이 있다. 천하를 평화롭게 하기 위해선 자기 자신을 먼저 수양해야 하며, 이는 만물의 이치를 철저히 연구하는 것으로부터 시작한다. 이를 위하는 공부를 공자는 위기지학(爲己之學)이라 했으며, 이와 대비되는 위인지학(爲人之學)을 경계했는데, 이황은 후자를 "내면의 공허함을 감추고 관심을 바깥으로 돌려 지위와 명성을 취하는 공부"[5]라고 설명했다. 〈티처스〉가 주문하는 공부는 내면의 성장이 아니라 명문대 타이틀에 따라오는 지위와 명성을 탐할 뿐이다.

문화평론가 이택광은 '쾌락의 평등주의'를 이야기하며 '평등의 고원'이라는 개념을 제시한 바 있다.[6] 이는 사회에서 평등에 대한 논의가 주로 중산층 이상의 사람들에 의해 그들의 관점에서만 이루어진다는 비판을 담는다. 미디어는 주로 이 계층의 삶, 즉 이 '고원'에서의 삶을 '우리의 삶'으로 묘사하고 사회적으로 소외된 계층은 '그들의 삶'으로 간주한다. 즉, 그들은 '평등'을 외치고 있지만 실상은 솟아오른 고원의 평등에 대한 집착일뿐, '주변과 고원 사이에 조성되어 있는 불평등'은 애써 무시한다.

〈티처스〉는 사교육계의 1타 강사를 대중 방송에 등장시키고 누구나 열심히만 하면 성적을 올릴 수 있다는 희망을 준다. 하지만 〈티처스〉는 그 공부는 사실 엉덩이 싸움에 불과하며, 이는 경제적 기반이 탄탄한 자가 절대적으로 유리함을 이야기하지 않는다. 더 나아가 이 과정에서 소외된 자들의 고난은 개인의 일탈로 치부하고 성공한 자들이 누리는 쾌락은 노력한 자들이 얻은 정당한 대가임을 시사한다. 이렇게 그들만의 경쟁은 평등한 것으로 포장되고 그 외 사람들은 타자화된다. 〈티처스〉에 담긴 우리 교육은 인새 양성에는 관심이 없고 계층 간 불평등을 공고화한다.

혹자는 이것이 어쩔 수 없는 현실이며 방송은 그 현실을 담백하게 보여줄 뿐이라고 항변할 수도 있다. 하지만 방송은 단순히 현실을 반영하는 창

---

5   이익(李瀷), 『이자수어(李子粹語)』 권1, 「위학(爲學)」[성균관대학교 대동문화원, 『증보퇴계전서(增補退溪全書)』 5(1978), 226쪽], "爲己之學 以道理爲吾人之所當知 德行爲吾人之所當行 近裏着工 期在心得而躬行者是也 爲人之學 則不務心得躬行 而虛飾循外 以求名取譽者 是也"[금부윤록(金富倫錄)].

6   "[정정당담]한국사회를 지배하는 쾌락의 평등주의", ≪경남도민일보≫, 2013년 3월 26일 자, https://www.idomin.com/news/articleView.html?idxno=408964(검색일: 2024.10. 17).

이 아니라 현실을 해석하고 재형성해 대중 의식에 큰 영향을 미치는 매체다. 이것이 정치커뮤니케이션 학자 티모시 E. 쿡이 "언론이 권력기관으로서의 책임감을 가지기보다는 단순하고 구체적이며, 극적이고 이벤트적이며, 대중이 선호하는 뉴스를 좇아왔다는 점이 문제"라고 하며 민주주의 사회를 이루는 입법·행정·사법과 더불어 '제4부'로서의 책임감을 언론에 주문한 이유다.

첫 에피소드에 출연한 1타 강사는 자신이 이 프로그램을 통해 "사교육비 문제를 해결하고 나아가서 출산율 한번 올려보도록 하겠습니다"라고 호언장담했다. 내가 아이를 키우고 싶은 세상은 TV를 켰을 때 가난하더라도 배움을 갈구하는 학생에게는 배움의 기회가 있고, 학생들은 시험이 아닌 자신의 성장을 위해 공부하며, 경쟁에 지친 아이에게 따뜻한 손을 건네고, 출신 대학과 무관하게 다양한 삶의 가치를 존중하는 모습이 나오는 사회다. 〈티처스〉 시즌 2에서는 기존 강사와 더불어 5수(대입을 5번 치름) 끝에 명문대에 합격한 '입시 크리에이터' 미미미누(김민우)가 선생과 멘토로 출연했다. 시즌 3에서는 성적 향상에만 혈안인 강사 대신 학생의 진정한 성장에 관심을 가지는 스승을 만나고 싶다. 🈂

가면, 〈밤에 피는 꽃〉 서사에 꽃을 피우다

유재영

가면은 정체를 숨기기 위한 수단이자 거짓을 진실로 위장하기 위한 방법이다. 선인이 가면을 쓴다는 것은 비밀스럽게 임무를 수행하기 위함이고 악인이 가면을 쓴다는 것은 정체를 숨기고 악행을 저지르기 위함일 것이다. 어느 쪽이든 가면을 쓴 캐릭터는 흥미와 관심을 유발하기 좋고 캐릭터의 성격과 목표를 강조하며 이야기에 긴장감을 불어넣는다.

MBC 금토 드라마 〈밤에 피는 꽃〉은 가면을 활용해 주인공 여화와 적대자의 캐릭터 콘셉트를 확실히 살릴 뿐 아니라 드라마 내러티브에 팽팽한 이항대립의 균형을 유지해 이야기 구조를 탄탄하게 쌓으며 몰입감을 형성한다. 최종회 시청률 18.4%로 역대 MBC 금토 드라마 중 가장 높은 시청률을 기록하며 위축된 지상파 드라마에 활기를 불어넣고 사극 드라마 열풍에 큰 몫을 한 이 드라마의 힘은 가면이라는 장치에서부터 시작된 것이다.

복면을 쓴 과부

가면을 쓴 캐릭터로 가장 많이 떠올리는 캐릭터는 서양의 쾌걸 조로일 것이다. 검은 망토에 검은 복면을 쓰고 독재자와 악당들로부터 힘없는 사람들을 지키는 조로는 동서양 구분 없이 널리 알려진 정의의 사도가 되었다. 낮에는 부잣집 도련님, 밤에는 복면을 쓴 의적으로서 두 얼굴을 지닌 채 칼 한 자루로 불의에 맞서 구제와 구휼을 행하는 이 복면 영웅 캐릭터는 많은 독자들의 환호를 받았고, 이후 다양한 콘텐츠에서 재생산되고 확장되었다. 〈밤에 피는 꽃〉의 주인공 여화는 조로의 캐릭터성을 복사한 듯한 조선판 여성 쾌걸이자 복면 영웅이다.

　가면을 쓰면 자신을 숨길 수 있기 때문에 가면 쓴 캐릭터는 인물의 다른 특징을 끌어내어 캐릭터를 입체적으로 만든다. 이때 캐릭터의 대비가 클수록 콘셉트는 확실해지고 캐릭터를 보는 재미가 커지는데, 여화는 복면을 쓰고 벗을 때의 차이가 극과 극으로 상반된다. 여화는 세도가 좌의정 석지성의 맏며느리로서 얼굴 한 번 못 본 채 혼례 당일 부고를 전한 지아비를 섬기느라 15년째 담 밖을 자유로이 나오지 못하는 망문과부다. 하지만 밤이 되면 복면을 쓰고 담을 넘어 북촌 세도가들의 지붕을 타고 다니며 가난한 백성을 구제하는 영웅이 된다. 낮에는 열녀의 덕을 쌓기 위해 한 끼밖에 못 먹어 비실거리지만 밤에는 쌀 한 섬을 어깨에 메고 다니며 가난한 이들에게 던져주고, 낮에는 가마에서 내리는 게 어려워 엉거주춤하지만 밤에는 담과 지붕을 길 다니듯 뛰어다닌다. 또 낮에는 붓질도 바느질도 둔해서 시어머니에게 꾸중을 듣지만 밤에는 주먹도 칼질도 빨라서 모리배들을 제압하고, 낮에는 한미한 가문 출신이라고 시누이에게 구박받지만 밤에는 전설의 미담이라고 백성들에게 칭송받는다. 가면을 중심으로 한 여화의 촘촘하고 명확한 캐릭터 차이는 낮과 밤, 고요한 담장 안과 번화한 북촌 일대, 흰 소복과 검은 복장에 검은 복면 등 시간과 공간, 색의 대비로 시각화되어 강조된다. 상반되는 캐릭터의 대비는 역설적이고 아이러니해 웃음을 주기도 하지만, 가련한 제도의 희생양에서 탈제도적 대담무쌍한 의인으로의 변신은 강한 극성을 발휘하며 서사 전개에 동력을 만든다.

그러나 희생양에서 의인으로의 변신이 극적인 장치로만 끝난다면 동력은 곧 힘을 잃게 될 것이다. 탄탄하고 지속적인 동력이 되기 위해서는 변신에 대한 타당한 이유가 나타나야 하는데, 대다수 콘텐츠들은 변신의 이유를 정체성에 대한 주인공의 고민과 깊은 사유에서 유래시켜 왔다. 여화도 정체성이라는 개인의 문제에서부터 변신을 시작하지만 그 결과는 공동체적이고 사회적인 문제로 귀결된다. 여화가 변신을 하는 이유, 즉 복면을 쓰는 이유는 그러지 않고서는 살 수 없는 그녀의 본성을 따른 것으로, 어릴 적부터 오빠에게 검술을 배우며 야인으로 살아왔던 여화가 좌상댁 맏며느리이자 망문과부라는 신분의 허울을 벗고 그녀의 참모습을 드러내는 방법이었다. 그런데 여화는 점점 소외되고 힘없는 백성들을 향한 연민과 동정을 키우게 되며 약자를 위해 할 수 있는 일을 해야만 직성이 풀리는 또 다른 본성을 형성하게 된다. 복면을 쓰고 본성을 찾아가던 과부의 월담이 어느 새 자신을 옭아맨 당대 사회의 비인간적이고 불합리한 규율을 뛰어넘고 약자를 구원하는 영웅의 여정으로 변모한 것이다.

선인의 탈을 쓴 권세가

하늘이 내린 명재상, 자상한 남편이자 자애로운 시아버지로 이름난 좌의정 석지승은 가면을 쓴 또 다른 인물이다. 그는 애국과 애민의 가면을 쓴 채 국사를 조종하고 왕을 기만하는 모략가이며 인자함의 가면을 쓴 채 며느리를 볼모로 잡은 위선자다. 그에게 물리적 가면은 필요 없다. 국사를 좌지우지하는 권력이 선과 악을 마음껏 오가도록 허용하기 때문이다. 석지승은 선인의 가면을 쓴 채 사람들의 존경과 신망을 얻고 있지만 모든 것이 권모술수일 뿐이다.

여화의 두 얼굴이 상반되는 것만큼 석지승의 두 얼굴도 상극을 이룬다. 겉으로는 왕의 국사를 돕는다며 옥체를 걱정하지만 속셈은 왕을 조종해 본인의 뜻을 이루기 위함이며, 겉으로는 죽은 선왕의 뜻을 받든다 하지만 사실 그는 선왕을 죽인 대역죄인이다. 석지승은 집에서도 두 얼굴의 가장이다. 겉으로는 자애로운 척 며느리를 위하지만 그는 여화의 유일한 혈육인 오빠 조성후를 잡기 위해 여화를 며느리로 삼았고 여화를 이용해서 조성후를 죽였다. 진상품 사과를 몰래 들고 와 세상 다정하게 아내에게 건네는 그는 아내만큼은 끔찍이 위하는 애처가처럼 보인다. 그러나 그는 서양 여자와 결혼하겠다는 외아들을 내쫓고는 가족들에게 아들이 죽었다고 속였으며, 그 충격에 1년 동안 누워 있던 아내에게도 진실을 말하지 않았다. 가족들에게도 가면을 쓰고 살아간 것이다.

석지승이 가면을 벗는 것은 오직 석지승의 악행을 대신해 주는 뒷배들 앞에서인데, 그런 점에서 이들은 석지승의 자아이자 분신이며 가면을 지탱해 주는 장치라고 할 수 있다. 호판부인과 강필직은 대표적인 뒷배들로서 악행의 대가로 권력을 누리는, 또 다른 가면 쓴 인물들이다. 대비의 외척이자 고상한 품행으로 사대부 부인들의 존경을 받는 호판부인은 선왕을 독살했고 대비에게서 받은 구휼미를 지속적으로 착복했으며 상단의 단주로 행세하는 강필직은 호판부인 의붓동생으로 좌상과 호판의 더러운 잡일을 도맡아 한다. 좌상이 이들의 뒷배가 되어준다는 점에서 이들은 서로의 가면을 지탱시키는 장치이자 분신이라고 할 수 있다.

이들의 패악과 부패 때문에 신음하는 백성들을 위해 여화가 밤마다 담을 넘게 되었으니 〈밤에 피는 꽃〉은 가면을 쓴 모리배와 복면 영웅의 대결이자 절대 권력의 시아버지와 수절 과부 며느리의 대결이며 이는 드라마의 핵심 플롯이다. 결국 서사는 가면 벗기기의 게임이 되는데, 누가 어떻게 먼저 가면을 벗기느냐에 관심이 모아지고 시청자들은 여화의 정체가 석지승 무리에게 들키지 않기를 바라는 만큼 여화가 빨리 석지승 무리의 가면을 벗기기를 바라며 응원하게 된다. 가면의 충돌이라는 핵심 플롯은 여화와 금위영 종사관 박수호와의 로맨스, 양측의 액션과 주조연들의 코미디로 지연되지만, 이러한 서브플롯은 핵심 플롯을 효과적으로 보조하며 긴장과 완화를 조절했다.

적대자의 가면이 주인공과의 대비와 극적 재미를 위한 장치로만 끝난다면 이 또한 서사 동력의 힘을 잃을 것이다. 석지승이 가면을 쓰게 된 이유도 명분과 설득력을 지녀야 한다. 그 점에서 석지승의 신념과 결의는 여화의 본성만큼 강력하여 탄탄한 이항대립을 이루는데, 석지승은 사대부가 나라의 근간이라고 생각해 사대부의 기득권을 지키는 것이 나라를 바로 세우는 것이라 굳게 믿고 있다. 역모의 증좌가 발견되어 정체가 탄로 났을 때에도 자신의 떳떳함을 주장하며 큰소리치는 석지승의 강한 선민의식은 약자들을 외면하지 못하는 여화의 본성과 팽팽히 맞서며 인물 간의 아곤(agon)을 이루어 〈밤에 피는 꽃〉은 서사의 치열한 경합을 보여주며 몰입의 힘을 강화한다.

여성 서사 가면을 쓴 휴먼 드라마

페미니즘의 열기와 여성 수용자가 많은 TV 시청 환경은 여성이 주체적으로 본인의 문제를 해결하고 욕망을 실현하는 여성 서사를 트렌드로 만들었고 〈밤에 피는 꽃〉은 그러한 대세를 따른다. 이뿐만 아니라, 그동안의 여성 서사가 주변부의 탈중심주의적인 목소리, 다양하고 이질적인 목소리를 들려주는 미시서사 위주였던 것에 비해 〈밤에 피는 꽃〉은 가장 주변부에 있는 조선 수절 과부를 내세워 사회의 정의와 새로운 세상에 대한 비전을 이야기함으로써 여성 서사의 지경을 넓힌 듯하다. 〈밤에 피는 꽃〉은 여성에 대한 차별이 제도화된 조선시대를 배경으로 복면 여성 히어로가 거대 서사를 이끄는 위풍당당한 여성 서사의 모양새를 갖추었다. 그러나 드라마를 자세히 보면 가장 보편적인 이야기가 도드라진다. 핫하고 힙한 트렌드의 가면 뒤에서 성별을 초월한 휴머니즘에 대한 목소리, 더 나은 세상을 꿈꾸는 남녀노소의 목소리를 높이는 것이다.

담 밖에 나가는 것이 허용되지 않고 남편을 따라 죽는 것이 가장 큰 명예로 여겨질 만큼 비인간적 대접을 받는 조선시대 과부의 처지는 여자이기 때문에 당하는 차별임이 명백하다. 그러나 여화는 여성의 권리를 주장하지 않는다. 여화가 돕는 대상은 자신처럼 차별받는 여성들이 아닌 가난하고 힘없는 남녀노소이며, 복면 활동이 인간이라면 누군가 해야 할 일이고 자신이 할 수 있기 때문에 하는 것이라고 생각한다. 여화는 과부의 처지를 억울해하지 않는다. 시아버지가 오빠를 죽인 것이 밝혀지기 전까지 수절 과부 며느리로 사는 것이 나쁘지 않았다고 속내를 털어놓기도 한다. 여화를 안타깝게 여기고 자식처럼 생각하는 시어머니의 애정이 있었기 때문인데, 그렇다고 두 사람의 관계가 여성의 연대로 이어지는 것은 아니다.

이처럼 〈밤에 피는 꽃〉은 여성 히어로 캐릭터를 전면에 내세웠지만 여성으로서의 정체성이나 권리에 집착하지 않는다. 이것은 〈밤에 피는 꽃〉이 남성 캐릭터들을 활용하는 방법에서도 나타난다. 여성 서사를 강조하기 위해 남성 캐릭터를 소모적으로 활용하지 않는 것이다. 여화의 적대자는 석지승이지만 석지승은 여성을 무시하는 가부장이 아니다. 아들에 대한 진실을 감추었기 때문일지라도 석지승은 아내에게 다정다감하고 딸에게 따뜻하여 조선 최고의 애처가이자 가장으로 통한다. 또한 〈밤에 피는 꽃〉의 남자 캐릭터는 절대적인 강자가 아니다. 박수호는 왕에 대한 의리를 지키려던 아버지를 잃은 후 자신마저 죽을 뻔한 위기를 넘겼고, 여화의 남편 정은 사대부 외아들이지만 외국인을 사랑했다고 쫓겨나 죽은 사람 취급을 받고 있으며, 왕 이소는 백성들을 사랑한 아버지를 억울하게 잃고 자신마저 목숨을 위협받는다. 좋은 혈통을 가지고 태어난 능력 있는 남자들이지만 석지승에 의해 위기에 몰린 이들은 여화와 마찬가지로 약자의 신세이며 여화와 같은 마음으로 약자들 돕기를 자처한다. 한 사회의 기득권을 누리고 있으면서도 여느 사람들과 똑같이 생사의 위험을 겪고 고통을 경험하는 이들의 이야기는 특정 세력이 만들어놓은 권력의 프레임을 걷어내 보면 사실 인간은 모두 약자라는 점과, 가면을 쓴 채 강자로 살아가는 것보다 본모습대로 타자와 어울려 서로의 약점을 보완해 주며 살아가는 것이 훨씬 자유롭고 인간답다는 점을 보여주었다.

결과적으로 〈밤에 피는 꽃〉의 정체성은 낡은 가치를 깨고 자신이 할 수 있는 일을 하면서 더 나은 세상을 만드는 데 공감하고 협력하는 사람들이 승리하는 이야기, 인류 공통의 보편적인 이야기에 있는 것이다.

고대 그리스 연극에서 배우들이 썼다가 벗었다가 하는 가면을 페르소나(Persona)라 불렀고 이후 라틴어가 섞이며 사람(Person), 인격, 성격(personality)의 어원이 되었으며 심리학 용어가 되었다. 분석심리학자 카를 융은 페르소나를 개인이 외부 세계에 적응하기 위해 사용하는 사회적 얼굴이라고 정의했다. 가면의 의미가 변화된 만큼 가면은 현대 서사에서 단순한 변장의 도구를 넘어 캐릭터의 정체성, 내면적 갈등, 사회적 역할, 권력을 상징하는 장치로 사용되어 캐릭터를 더욱 복잡하고 흥미롭게 표현해 이야기를 풍성하게 만든다.

〈밤에 피는 꽃〉은 가면의 장치를 활용해 캐릭터의 대비와 중층의 서사를 입체화했다. 가장 하찮게 대우받는 망문과부 며느리와 천하를 호령하는 좌의정 시아버지의 대결을 스릴 넘치게 하고 차별받는 여성을 주인공으로 내세워 낡은 가치 때문에 고통받는 다양한 신분의 남녀노소 이야기를 끌어내고 어우러지게 만듦으로써 드라마 서사의 꽃을 피운 데는, 가면의 힘이 내재되어 있었다. 🌺

여성주의와 가부장제의 불안한 동거

tvN 〈눈물의 여왕〉

이상호

"기억 안 나? 너 나한테 결혼하자고 하면서 뭐라고 했어? 나 눈물 나게 안
한다며, 너만 믿으라며. 근데 나 너랑 결혼하고 진짜 많이 울었거든? 운
전하다가도 울고, 세수하다가도 울고, 세차장에서도 울고. 각방 쓰니까
그건 좋더라, 자다가도 울 수 있어서."
"그때는 그냥 당신 꼬시려고 아무렇게나 말한 거지. 너랑 결혼하고 싶어
서 ……." _〈눈물의 여왕〉 5화 중

평범한 부부의 대화처럼 보인다. 아내가 결혼할 때 남편의 약속을 꺼내
며 속상한 마음을 터놓으면 남편은 당황하며 얼버무리는 모습. 이런 대화
는 현실에서 그리고 수많은 영화나 드라마에서 반복적으로 재연된다.
tvN의 주말 드라마 〈눈물의 여왕〉은 여성과 남성의 역할이 뒤바뀐 성 역
할 전복의 서사를 제시한다. 앞의 대화에서 속상함을 고백한 사람은 남편

인 현우(김수현 분), 당황하며 변명하는 사람은 아내인 해인(김지원 분)이다. 〈눈물의 여왕〉은 여성 우위의 가족이라는 설정을 전면에 내세운다. 부부 사이의 주도권이 여성에게 있는 인물 구도는 전혀 낯설지 않지만 성 역할 전복을 주변부 서사가 아니라 중심 서사로 활용했다는 점은 주목할 만하다. 여성주의적 관심이 커진 이후에 등장한 여성 서사 드라마들이 여성들의 연대, 여성들이 서사를 주도하는 여성사회에 초점을 맞추고 있다고 본다면[1] 〈눈물의 여왕〉은 여기에서 더 나아가 남성과 여성의 지위, 역할을 완전히 뒤집고 있기 때문이다. 또한 〈눈물의 여왕〉은 〈별에서 온 그대〉, 〈사랑의 불시착〉 등 박지은 작가의 서사적 지문이 그대로 찍혀 있는 로맨틱 코미디라는 점에서 기존 작품들과 유사한 것처럼 보이지만 가정에서 위축된 남성 주인공이 등장한다는 점에서 차이가 있다.

이러한 서사적 독특성에도 불구하고 〈눈물의 여왕〉은 대중에게 큰 사랑을 받았다. 〈눈물의 여왕〉은 한국갤럽이 실시하는 '한국인이 가장 좋아하는 프로그램'에서 3개월 연속으로 1위를 차지했는데 16부작 드라마 중에서는 최초다. 지난 4월 28일 방송된 마지막 회는 역대 tvN 드라마 시청률 가운데 가장 높은 수치인 24.9%(닐슨코리아, 전국 기준)를 기록했다.[2] 국민드라마의 반열에 올랐다고 할 수 있을 정도로 큰 사랑을 받은 셈이다. 텔레비전 드라마는 그 사회에 속한 대중의 공감과 동의를 기대하며 제작된다. 그런 면에서 〈눈물의 여왕〉에 내포된 이데올로기적 기호들은 대중에게 거부감 없이 받아들여졌다고 볼 수 있다. 〈눈물의 여왕〉이 제시하는 기호들을 통해 한국 사회의 동의를 받은 여성상, 부부의 성 역할

---

1   오수경, 「한국 드라마 속 여성 서사는 어떻게 전진하는가?」, 《한국여성신학》, 97호(2023), 148~159쪽.

2   금준경, "'눈물의 여왕' 한국인이 좋아하는 프로 3개월 연속 1위 대기록", 《미디어오늘》, 2024년 5월 31일 자, https://www.mediatoday.co.kr/news/articleView.html?idxno=318392 (검색일: 2024.9.1).

의 모습을 가늠해 볼 수 있지 않을까.

온전한 가장이 될 수 없는 공간 '퀸즈 패밀리'

해나 아렌트(Hannah Arendt)에 따르면 고대 그리스 시대에는 공적 영역에 진입하기 위한 선결 조건이 있었는데 바로 가장이어야 했다는 것이다.[3] 이것은 곧 가정을 소유한 한 사람이 공적 공간에서 정당한 역할을 수행할 수 있었고 나머지 가족 구성원들은 가장의 소유물로 취급됐다. 가장이 된다는 것은 가정을 사적으로 소유하는 것이라는 의미를 뛰어넘어 다른 사람이 침범할 수 없는 확실한 자신만의 장소를 가진다는 것을 의미했다. 즉, 원칙적으로 가장만이 프라이버시를 지닐 수 있었다. 근대에 와서도 이러한 가장의 의미는 유지된다. 다만 영향력 행사의 양태가 변화할 뿐이다. 가족 구성원의 생존과 관련된 요소들에 대한 결정권을 가지며, 공적 세계로부터 유일하게 신뢰할 만한 은신처를 가질 수 있다는 점에서 그렇다.

　이런 맥락에서 봤을 때 퀸즈 그룹의 맏사위인 현우는 가정 안에서 가장으로 기능하지 못한다. 이런 설정은 아주 적극적인 방식으로 묘사된다. 현우와 해인은 퀸즈백화점에서 함께 일한다. 해인은 사장이고 현우는 법무이사다. 실적이 나쁜 매장을 철수하는 문제를 놓고 두 사람은 대립한다. 하지만 이 대립은 "백현우 이사님, 내가 지금 의견 묻는 것처럼 보여요?"라는 말 한마디에 정리된다. 두 부부 사이에 실존적 위계가 형성되어 있음을 드러내는 대목이다. 다음은 가족 티타임 자리다. 장모 선화(나영희 분)는 현우에게 일방적으로 지시하는 존재로 그려진다. 딸 부부의 자녀 계

3　김선욱, 「한나 아렌트의 프라이버시 개념과 그 규범성」, ≪철학≫, 143집(2020), 57~86쪽.

획을 직접 정하고 현우의 유학도 일방적으로 진행하려 한다. 한술 더 떠서 장인 범준(정진영 분)은 태어날 외손녀의 성은 남편 현우가 아니라 엄마인 해인의 성을 따라야 한다고 말한다. 현우는 소극적으로 저항하지만 장모는 "나도 말하지 않았나? 그런 건 자네가 정하는 게 아니라고"라고 말하며 사위를 억압한다. 마지막으로 가족 제사 현장에서 퀸즈 패밀리의 전체적인 성 역할 구도가 그려진다. 해인의 할머니 제사는 언론들이 관심을 가질 정도로 큰 행사로 모든 가족들이 참여해야 한다. 현우는 할머니 기일과 아버지 생신 날짜가 같아서 결혼한 이후 아버지 회갑 잔치에도 가보지 못했다. 전통적 성 역할론에서 보면 여성들이 제사 음식을 준비하고 남성들은 제사를 주관하지만 퀸즈 패밀리는 이 구도를 뒤바꾼다. 수십 명이 모인 공간에서 사위들은 가장 뒷자리로 밀려난다. 제사가 시작되고 등장한 고모 범자(김정난 분)는 가족들에게 큰소리를 치면서 제사상에 올릴 술을 그냥 마셔버린다. 이처럼 현우는 가족 내에서 궂은일을 처리해야 하는 존재, 그러면서도 감시와 통제로부터 벗어날 수 없는 가장 약한 존재일 뿐이다.

여기에서 현우가 극적인 열위에 있는 이유는 간단하다. 바로 경제적 계층 차이다. 해인의 배경인 퀸즈 그룹, 그리고 이를 통해 행사할 수 있는 압도적인 경제력은 전통적인 성 역할 구도를 무너뜨리고 남성들을 위축시킨다. 퀸즈 패밀리의 바깥에 위치한 사람들은 그들이 가진 경제적 힘을 우러러본다. 현우의 가족들에게 현우의 결혼은 하나의 자랑거리였다. 현우가 가족들에게 고통을 호소하며 이혼 결심을 밝혔을 때도 가족들은 현우를 만류한다. 또한 해인이 가진 경제력은 마치 요술방망이 같은 모습으로 그려진다. 가령 아픈 아기 병원비로 고생하는 녹즙 배달원에게 녹즙 250개를 주문한다든지, 아픈 어머니를 돌보는 직원을 위해 사내 복지를 대폭 확대하는 등 해인의 입장에서는 아무것도 아닌 결정, 일들이 경제적으로 평범한 사람들에게는 큰 도움이 되는 식이다. 해인이 가진 경제력은 퀸즈 그룹을 아는 모든 사람들에게 선망의 대상이고 사람들은 해인의 행적을 뒤따른다. 이처럼 현우가 처한 현실과 퀸즈 패밀리 밖 사람들의 인식 사이에 간극이 크다는 것은 현우가 프라이버시를 누릴 수 없는 상황이라는 것을 명징하게 드러낸다. 아렌트에 따르면 프라이버시와 관련된 문제적 상황은 사적 영역의 일이 공적인 공간에 노출됐을 때 발생하는 문제와 연관되기 때문이다.[4] 해인과 퀸즈 패밀리가 프라이버시를 누린다는 것은 현우에 대한 통제와 억압이 세상에 드러나지 않았음을 의미한다.

결국 현우가 부자유에서 벗어나기 위해 택하는 방법은 퀸즈 패밀리의 공간에서 벗어나는 것이다. 장인 범준은 흥신소 직원들을 고용해 현우의 동선을 파악한다. 혼자 코인 야구장에서 배트를 휘두르고, 혼자 백반집에서 끼니를 때운다. 때로는 동네 초등학교 운동장에서 소리를 지르며 달리기를 한다. 따라서 현우가 해인과 이혼하려는 이유는 간단하다. 해인과 결혼을 유지하는 이상 처와 처가의 감시와 통제로부터 벗어날 길이 없다는 것을 누구보다 잘 알기 때문이다.

위기의 왕국을 구하는 백마 탄 왕자 서사로 회귀

〈눈물의 여왕〉의 서사구조를 가장 간단하게 축약하면 남성인 현우가 가장으로서 정체성을 찾아가는 이야기라고 할 수 있다. 남성인 현우가 가장이 될 수 없는 이유는 경제적 계층 차이 때문이었다. 이를 그레마스의 기호사각형[5]으로 설명하면 현우가 가장이라는 대립적 존재가 되기 위해서는 모순

---

4   김선욱, 「한나 아렌트의 프라이버시 개념과 그 규범성」, ≪철학≫, 143집(2020), 57~86쪽.
5   그레마스의 방법은 연구자 개인의 사회문화적 속성의 영향에서 최대한 벗어나 기호들 사이의 관계에 대한 분석을 바탕으로 텍스트의 심층적 의미를 발견하기 위해 사용되는

적 변화를 겪어야 한다. 하지만 퀸즈 그룹의 사위라는 정체성을 가진 채로 경제적 계층 차이를 없앨 수는 없다. 고착된 구도에 균열을 만들어낸 것은 현우를 억압했던 존재들이 위기에 처한 상황이다. 하나는 해인의 위기고, 다른 하나는 퀸즈 그룹의 위기다.

애정이 다 말라버린 것 같은 사이였지만 해인은 시한부 판정을 받고 남편 현우에게 가장 먼저 그 사실을 알린다. 그 소식을 알게 된 현우는 해인과 이별할 수 있는 길이 열렸다고 내심 기뻐하지만 해인과 시간을 보내며 사랑했던 기억들을 떠올린다. 해인 역시 죽음의 문턱 앞에서 현우의 보살핌에 마음을 열기 시작한다. 시한부 판정을 받고서도 자신이 이뤄야 할 성공을 가장 중요하게 생각했던 해인이었지만 현우의 사랑을 확인한 뒤에는 삶에 대한 욕망을 갖게 된다. 현우는 해인이 수술할 수 있는 전 세계 의료기관을 수소문한다. 기적처럼 수술할 수 있는 방법을 찾게 되지만 수술을 하면 기억을 잃을 수 있다는 이야기를 듣게 된다. 그 사실을 알게 된 해인은 수술을 거부한다. 기억을 잃으면 현우와의 기억도 모두 사라지고 현우를 못 알아보면 다시 사랑하는 관계로 돌아가지 못할 수 있다는 이유였다. 하지만 해인은 자신이 없는 세상에서 가장 고통스러워 할 것이 현우라는 것을 알게 되고 수술을 받기로 결심한다.

퀸즈 그룹의 위기는 가족 내부로부터 시작된다. 회장 만대(김갑수 분)의 애인 슬희(이미숙 분)와 며느리 다혜(이주빈 분), 집사 그레이스(김주령 분) 그리고 해인을 좋아하는 대학동창 은성(박성훈 분)은 오래전부터 퀸즈 그룹을 빼앗으려는 계획을 세운다. 슬희는 회장 만대의 신임을 등에 업고 최대주주의 권한을 위임 받고, 다혜와 그레이스는 현우에게 누명을 씌워 쫓아낸다. 은성은 투자를 미끼로 해인의 동생 수철(곽동연 분)에게 접근해 막대

방법이다. 주형일, 「그레마스 기호학을 이용한 서사 분석의 문제: <겨울왕국>을 중심으로」, ≪한국언론정보학보≫, 76호(2016), 7~30쪽.

한 손해를 입힌다. 해인의 가족이 퀸즈 그룹을 빼앗기고 거리에 나앉을 위기에 처하자 친인척, 지인들은 모두 등을 돌린다. 이때 해인 가족의 손을 잡아준 것이 현우의 가족이다. 해인의 가족이 모든 걸 잃고 경제적 계층성을 잃게 됐을 때 비로소 해인의 가족들은 현우를 인정하기 시작한다. 그 이후부터 현우가 위기에 처한 해인의 가족을 대신해 사태를 수습한다. 현우는 슬희-은성 모자가 퀸즈 그룹을 탈취할 목적으로 행했던 일들을 파헤치고 법적인 규명을 통해 퀸즈 그룹을 되찾는다. 해인의 가족들은 그런 현우의 모습, 상황이 해결되어 가는 모습을 지켜볼 따름이다.

전통적인 민담, 설화에서 왕자가 자신의 존재를 드러낼 수 있는 것은 공주와 공주의 왕국이 위기에 처했을 때다. 현우가 가장으로서 정체성을 획득하는 것의 시작은 퀸즈 그룹 사위라는 정체성으로부터 벗어나고 해인과 해인의 가족이 가진 계층적 우위를 상실한 시점부터다. 여성이 가장으로서 가족을 이끌었던 서사는 해인의 위기, 해인 가족의 위기 이후부터 공주와 왕국을 구하는 백마 탄 왕자님 이야기로 탈바꿈한다. 결국 현우가 억압적 상황으로부터 벗어나는 것은 여성 주도의 서사가 파괴된 이후부터 가능해진다.

남편의 행동에 종속되는 수동적 아내

남녀의 성 역할 전복은 〈눈물의 여왕〉의 중심적 서사 장치다. 경제적 계급 차이로 인해 현우가 감당해야 했던 억압과 통제를 보며 현우의 편에 서게 되는 게 자연스러울 정도로 해인과 현우의 위상 차이는 극명했다. 하지만 〈눈물의 여왕〉이 명료하게 설정한 남녀의 구도에도 불구하고 스토리를 전개하는 방식에는 가부장적 특성이 그대로 남아 있다. 남성의 발화에 여성이 대답하는 구도가 반복되는 방식이다.

　작품의 도입부에서 이혼 직전의 현우가 해인의 시한부 소식을 접하고 부부관계를 재설정하기 시작한 것은 현우다. 해인이 감동한다면 유산을 분할받을 수 있을지 모른다는 기대 때문이었다. 불순한 의도였음에도 해인은 현우가 보내는 사랑의 메시지에 즉각적으로 반응한다. 공포의 대상이었던 해인이 직원들에게 호의를 베풀기 시작한 것도 현우와의 관계가 좋아지면서 시작된 것이었다. 독일에서 현우가 이혼을 계획했다는 사실을 알게 된 해인은 현우를 밀어내다가 결국 이혼한다. 그렇지만 현우는 계속 해인 곁에 남아 해인을 지키려 한다. 슬희-은성 모자에게 회사를 빼앗기고 살던 집에서 쫓겨난 해인과 처가 식구들을 구한 것은 현우였다. 그 이후 해인의 가족들을 자신의 고향집으로 데리고 가자고 제안한 것도 현우였다. 해인은 현우의 제안을 거부감 없이 받아들인다. 해인의 수술을 준비하고 설득한 것도 현우다. 기억을 잃은 해인에게 진실을 알려줄 수첩을 찾은 것도 현우였고, 회장 만대를 죽음에 이르게 한 사람이 슬희였다는 증거를 찾은 것도 현우였다. 부상당한 몸으로 납치된 해인을 구하고 해인을 향하는 총탄을 대신 맞는 현우의 모습을 통해 능동적 남성과 수동적 여성의 구도가 완성된다.

　〈눈물의 여왕〉은 아내와 처가가 압도적인 권력을 가진 부부관계라는 설정을 내세우지만 남편의 호명에 반응하는 아내라는 이야기 전개 구조는 반복적으로 제시된다. 남녀 성 역할 전복이라는 작품의 독특한 스토리텔링을 전통적인 남녀의 성 역할 구도에 의한 담화 방식으로 전달하는 이중적 내러티브를 구성하고 있다는 것이다. 이런 내러티브 구성으로 인해 초기에 설정됐던 성 역할 전복의 시도는 가부장적 문제 해결이라는 결말로 무마된다.

가부장적 정당성을 보충하는 여성주의적 설정

〈눈물의 여왕〉의 마지막 회는 현우와 해인이 다시 사랑을 시작하는 시점에서 끝맺는다. 그 이후에 두 사람이 어떤 모습으로 살아가는지 구체적인 모습은 나타나지 않는다. 하지만 두 사람이 이혼하기 전의 가족으로 돌아가지는 않았을 것이라 유추해 볼 수 있다. 해인의 가족들이 퀸즈 그룹이라는 경제적 위상을 손에서 놓은 것으로 그려지기 때문이다. 해인의 부모는 회장 자리를 형에게 양보하고 은퇴 후 소박한 삶을 즐긴다. 동생 수철은 분가를 택했고 고모 범자는 용두리 총각과 사랑에 빠진다. 현우의 고향집 한편에 놓여 있는 현우 부부와 손녀의 사진 액자들을 보면 해인은 수수한 옷차림을 하고 있다. 수술을 하러 독일에 갔을 때도 해인은 명품을 온몸에 두르고 있었다. 하지만 현우와 단란한 가정을 다시 시작하면서 과거의 모습을 지운 것으로 해석된다. 결국 해인의 막강한 경제력으로 인한 위계 구도가 깨짐으로써 작품이 초기에 제시했던 성 역할 전복이라는 장치는 힘을 잃게 됐다.

〈눈물의 여왕〉은 전통적 성 역할론을 뒤집는 색다른 시도를 하는 것처럼 보이지만 가부장성을 내포한 전통적 내러티브를 변주한 것에 그친다. 현우가 가장의 위상을 형성하기 시작하는 것은 역전된 성 역할 구도가 붕괴하면서부터다. 다시 말해 가부장적 위계의 회복, 지극히 정당한 것처럼 보이는 성 역할 구도의 회복은 여성으로부터의 억압이 종료되어야 가능하다는 내러티브를 형성하고 있다. 그럼으로써 남성이 가장으로서 지배력을 갖는, 전통적 가부장제가 지배하는 가정을 회복하는 것이 납득할 수 있는 행복한 결말이라는 논리를 제시한다. 이를 통해 전통적 성 역할의 전복이라는 불안정성이 남성 중심의 가부장적 가족이라는 안정성으로 전환되는 내러티브가 대중으로부터 여전히 승인된다는 점을 다시 확인할 수 있다. 🔳

이 드라마의 제목은, 가브리엘입니다

JTBC 〈My name is 가브리엘〉의 극적 분석

이예진

들어가는 말

드라마란 무엇인가? 주변에 묻는다면 돌아오는 답은 뻔할 것이다. "드라마가 드라마지 뭐야", 그렇다. 드라마는 드라마다. 텔레비전을 틀면 나오는 막장, 로맨스, 의학, 법정, 추리 스릴러 등등 장르 불문, 그리고 어느 채널에서 나오건 방송사 불문, 특정 플롯을 따라가는 인물들을 몇 달간 보여주는 유의 방송물들이 보편적이고 현대적인 의미에서의 '드라마'다.

아리스토텔레스의 『시학』에는 '행동하는 사람'을 모방하는 글을 극, 즉 드라마라고 칭한다는 서술이 있다. '드라마'의 어원은 '행위'를 뜻하는 그리스어 명사 '드라마($\delta\rho\tilde{\alpha}\mu\alpha$)'로부터 온다.[1] 이를테면 보다 넓은 의미에서

---

[1] 아리스토텔레스(Aristóteles), 『아리스토텔레스 시학』, 박문재 옮김(서울: 현대지성, 2021), 16쪽.

의 '드라마'는 어떠한 행동자를 모방하는 글의 집합체, 다시 말해 '극(劇)'적인 것이다. 행동과 모방, 이 두 가지에 집중하며 본론으로 들어가 보자.

행동자의 과잉에 지친 사람들

언젠가부터 유명인을 대상으로 한 관찰 예능이 폭발적인 인기를 끌고 있다. TV 속 연예인들도 사실은 우리네들과 크게 다르지 않은 삶을 산다는 것을 보여주는 취지에서 탄생한 〈나 혼자 산다〉의 급격한 성장을 시작으로 〈전지적 참견 시점〉, 〈미운 우리 새끼〉, 〈동상이몽: 너는 내 운명〉 등 변주는 다양하나 그 궤는 비슷한 프로그램이 쏟아져 나왔다. 나와는 다른 세상을 사는 것 같은 사람들의 다른 듯 다르지 않은 일상생활을 보며 공감할 때 오는 즐거움이 분명히 존재하는 것이다.

그러나 유사한 양상의 콘텐츠가 계속되고, 동일한 구조 속에서 와우 포인트(Wow point)를 끌어내기 위해 더 자극적인 것을 연출하고 기획하며 문제점이 발생한다. 배우나 희극인 등 배역으로서의 연예인은 모방자지만, 그들이 그들 자신으로서 화면에 등장하면 일반인으로 하여금 '모방'하고 싶다는 욕망을 유발하는 '행동자'가 된다. 그리고 그 모방하고자 하는 장면이 자신에게서 멀면 멀수록 대중은 더 심한 박탈감을 느낀다. 이러한 닿을 수 없는 행위자의 범람에 대중은 염증을 느낀 지 오래다. 나 '혼자' 산다가 아닌 나 혼자 '잘' 산다는 것을 보여주는 게 목표가 되어버린 예능 프로그램들에 질릴 대로 질려버렸다. 많은 사람이 〈냉장고를 부탁해〉가 하락세를 타기 시작한 시점이 '캐비어'가 일상 속 식재료로 등장한 순간일 것이라고 꼽는 것과 비슷한 흐름이다.

관찰 예능 〈My name is 가브리엘〉(이하 〈가브리엘〉)도 출연진은 연예인으로 구성된다. 여기까지만 보면 '또 관찰 예능이야?'하는 생각이 들며 뻔한 전개와 대본 티가 나는 패널들의 반응이 절로 떠오를 수 있다. 그러나 외국, 아무도 그들을 알지 못하는 곳에서 '다른 누군가의 삶을 살아본다'는 구성이 설명되는 순간 프로그램은 완전히 다른 느낌으로 다가온다. 배역 밖의 모습은 늘 행동자이기만 했던 사람들이 모방자가 되어, 행동자와 모방자의 경계에 서게 되는 것이다.

행동자: 포커스의 중심에 있는 인물은 동일하다

기본적으로 극작품이 아닌 프로그램에 출연하는 유명인은 행동의 주체인 행동하는 사람으로서 존재한다. 〈가브리엘〉 역시 그렇다. 보통 시청자들은 배우 박보검, 모델 홍진경, 인플루언서 덱스(김진영) 등과 같은 사람들이 특정한 상황에 처했을 때 어떠한 행동을 할지 궁금해서 그 프로그램을 시청한다. 이것이 관찰 예능의 기본 문법이다. 유명인, 혹은 좋아하는 연예인이 예상과 같거나 예상과 다르게 행동하는 모습이 보고파서 그들이 출연하는 프로그램을 찾아보도록 대중을 유도해야 한다.

〈가브리엘〉의 첫 주인공은 한국의 배우 박보검과 아일랜드의 합창단 단장 루리다. 시작부터 보검에게는 큰 난관이 주어진다. 주어진 시간은 사흘밖에 없는데, 그 안에 루리 대신 합창단 램파츠를 이끌고 아일랜드에서 가장 큰 행사인 성 패트릭 데이에 공연을 해야 하는 것이다. 지휘만 한다면 모를까, 노래까지 해야 한단다. 다른 출연진들의 상황도 비슷하다. 태국 솜땀집 사장 우티의 삶을 살게 된 박명수, 중국 훠궈 식당에서 매니저를 맡고 있는 치우치엔원의 삶을 살게 된 염혜란, 르완다에서 모델 지망생 켈리아의 삶을 살게 된 홍진경, 멕시코에서 농부 삐뻬의 삶을 살게 된 지창욱, 조지아 와인 항아리 제조사 라티의 삶을 살게 된 덱스, 멕시코에서 드러머 우시엘의 삶을 살게 된 가비까지. 모두 자신이 빌린 이름의 주인에게 중요한 일을 문제없이 해내야만 하는 상황에 당면한다.

아리스토텔레스는 플롯의 목표가 공포와 연민에 있다고 말했다. 나와 직접적인 관련이 없는 비극을 보며 대중은 공포와 연민을 느낀다. 그리고 가장 절정의 순간, 이 모든 감정과 상황이 해소되며 '정화'될 때 이른바 카타르시스를 느낀다.[2] 시청자는 갑작스러운 곤경에 처한 출연진을 보며 막막함과 연민을 느낄 것이다. 내가 만약 저 상황에 처했다면 얼마나 당황스러웠을지에 대한 막막함, 그럼에도 도망칠 수 없는 그들에 대한 연민. 이때 '막막함'은 넓게 보면 일종의 '공포'로도 치환될 수 있는 감정이다. 이러한 감정은 회차가 진행될수록 쌓이고, 섭외자들이 얼마나 준비되었든 간에 결국에는 피할 수 없는 국면을 맞이해 그 흐름대로 움직이는 상황을 보며 느껴질 짜릿한 카타르시스. 〈가브리엘〉은 지극히 드라마틱한, 다시 말해 극적인 문법을 따른다.

시청자들에게 표면적으로 제시되는 것은 출연진의 이야기다. 카메라가 지속적으로 따라가는 대상은 한 사람이며, 그 한 사람이 시청자들에게 몰입을 유발하는 주인공이 된다. 행동과 모방 사이의 모호한 경계선에서, 출연진들은 '행동의 주체'로서 우선적으로 고려된다. 보검은 어떻게 할 것인가? 발만 동동 구르다 끝낼 것인가, 상황을 받아들이고 진심으로 임할 것인가? 가비는 어떻게 할 것인가? 자신과 다른 성별인 인물의 삶을 무사히 살아낼 수 있을 것인가? 시청자들은 계속해서 질문을 던질 수밖에 없다. 그리고 질문이 멈추지 않는다면, 채널 역시 돌아가지 않는다.

---

2   아리스토텔레스, 『아리스토텔레스의 시학(詩學)』, 최상규 옮김(서울: 예림기획, 2002), 237~238쪽.

모방자: 당신의 이름을 빌리겠습니다

〈가브리엘〉의 출연진들이 받은 배역은 특수하다. 허구의 이야기 속 가상인물이 아닌, 지구상 어딘가에 실존하는 사람들이다. 출연진들은 자신이 받은 실존하는 배역을 해석하고, 최선을 다해서 재현하고자 노력한다. 아이러니하게도 〈가브리엘〉에서는 한 인물에 대한 등장과 퇴장이 공존한다. 보검이 주인공이었던 에피소드의 경우 보검-루리의 등장은 그에게 배달된 한 소포에 서명을 하며 이루어졌고, 동시에 실제 루리는 보검에게 그 소포를 전달하는 택배 기사의 역할을 하며 퇴장하게 되었다. 그런 의미에서 〈가브리엘〉에서도 보검이 등장한 에피소드의 마지막만큼은 가히 극적이라고 할 수 있겠다. 데이비드 볼의 저서『통쾌한 희곡의 분석: 희곡을 제대로 읽는 방법』중 20장「첫 장면과 마지막 장면」에는 이러한 대목이 나온다.

> 모든 희곡의 마지막 장면은 다른 연극의 시작이 될 수 있는 대목이다. ……
> 마찬가지로 모든 연극의 첫 장면은 다른 연극의 마지막 장면이 될 수도
> 있다.[3]

우리는 보검 에피소드의 마지막 장면, 보검-루리가 퇴장하고 실제 루리가 등장하는 장면에서 또 다른 극의 시작 가능성을 느낄 수 있다. 보검-루리가 아닌 실제 루리의 삶은 어떤 모습에 더 가까운가. 이 방송을 겪고 나서의 루리에게는 어떠한 변화가 일어날 것인가. 마찬가지로 첫 장면, 보검-루리와 실제 루리가 교차되는 장면 역시 기존까지 존재했던 어떠한 극의 마지막을 제시하고 있을 수 있다. 가령 루리의 삶을 경험하기 전, 보검

---

3   데이비드 볼(David Ball),『통쾌한 희곡의 분석: 희곡을 제대로 읽는 방법』, 김석만 옮김(서울: 연극과인간, 2007), 162쪽.

이 주인공이었던 극 말이다.

"이분의 삶에 피해가 되지 않도록 잘 살아봐야겠죠, 3일 동안?"

보검이 에피소드의 초반 부분, 개인 인터뷰에서 했던 말이다. 보검은 실제로 자신에게 할당된 사흘간의 타인의 삶을 잘 살아냈다. 오렌지도 무사히 환불을 받았고, 공연도 성황리에 마쳤다. 단원들과 함께 노래를 하는 시점에 이르러서는 새로운 삶이 편안해 보이기까지 한다. 그리고 보검은 램파츠의 일원들과 여전히 연락을 하고 있으며, 루리에게서 받은 편지를 읽고 느낀 감정을 평생 지닐 것이다. 어떠한 사건을 겪은 인물은 절대 그 사건을 겪기 이전으로 돌아갈 수 없다. 이것은 비단 보검뿐만이 아닌, 루리에게도 해당되는 이야기다. 어쩌면 이 촬영이 참여한 사람들 모두에게 어떠한 다른 사건으로 이어지는 계기가 될지도 모른다.

보검은 루리의 삶을 상상하고, 모방하기 위해 최선을 다했다. 다른 출연진들 역시 자신에게 넘겨진 삶에 최선을 다했다. 배우가 아닌 모델, 코미디언, 인플루언서, 댄서 등 다양한 분야에서 활동하는 인물들이 가장 극적인 행위, '모방'을 해낸 것이다. 대부분의 상황에서 행동의 주체가 되는 그들이, 타인의 삶을 모방하는 모방자가 된 모습은 작지 않은 즐거움을 선사했다.

협력자: 누구나 드라마를 꿈꾼다

사실 〈가브리엘〉의 설득력을 담당하는 측면에서 가장 중요한 것은 출연진도, 출연진에게 삶을 빌려주는 이름의 주인도 아닌 그 외의 인물들이라고 생각한다. 이들은 이름 원주인의 주변인들이다. 그들의 친구 혹은 배우자, 가족이다. 기존 삶의 주인이 되는 인물들은 이 짧은 드라마에 직접적으로는 거의 등장하지 않는다. 이 드라마에 직접 참여하는 배우들은 출연진 본인, 그리고 출연진을 돕는 '가브리엘'들의 지인들이다. 이들의 도움이 없었다면 출연진은 성공적으로 타인의 삶을 이해하거나 살아낼 수 없었고, 이 한 편의 작은 드라마 역시 자연스럽게 흘러갈 수 없었다.

협력자들은 사전에 안내를 받았을 것이다. 잠깐 자리를 비우게 된 '가브리엘'들이 자신을 대신할 사람에 대해 설명하고, 자신을 대하는 것과 똑같이 그들을 대해 달라고 부탁했을 것이다. 말하자면 '역할놀이'에 참여해 달라는 것이다. 이들이 그 역할을 받아들이는 순간 불특정 다수가 합의한 상황 속에서 드라마가 진행된다. 심지어는 혜란이 살았던 삶의 주인, 치우 치엔원의 아들 또또마저도 자신이 수행해야 하는 역할을 이해하고 혜란을 엄마처럼 대한다.

삶을 교환하는 두 사람만을 보여주는 것이 아니라, '가브리엘'들이 살아가는 데 필요한 인물들까지도 드라마에 참여했다는 점에서 그들의 서사를 따라가는 대중 또한 큰 즐거움을 느낄 수 있었다. 누구나 그런 생각을 한 번쯤은 하며 살아가기 때문이다. 한 번이라도 내가 주인공은 아니지만 나의 주변에서 재미있는 일이 일어나고, 나도 그 사건의 일원이 되어보고 싶다고. 어색해하면서도 내심 즐거움을 느끼는 협력자들의 마음이 표정에서 보이는 듯했다. 앞으로의 관찰 예능이 포착해야 하는 것은 이러한 순간이라고 생각한다. 시청률을 위해서 유명인을 포커스의 중심으로 잡는 것까지는 어쩔 수 없겠지만, 그 주변인들, 대중이 더 이입하기 쉬울 대상을 보다 진지한 방식으로 참여시킬 수만 있다면 더할 나위 없이 좋을 것이다.

새로운 가능성: 로그 드라마

〈가브리엘〉을 연출한 김태호 PD가 과거에 진행했던 〈무한도전〉의 에피소드 중 '타인의 삶'은 〈가브리엘〉의 원형 정도 되는 에피소드다. 멤버 정준하와 박명수가 각각 야구선수 이승용과 재할의학과 교수의 삶을 살아보는 구성은 그 배경이 한국이라는 점을 제외하면 〈가브리엘〉과 거의 유사하다. 관찰 예능이 급부상한 요즈음, 김태호 PD가 영리하게 해당 에피소드를 가져와 아예 하나의 프로그램으로 구성한 것이다.

〈가브리엘〉의 출연진들은 각자 자신의 '가브리엘'이라는 배역을 받았고, 그 배역을 조심스럽게 대하며 몰입한다. 자신이 그 일을 잘할 수 있는지 없는지, 그 상황이 얼마나 낯선지 등과 같은 자신의 여건은 잠시 뒤로 밀어두고 그 삶의 주인이 했을 법한 일들을 충실히 완수해 내는 데 집중한다. 보검은 사전 인터뷰에서 섭외에 응할지 말지 망설였다고 한다. 배우들은 늘 대본 속의 누군가로 사는 존재들인데, 이미 업으로 삼은 '연기'를 예능에서도 해도 괜찮을지 망설여진다는 이유에서였다. 〈가브리엘〉은 배우도 인정한 연기의 집합체, 하나의 드라마다.

그러나 허구가 아닌 실존 인물의 삶을 모방하고자 노력하는 프로그램이라는 점에서 드라마와는 차별점이 있다. 그래서 나는 김태호 PD가 탄생시킨 이 새로운 형식의 예능을 '로그 드라마(log drama)'라고 부르면 어떨까 싶었다. 브이로그, 블로그에서도 사용되는 단어로 기록의 뜻을 지닌 '로그'와 드라마의 합성어다. 이 프로그램은 출연진의 특별한 경험에 대한 기록이자 평범한 일상을 살아가는 누군가의 하루에 대한 기록처럼 보인다. 시청자는 출연진이 극복해야 하는 고난을 흥미롭게 지켜보면서도, 그 너머에 존재하는 삶의 주인에게 공감하고 거리감을 좁힌다. 〈가브리엘〉은 그저 연예인의 하루를 일방적으로 지켜보기만 하는 관찰 예능의 정형화된 틀로부터 어느 정도 탈피한, 새로운 가능성을 제시하는 프로그램이라고 할 수 있다.

아쉽게도 〈가브리엘〉의 시청률은 그렇게 높지 않다. 7월 말에 들어서는 0%대의 시청률을 기록했다.[4] 아무리 새롭고 좋은 프로그램이더라도 지켜야 하는 절대 불변의 법칙이 있다. 시청률. 시청률을 사수해야 한다는 것이다. 결국 텔레비전 화면에 송출되는 대부분의 것은 상업성을 띠기 때문이다. 개인적인 생각인데, 〈가브리엘〉은 주말 저녁, 흔히들 말하는 '황금 시간대'에 어울리는 프로그램은 아닌 듯하다. 그보다는 조금 이른 시간대, 주말 아침에서 점심 사이가 어울리지 않을까 싶다. 〈가브리엘〉은 타인에 대한 궁금증, 일상에 대한 활력과 같은 것을 유발하는 프로그램이기 때문이다. 수치만을 가지고 평가하기에는 뜻깊은 의미와 의의가 있는 예능 프로그램이므로 다양한 시도를 해보고 하나의 새로운 장르를 개척했으면 한다. 〈My name is 가브리엘〉이 그 시작에 있길 바란다. 👁

---

4   박영훈, "'시청률 0%, 터질게 터졌다' 넷플릭스발 초유의 사태 '발칵'", ≪해럴드경제≫, 2024년 7월 21일 자, https://biz.heraldcorp.com/view.php?ud=20240721050040(검색일: 2024.10.16).

당신의 파트너는 안녕하십니까?

최인희

'드라마 속 변호사'라는 말을 들어본 적이 있는가? 우리가 흔히 변호사라는 단어에서 떠올리는 이미지는 이런 드라마 속 변호사들의 모습이 반영되어 있다. 멋진 정장을 입고, 공판에 참석하고, 으리으리한 대형 사무실에서 의뢰인들과 대화하는 그런 모습들 말이다. 변호사를 주제로 한 드라마들이 최근 대중에게 큰 인기를 끌고 있다. 자폐 스펙트럼을 가진 변호사 '우영우' (박은빈 분)을 주인공으로 한 〈이상한 변호사 우영우〉는 지상파가 아닌 ENA 에서 방영한 두 번째 드라마였음에도 17.5%의 최고 시청률을 기록하며 화려하게 막을 내렸고, 단돈 1000원에 어려운 사람들을 변호해 준다는 파격적 설정을 내세운 SBS 드라마 〈천원짜리 변호사〉 역시 15.2%의 시청률을 달성하며 좋은 결과를 냈다.

앞서 언급한 두 편의 드라마와 〈굿파트너〉가 다른 점은 이 드라마가 이혼 전문 변호사들의 이야기를 다룬다는 것이다. '드라마 속 변호사'의 모습을 그대로 답습하면서도 등장인물들은 드라마 속 변호사의 모습을 생각하지 말라고 하는 독특한 작품이다. 그 이유는 이 드라마를 집필한 작가가 실제로 법무법인에서 활동하는 변호사이기 때문이다. 현실적인 대본을 바탕으로 〈굿파트너〉 역시 순항 중이다. 올림픽으로 인해 3주간의 결방을 거쳤음에도 오히려 시청률이 상승하여, 15%대의 좋은 성적을 거두고 있다.

그렇다면 이러한 변호사들의 이야기가 계속해서 인기를 얻는 이유는 무엇일까. 재판은 사람들 사이의 '갈등'을 중재하기 위한 행위다. 옳고 그름을 따지고 원고와 피고의 승패를 결정하는 과정이다. 결국 변호사의 일은 사람들을 만나고 법정에서 의뢰인을 대리하며 승리에 유리한 쪽으로 재판장을 설득하는 것이 된다. 이 과정에서 자연스레 시청자는 그 재판에 참여하는 사람들의 사연을 만나게 되고, 그 사람들의 입장에 공감하고 때로는 화내기도 하면서 그 이야기들에 깊이 빠져든다. 〈굿파트너〉는 이러한 측면에서 탁월한 작품이다.

한유리와 차은경: 인간으로서는 맞고, 변호사로서는 틀렸다

드라마는 신입 변호사 한유리(남지현 분)와 이혼 전문 스타 변호사 차은경(장나라 분)이라는 두 인물을 주축으로 진행된다. 이혼 전문 변호사인 차은경이 남편의 외도로 이혼하게 된다는 설정 자체도 흥미롭지만 먼저 두 변호사의 충돌을 보는 재미가 있다. 대정 로펌의 파트너 변호사로 오래 근무한 차은경은 그야말로 이혼 사건의 전문가다. 사건 자체를 보기보다는 항상 의뢰인의 편에서 어떻게 하면 재판에서 승리해 더 많은 이득을 가져올 수 있을지만을 고려한다. 하지만 한유리의 시점에서 보는 차은경은 너무나도 냉정하다. 이제 처음으로 변호사 생활을 시작한 한유리에게 상식적으로 말이 되지 않는 말을 늘어놓는 의뢰인을 변호하라고 하는 것은 제 양심을 버리라는 것과 같은 말로 들리기 때문이다.

둘의 구도는 마치 이성과 감정의 대결처럼 보인다. 시청자들은 한유리와 차은경 모두에게 공감하며 이야기를 따라갈 수 있게 된다. 사건 자체를 평가하는 개인으로서는 한유리처럼 행동하기 쉽지만, 우리가 바라보는 인물은 개인이 아니라 의뢰인을 대리하는 변호사이기에 능숙한 차은경의 입장에도 공감할 수 있는 것이다. MBTI F와 T의 갈등이 밈으로 소비되는 사회에서 이러한 주인공들의 성격은 어느 정도 시대 흐름을 반영한 것으로 보인다. 공교롭게도 동 시간대 tvN에서 반영된 〈감사합니다〉[1] 역시 이성파 감사팀장과 감성파 신입의 이야기를 다루고 있으니, 시류를 반영하는 매체의 특성이 증명되는 듯하다. 예전에는 TV와 같은 대중매체가 유행을 주도했다면, 이는 SNS를 통해 형성된 유행이 반대로 대중매체에 반영된 것이니 이 또한 주목할 만한 지점이라고 할 수 있겠다.

이혼에도 자격이 있나요?

이런 차은경이 자신의 삶을 돌아보게 되는 계기는 바로 본인의 이혼 소송이다. 〈굿파트너〉는 차은경-김지상(지승현 분) 부부의 이혼을 중심으로 각 회차가 진행되지만, 그 이야기에 더불어 다른 부부들의 이야기도 참 중요한 작품이다. 저마다의 삶이 다양하기에 둘이었던 인생이 하나가 되었다가 다시 둘이 되는 과정은 더욱 복잡하다. 연인 사이였다면 몇 마디의 말로 헤어지고 말았을 관계는 부부라는 이름으로 얽혔기에 필연적으로 까다로운 절

---

1   tvN 〈감사합니다〉 홈페이지, https://tvn.cjenm.com/ko/The-Auditors/(검색일: 2024.11.21).

차를 거쳐야 한다. 개인의 재산을 분할하고, 아이를 양육할 권리를 분할하고, 그 과정에서 개인들은 자신의 '자격'을 증명해야 하는 과정을 겪는다.

차은경에게 이혼은 엄마의 자격을 되돌아보는 계기가 된다. 일에만 집중한 나머지 정작 아이에 대해서는 아는 것이 없는 자신의 삶을 돌아본다. 공교롭게도 본인이 담당하게 된 의뢰인이 김지상의 내연녀와 똑같은 발언을 하면서, 자신의 의견과 관계없이 그저 고객이라는 이유로 의뢰인을 변호해야 하는 본인의 직업에 회의를 느낀다. 쉬우리라 생각했던 이혼은 쉽지 않고, 자격을 증명하는 과정은 더욱 어렵다.

그렇기에 '부모의 자격'이라는 소제목을 단 6화 에피소드가 특히 인상적이다. 아이와 유대감을 쌓지 못했지만 불륜을 저지른 김지상에게서 양육 자격을 가져오고 싶은 차은경과, 유대는 깊었지만 아이를 키우는 것이 너무 힘들어 자격 없는 아빠에게 자식들을 넘겨주고 싶어 하는 최현서(박지연 분)의 이야기가 대비되기 때문이다.

한유리는 사랑하는 아이들을 자격 없는 아빠에게 넘기려는 최현서를 이해하지 못한다. 그와 반대로 차은경은 본인도 엄마이기에 그녀를 이해하며, 자기 자신을 다시 찾고 싶다는 최현서의 눈물 섞인 말을 통해 한유리 또한 그녀가 아이들을 사랑하지 않는 것이 아님을 이해하게 된다. 모든 부모가 각자 처한 상황에서 최선의 방식으로 아이들을 사랑한다는 것을 깨달은 한유리의 성장을 볼 수 있었다. 한유리의 내레이션을 통해 시청자도 많은 것을 느끼게 된다.

결과적으로 최현서-김호석(고건한 분) 부부는 이혼이라는 과정을 통해 어떻게 해야 좋은 부모가 될 수 있는지를 배운다. 아이를 낳는다고 해서 모두가 좋은 부모가 될 수 있는 것이 아니기에, 직접 아이를 양육하는 과정을 겪어봄으로써 진정으로 부모의 자격을 얻게 되는 부부의 이야기가 흥미롭다. 이와 더불어 좋은 부모가 되기 위해서는 자신을 챙기는 것 또한 중요하다는 교훈도 함께 전달한다. 드라마에 나온 대사처럼 점점 더 아이 키우기 어려운 환경이 되어가는 대한민국에서 책임을 다하고 부모의 자격을 '배우는' 부부의 이야기는, 비록 드라마 속 이야기일지라도 주목할 만하다.

이혼 후 남겨지는 아이들

이혼은 부부의 이야기이면서 동시에 아이들의 이야기다. 특히 극 중 재희에게 마음이 쓰인다. 양육권 다툼이라는 치열한 공방 속에서 아이들은 "엄마가 좋아, 아빠가 좋아?"라는 잔인한 질문 앞에 서게 된다. 부모들이 본인 역할에 최선을 다한다고 하더라도 갈등을 지켜보며 생겨난 아이들의 상처가 어떻게 치유될 수 있을까. 어른도 견디기 힘든 이별 과정을 받아들이는 아이들의 마음을 생각하게 하는 〈굿파트너〉다.

재희(유나 분)는 그런 측면에서 씩씩하고 안쓰러운 인물이다. 김지상의 외도 사실을 엄마보다 먼저 알아차려 아빠를 미워하지만 동시에 아빠를 그리워할 수밖에 없어 아파하는 아이. 재희에게 상처가 될까 사실을 숨기기에만 급급했던 부모들은 거짓말쟁이처럼 보인다. 본인이 가장 많은 것을 알고 있었고 그렇기에 상처를 받았지만, 거짓말만 하는 부모들로 인해 털어놓을 곳이 없었던 재희는 홀로 성숙해져야만 했다.

그러면서도 재희는 엄마에게 사과하고 또 엄마를 위로한다. 자신이 그 사실을 숨겼다는 이유로 엄마에게 미안해한다. 그토록 아파하고 외로워했음에도 먼저 손을 내미는 쪽이 아이라는 것은 시청자에게 많은 생각을 하도록 만든다. 진심을 담아 나오는 순수한 어린이들의 사과와 현재의 책임을 피하고자 혹은 자신에게 올 피해를 줄이고자 하는 어른들의 사과는 극명히 대조된다. 잘못이 없음에도 엄마에게 사과하는 재희의 모습은 자신에게 일부의 책임이 있음에도 상대가 불륜의 원인을 제공했다는 이유로 당당한 최사라, 장선아(지에은 분)의 이야기와 겹쳐지며 큰 여운을 남긴다. 어른의 사과는 얼마나 비겁하고 뻔뻔한가. 우리는 과연 얼마큼 어른이 되었을까.

이런 시선은 이제 그만

칭찬하고 싶은 부분도 많지만, 이 드라마는 비판점 또한 명확하다. SBS는 드라마를 홍보할 때부터 '워맨스'라는 단어를 활용했다.[2] 실제로 워맨스라는 키워드와 함께 검색했을 때 관련한 많은 게시물이 나오는 것을 확인할 수 있다. 이런 서사 속에서 전은호(표지훈 분)와 한유리의 로맨스 요소가 상당히 아쉽다. 한유리는 아버지의 불륜으로 인한 상처가 있는 인물이다. 그렇기에 비혼을 선언하고 결혼이라는 울타리의 중요함을 누구보다 잘 알고 있는 인물로 묘사된다. 그런 한유리에게 전은호가 고백하는 장면까지는 이해할 수 있다. 하지만 둘이 하룻밤 충동으로 잠자리를 함께했다는 설정은 한유리의 성격을 알고 있는 시청자의 관점에서 수용하기 어렵다. 이는 워맨스를 강조했던 〈굿파트너〉 자체의 정체성과도 반하는 부분이라 더욱 아쉬움이 남는다.

재희와 가족을 향한 시선도 아쉬운 지점이다. 드라마 속에서 반복적으로 나오는 "사춘기 여자아이에게는 동성 부모가 좋다"라는 뉘앙스의 대사들, 재희의 환심을 사기 위해 차은경이 브래지어를 사 오는 장면. 이는 여자아이에게 동성 양육자가 필요하다는 편견의 시선을 강화할 수 있다. 또 이혼 후 둘이서 여행을 떠난 재희와 은경에게 지나가는 사람들이 아빠의

---

2   "'굿파트너' 장나라X남지현, '단짠' 워맨스가 기대되는 이유", SBS연예뉴스, 2024년 6월 13일 자, https://ent.sbs.co.kr/news/article.do?article_id=E10010288680(검색일: 2024.11.21).

존재 여부를 계속해서 묻는 장면 역시 가족 형태에 관한 고정관념에 갇혀 있는 부분이었다. 전통적 핵가족 형태와 다른 다양한 형태의 가족이 증가하는 시대에 이러한 '정상가족 이데올로기'를 강화하는 내용은 구시대적 사회로 퇴보해 가는 행위와 같다. 그리고 이런 편견은 다양한 형태의 가족들에게 무례한 시선이 된다. 작가 본인이 변호사이기에 자신이 접한 사례들을 바탕으로 작품을 집필할 수 있다는 사실은 이해하지만, 여러 사람이 보는 드라마라는 매체의 특성을 고려한다면 이 내용으로 인해 상처받는 사람들이 없도록 더 고민하고 생각했어야 한다. 타인에게 상처를 주는 창작물은 결코 좋은 창작물이 될 수 없기 때문이다.

그럼에도 여전히, 굿파트너

합리적이면서도 냉정한 이혼 법정 이야기를 이 드라마는 객관적인 당사자의 이야기로 한 번, 차은경과 한유리라는 인물의 시선을 통해 두 번 보여줌으로써 계속해서 시청자에게 내적 갈등을 유발한다. '나라면 어떻게 판결할까?', '누구에게 더 많은 자격이 있는 것일까?'를 생각하는 과정에서 드라마의 재미는 극에 달한다. 또 이야기 대조를 통해 하나의 이야기로 여러 가지 여운을 남긴다. 서로 다른 두 상황을 비교하며 드라마를 보는 재미도 있다. 각 사건이 밀도 있게 잘 짜여 있다는 점에서, 많은 칭찬을 하고 싶다.

　이혼 이야기를 다루는 드라마가 〈굿파트너〉라는 제목을 달았다는 사실이 참 아이러니하다고 생각했다. 그 생각은 차은경-김지상 부부의 마지막을 보고 바뀌었다. 한쪽의 귀책사유가 있어 헤어지게 되었지만, 한때는 사랑했던 사람이고 또 사랑하는 딸의 부모이기에 기꺼이 우산을 건네주는 차은경의 마음을 헤아려본다. 좋은 이별은 없어도 최선의 이별은 있다고 믿는다. 어쩌면 우리 삶의 모든 선택은 다 그런 식이다. 한 번의 선택은 되돌릴 수 없기에 우리는 늘 자신이 처한 상황에서 내가 판단한 최선의 것을 선택하고 그것이 좋은 선택이라 믿으며 살아간다. 〈굿파트너〉는 변호사의 이야기를 하는 듯하지만, 그 속에 있는 모든 사람의 선택에 관한 이야기다.

그런가 하면 〈굿파트너〉는 성장에 관한 이야기다. 이별은 종종 아쉽고 슬프며 가슴 아픈 일이지만, 그 이별의 과정을 거치며 성장하는 것도 우리다. 때로는 이별을 생각하다가도 그 과정에 많은 것을 배우고 다시 좋은 관계로 되돌아가기도 한다. 이혼을 숙려하는 과정에서 아내의 역할을 실감한 남편 이야기가 그랬다. 또 이 드라마는 한유리와 차은경의 성장에 대해서도 이야기한다. 신입 변호사로 시작해 갈등을 겪다가 차은경의 사건을 맡게 되면서 점점 변호사라는 직업에 익숙해 가는 한유리가 있다면, 반대로 일에만 집중해 살다가 점점 자기 삶도 찾아가는 차은경이 있다. 신입 한유리만의 성장 이야기가 아닌 베테랑 차은경도 성장하는 이야기라는 점에서 더욱 의미가 있다.

단연코 이들은 '굿 파트너'와 함께했기에 성장할 수 있었다. 차은경의 곁에는 오랫동안 함께 한 정우진(김준한 분)이, 그리고 한유리의 곁에는 든든한 선배인 차은경이 함께한다. 함께 밥을 먹고 고민을 들어주는 동료로서의 전은호도 있다. 그렇게 서로는 서로의 좋은 동료가 되고 의지할 등불이 된다. 내가 나로 살 수 있게 하는 것은 무엇인가. 아무리 예쁜 이름을 가졌더라도 나의 이름을 불러주고 기억해 주는 사람이 없다면 무의미한 것이 인생이다. 인간은 사회적 동물이며 나를 나로 살게 하는 것은 내 주변의 수많은 '관계'다. 살다 보면 수많은 선택의 갈림길에 서겠지만 그때마다 좋은 사람들이 있기에 자신을 믿고 결과를 수용하며 계속해서 성장할 수 있다. 이 드라마를 통해 당신을 지켜보고 응원하는 '굿파트너'들에 대해 생각하는 기회가 되었으면 좋겠다. 사랑이 있어, 행복한 세상이다. 🐾

당신 옆엔 좋은 어른이 있습니까?

과거의 시행착오가 오늘의 '티처스'에 하고 싶은 말

구진영

누구나 열어보고 싶지만, 섣불리 문고리를 잡아당길 수 없었던 사교육의 본모습이 예능이라는 플랫폼을 통해 그 모습을 드러냈다. 그것도 '일타 강사'를 전면에 내세우면서 말이다. 채널A 예능 〈성적을 부탁해: 티처스〉 (이하 <티처스>)는 그동안 금기시했지만, 너무도 궁금했던 일타 강사, 대치 동 학원가, 의대 입학, 자율형사립고 등의 키워드들을 과감하게 전면 배치 하면서 시청자들의 호기심을 자극한다. 제작진이 언제부터 프로그램을 기획하고 촬영해 2023년 11월부터 방영했는지 알 수 없으나, 프로그램의 내용이 공교육만 받으면 누구나 풀 수 있는 문제를 출제하겠다는 정부 발표 와 묘하게 대비된다. 해당 발표는 2023년 6월이었고, 그해 수능은 쉬운 수 능을 표방했음에도 실패했기 때문이다. 2024학년도 수능은 만점자 두 명 이 모두 같은 재수 종합 학원에 다녔다는 사실이 알려져 사교육에 대한 관심도가 더 높아지는 현상이 발생했다. 그러니, 공교육에서 채우지 못한 것을 사교육의 핵심인 일타 강사가 해결해 주겠다는 프로그램의 포부가 시청자들에게 얼마나 더 극적으로 느껴질까.

이러한 사회적 흐름을 생각해 볼 때 티처스에 대한 관심도가 매우 높을 것 같으나 시청률이 1%대에서 좀처럼 움직이지 않는다. 그러나 같은 채널에서 방영하는 인기 프로그램 〈요즘 육아 금쪽같은 내 새끼〉의 시청률도 1%대를 오간다는 것을 상기해 보면 입시를 앞둔 중고등학생과 학부모에게는 〈티처스〉가 매우 큰 반향을 일으킨 것일 수도 있다. 그렇다면 〈티처스〉라는 예능은 우리에게 어떠한 즐거움과 고민거리를 남겨주었을까.

공교육에 적응하기 위해 공교육을 삭제시켜 버린 프로그램

〈티처스〉는 성적이 낮아 고민인 학생들이 자신의 일상을 공개하는 것으로 그 문을 열어 재낀다. 해당 에피소드의 주인공이 친구들과 떡볶이를 먹거나 학교에서 동아리 활동을 하는 모습 등은 스치듯 지나가는데, 이후 집이나 스터디 카페에서 공부하는 장면이 집중적으로 나온다. 아무래도 성적 향상을 중점적으로 다루는 프로그램이다 보니 자습하는 모습이 많은 분량을 채운다. 이것만으로도 호기심을 채울 수 없는지 학생이 공부하는 문제집을 모두 수거해 와 스튜디오에서 펼쳐보기도 한다. 수학과 영어 일타 강사는 학생이 문제 푸는 모습과 그들의 문제집만 보고도 갓 신내림 받은 도령처럼 '오케이, 됐어요' 하는 표정을 짓는다. 이렇게 출연자의 문제점을 파악한 후에는 어떠한 과목을 솔루션 받을 것인지 정하는데, 여기까지가 전반부다. 이때 과목 선택은 영어와 수학 중 하나이며 목표 성적을 정하고 일타 강사에게 특훈을 받는 모습이 상세히 다뤄진다. 그렇게 몇 주 후, 원하는 목표를 달성했는지 확인하는 것으로 후반부가 구성된다.

이 과정에서 중요하게 본 장면은 대부분의 아이가 공부란 매 순간 차곡차곡 쌓아올리는 것임을 까먹고 있는 장면이다. 어쩌면 잊은 것이 아니라, 그러한 사실조차 알지 못하는 경우가 많다. 중학교 1학년 때 놓아버렸던 공부 때문에 고등학교 1학년 공부가 와르르 무너질 수 있다는 것이 너무나 생경하게 다가오는 것이다. 지금이라도 열심히 하면 된다는 것은 놓친 것을 복구한 후에 가능한 한 이야기임을 어른들은 왜 말해주지 않았던 것일까.

이러한 사실은 공교육이 학생 개개인의 특성에 다가갈 수 없는 제도로 운영되고 있음을 보여주는 방증이라 할 수 있다. 이는 공교육의 문제점으로도 대표될 수 있는데, 학교에서는 교육과정에 맞춰 진도가 하염없이 나가기에 개별 아이들의 구멍을 찾아 메워줄 시간이 없다. '시험-수행평가-시험-수행평가'의 사이클 속에서 각자도생해야 하는 아이들은 자신이 어느 부분에서 헤매는지 전혀 알지 못해 의자에 궁둥이만 붙이고 시간만 채우고 있는 경우가 많다. 그래놓고는 왜 성적이 안 오르는지 이해할 수 없어 자신의 성적을 인정하지 못하는 모습도 보인다. 아이가 새벽까지 힘들게 공부하는데 성적이 오르지 않아 통곡하는 장면을 볼 때마다 마음이 안 좋다. 하지만 카메라는 여전히 공교육을 삭제하고 아이의 자습 모습만 보여준다. 마치 아이가 문제라는 듯이 말이다.

이렇게 방황하는 아이들에게 일타 강사들은 무엇이 문제인지 잡아내 성적을 올려준다. 얼마나 좋은가. 이 때문에 수험생들이 사교육을 점점 더 맹신할 수밖에 없는 상황에 노출되는 것 아닌가 우려스럽다. 학원만 다니면 모든 것이 해결되는 것은 아니라고, 내신 시험 문제는 학교 선생님이 내는데 왜 학교 수업을 열심히 듣지 않느냐고 일타 강사가 호되게 혼내는 장면도 여러 번 노출됐다. 그러나 학교 수업만으로 아이들이 원하는 진로를 선택할 수 없는 것이 현실이기에 〈티처스〉를 보고 있으면 자연스레 공교육의 문제가 생각날 수밖에 없다. 나 역시 〈티처스〉를 보다가 학창 시절에 왜 영어 공부에 손을 놓게 됐는지 알게 됐다. 그것을 깨달은 순간, 영어 공부를 다시 시작하고 싶어 〈티처스〉에 나오는 일타 강사의 온라인 강의를 결제했으니 〈티처스〉를 보는 수험생들은 어땠을까. 어쩌면 이 프로그램은 유명 학원의 거대한 PPL이 아닐까.

〈티처스〉는 이처럼 공교육이 해결해 주지 못하는 문제들을 사교육으로 채우려는 모습을 지속적으로 노출한다. 공교육의 고된 일정들은 프로그램에 전혀 등장하지 않기에 아이들이 공부 방향을 잘못 잡아 성적이 낮은 것처럼 느껴지게 만든다. 그러니, 학생 스스로가 자신의 문제점을 찾아서 해결하는 것이 당연한 것처럼 비쳐진다. 그런데 이는 현실적으로 불가능하다. 무엇이 잘못됐는지 모르기에 성적이 안 오르는 것이지, 그것을 알고 있으면 아이들이 왜 프로그램에 나왔겠는가.

결국 보다 못한 부모가 나설 수밖에 없는데, 부모 역시 아이의 공부를 해결해 줄 수 없으니 사교육 업체를 찾아간다. 〈티처스〉에서는 학생과 부모가 입시 컨설팅 업체를 찾아가거나 학원에 가서 배치고사를 보는 장면이 거의 매 회 등장한다. 일타 강사가 스쳐 지나가듯 학교 수업을 열심히 들으라고 해봤자 시청자들은 무비판적으로 사교육 시장에 진출해야겠다는 마음이 들게 되는 것이다. 이 정도면 〈티처스〉는 유명 학원이 기획한 큰 그림이 아닌지 다시 한번 의심이 든다. 그러나 이 프로그램은 학생들의 성적 향상을 위해 힘쓰겠다고 했지, 공교육과 사교육의 문제점을 찾아내 해결하겠다고 한 적이 없다. 그래서 아주 손쉽게 공교육 현장의 모습을 삭제해 버릴 수 있는 것이다. 교육이라는 것에 사회가 소비하는 에너지를 생각할 때 이 점이 항상 목에 걸리는 느낌이다.

아이를 수단으로 보는 부모의 욕심, 티처스인가 금쪽이인가?

〈티처스〉를 보다 보면 이 프로그램이 〈요즘 육아 금쪽같은 내 새끼〉의 청소년 버전인가 헷갈리는 지점이 많다. 특히 아이에게 자신의 욕망을 투영하는 부모가 등장하면 더더욱 그렇다. 〈티처스〉에서는 유독 '의사'가 되고 싶은 아이들이 자주 등장한다(7화, 9화, 21화, 23화). 그런데 학생들의 일상을 살펴보면 부모가 강요해 의대를 희망하는 장면이 심심치 않게 등장한다. 상위권임에도 의대에 갈 성적이 조금 부족한 수험생이 부모의 완강한 저항에 부딪혀 끝까지 의대 진학에 대한 부담을 내려놓지 못하는 모습, 아버지의 유언 때문에 한의대를 목표로 하지만 성적이 턱없이 부족한 현실에 힘겨워하는 수험생의 모습, 의사가 되어서 할아버지가 운영하는 요양원을 물려받으라고 강요받은 수험생이 자신은 영어 선생님이 꿈이라며 용기 있게 말했다가 할아버지의 벼락같은 호통에 기죽는 모습이 그렇다.

해당 에피소드들이 그려낸 내용을 보고 있으면 학생들의 성적이 향상된다 한들 그들이 꿈꾸는 미래가 이루어지지 않는데 왜 이것을 진행하고 있는지 답답하기만 하다. 아이들은 수단이 아닌데, 부모의 욕심 때문에 결국에는 의대를 목표로 나아가는 모습도 무척이나 안타깝다. 〈티처스〉라는 프로그램이 예능이기에 극적인 효과를 내고자 상황을 과장해 노출한 것인지, 일반인 출연자가 솔루션을 위해 등장한 만큼 현실을 그대로 그린 것이 맞는지 궁금해질 정도다. 아직까지 악마의 편집으로 고통받고 있다는 출연자가 등장하지 않은 걸 보면 일정 부분 사실을 다루고 있는 것으로 보인다.

의대에 대한 압박을 가하는 부모의 에피소드 이외에도 아이의 일거수일투족을 감시하는 부모나, 형제 또는 친구들과 비교해 가며 성적을 압박하는 부모도 등장한다. 이쯤 되면 아이들이 성적 솔루션을 받을 것이 아니라 부모가 상담받아야 하는 것 아닌가 우려스러운 경우도 많다. 그러나

〈티처스〉에서는 "어머니 이러시면 안 돼요", "너무 속상했겠다"와 같은 진행자의 멘트로 상황을 마무리한다. 그저 그러한 현상이 있다고 보여주는 것이다. 다큐의 탈을 쓴 예능이 가진 한계가 이 지점에서 드러남에도 프로그램 내에서는 그 누구도 이러한 부분을 지적하지 않는다. 예능은 재미를 추구하는 프로그램이니 말이다. 문제는 소재다. 교육의 기반이 공교육에 있기에 시청자들은 공익적인 모습을 기대하며 이 프로그램을 대한다. 하지만 그 기대에 미치는 것은 아이에게 공부 주도권을 넘겨주라는 일타 강사의 호통일 뿐, 기저에서 꿈틀거리는 문제는 다루지 않는다.

공부를 잘하는 아이들을 위한? 아이들만 위한!

아이큐가 139인 학생이 솔루션에 등장한 적이 있다. 이 학생의 고민은 대치동으로 이사 가서 치열하게 경쟁하는 것이 맞는지에 관한 것이었다. 아이가 토플 시험을 본 후 학원 전 지점 1위를 했다는 소식과 영어 원서를 척척 읽는 모습, 초등학교 고학년 때부터 고등학교 수학에 숙달했다는 모습을 보면 대단하다는 생각이 든다. 이 학생분만이 아니다. 과학이 좋아서 영재원에 다니는 학생 역시 미리 선행학습을 못 해 과학고 진학에서 부모와 마찰이 있는 것이지, 미리 조언을 들었더라면 더 훨훨 날아갈 수 있지 않았을까 안타까움을 자아낸다. 전교 회장이 되어 학교를 주름잡는 아이들의 모습도 그렇다. 성격도 밝고 공부도 스스로 열심히 하는 아이들을 보면 너무나 대견해서 TV 속으로 들어가 토닥여주고 싶을 정도다. 그런데 〈티처스〉가 보여주는 것은 여기까지다. 이 아이들이 공교육 시장에서 살아남아 원하는 대학에 가는 것까지가 카메라가 비추는 모습이다. 아이가 잘 성장해서 공동체에 이바지할 수 있는 좋은 어른으로 커가는 것을 지켜보지 않고, 그들이 원하는 대학과 학과에 진학해서 성공하는 것이 마치 최선인 것처럼 그려지는 것이다.

그렇기에 〈티처스〉에서 언급되는 고등학교도 국제고, 외고, 과학고, 자율형사립고 등이 많은 비중을 차지하며 일반고의 경우에도 '갓반고'라고 불리며 공부 잘하는 학생들이 모여 있는 학교들을 집중 조명한다. 이러한 모습을 보면 처음엔 공부 잘하는 아이들을 위한 시스템이 없는 것을 한탄하다가, 좋은 환경을 가진 학교에서 공부하는 아이들도 이런데 주변 환경이 갖춰지지 못한 학생들은 어떡하라는 것일까 의문이 든다. 특목고에 진학한 아이와 일반고에 진학한 아이들의 교육 시스템 격차가 큰 것은 문제가 되지 않는다. 특목고에 다녔던 진행자가 가끔씩 학창 시절이 힘들었다고 거들 뿐이다. 자녀를 키우고 있는 진행자의 경우 좋은 정보가 나오면 집중하는 모습을 보여주는데, 시청자들도 그저 이런 모습으로 프로그램을 보지 않을까.

그러니, 어쩌면 〈티처스〉는 예능이라는 장르를 통해 우리가 교육에 욕망하는 모든 것을 보여주는 프로그램이라고 할 수 있다. 겉으로는 아닌 척 가식적인 모습을 드러내는 것보다 오히려 욕망을 드러내서 살펴보는 것이 우리 교육의 문제점을 진단하기에 더 좋은 방법 아닐까. 예능이기에 욕망을 드러내기만 하지 그 이후의 조치를 하지 않음에도 말이다. 그들이 교육부 장관이 아니기에, 무작정 비판할 수 없는 지점이기도 하다.

일타 강사는 좋은 스승이 아니라는 프레임

학생의 성적이 향상되면 일타 강사가 운다. 감성적인 수학 선생님은 자주 울고 요즘 유행어로 '대문자 T'인 영어 선생님도 어느 날 드디어 울었다. 이들의 모습을 볼 때마다 많은 생각을 하게 된다. 지금 우리 아이에게 좋은 어른이 있는지, 나의 어릴 적엔 좋은 어른들이 내 주변에 있었는지에 관한 고민이다.

일타 강사라고 하면 고액 연봉을 받는 사람, 공부를 가르치기보다는 문제 푸는 기술을 가르치는 사람이라는 선입견이 강하다. 인풋을 하면 아웃풋을 강하게 내주는 장사꾼처럼 보이는 것이다. 그런데 〈티처스〉를 보다 보면 이러한 선입견을 내려놓게 된다. 자신은 학교 선생님과는 다르니 선생님이 아니라 생선님이라고 불러달라는 수학 강사와 ADHD 학생이 불안에 떨지 않도록 화상 연결을 해가면서 스스로 설 수 있게 돕는 영어 강사가 그렇다. 이러한 장면들을 보고 있다 보면 우리는 일타 강사가 돈만 주면 성적을 올려주는 사람이기에 나쁘다고 지적하기보다는, 일타 강사처럼 쉽고 정확하게 공부를 가르쳐줄 어른이 없다는 것, 무엇이 부족해 지금 단계에서 뛰어오를 수 없는지 알려줄 어른이 없다는 것을 한탄하게 된다.

그러니 앞으로의 〈티처스〉는 우리 아이들에게 어떤 어른이 좋은 어른인지 부각했으면 좋겠다. 아이를 수단으로 삼는 부모에게 일침을, 공교육은 선이고 사교육은 악이라는 프레임은 과감히 걷어내 주기를 바란다. 더불어 욕망을 제대로 드러내는 것이 나쁜 것이 아님을 보여주고 목표 달성을 위한 건강한 경쟁은 즐거운 것이라고 알려주기를 바란다. 그런 인식이 차곡차곡 쌓인다면, 공교육에서도 무엇을 할 수 있는지 보이지 않을까. 과거에 시행착오를 겪었던 어른들이 지금의 청소년이 헤매지 않도록, 그래서 우리 공동체에 좋은 사람으로 바르게 자리 잡을 수 있도록 도울 수 있는 '티처스'가 되었으면 좋겠다. 🐾

방송용 AI 기술의 한계와 미래

국내 최초 생성형 AI 다큐 〈EBS 다큐프라임: 위대한 인도〉

김지웅

AI를 접목한 방송기술의 확산

2024년은 AI 기술이 사회 저변에 널리 확산되어 사회 전 분야에 AI 기술 접
목 시도가 이루어진 해였다. 방송 분야에서도 기존 방송 기술에 AI 기술을
접목해 생산성을 향상한 사례가 발굴되었고 그 노력은 꾸준히 이루어지고
있다. AI 앵커가 등장하는 MBN 뉴스, 방송국에 소속된 전문 번역가가 아닌
AI가 번역한 콘텐츠, 프로그램의 섬네일을 자동으로 뽑아 유튜브 영상 업
로드를 쉽게 도와주는 메타 브로드캐스트(MetaBroadcast) 등이 이미 방송
제작 실무 영역에 들어섰다.

국내 최초 생성형 AI 다큐 〈EBS 다큐프라임: 위대한 인도〉 등장

EBS의 창사특집 3부작 다큐멘터리 〈EBS 다큐프라임: 위대한 인도〉(이하 〈위대한 인도〉)가 6월 24일 월요일 EBS1에서 방송되었다. 이 방송을 통해 14억 인구 대국 인도의 역사와 문화를 고찰하고 인도에 대한 새로운 시각을 제시했다. 서울대학교 아시아연구소 남아시아센터장을 맡고 있는 강성용 교수와 KAIST 전기 및 전자공학부 김대식 교수가 출연해 인도학자와 최첨단의 뇌 과학자의 시각으로 바라본 인도에 대해 고찰했다.

주목할 점은 국내 최초로 생성형 AI를 활용해 다큐멘터리 분야에 도전적인 시도를 했다는 점이다. 생성형 AI는 사람의 지시에 따라 콘텐츠를 제작하는 컴퓨터 프로그램의 일종이다. 예를 들어 방송 제작자가 "경복궁을 배경으로 비둘기 두 마리가 날아가는 모습을 보여줘"라고 프로그램에 입력하면 생성형 AI는 관련된 이미지를 사용자에게 보여준다. 사용자는 해당 이미지가 마음에 들지 않을 경우 "비둘기의 크기를 좀 더 크게 해줘"라든가 "배경의 날씨를 겨울로 하고 눈이 펑펑 내리는 배경으로 설정해줘"라고 추가적인 지시를 내리면 생성형 AI는 기존의 지시에 추가적인 지시를 덧붙여서 사진이나 영상을 생성하는 방식이다.

생성형 AI 기술의 다큐멘터리 적용의 한계

해당 프로그램에서는 두 가지 분야에 AI 기술을 적용했다. 사진을 생성하고 사진을 동적으로 연출하는 모션그래픽 기술과, 전문 성우 없이 스크립트를 음성으로 변환해 주는 AI 성우 기술이다.

1부에서는 "제가 인도 고고학 조사국장을 역임하던 시절이었습니다.

우연히 하라파 지역에서 고대 유적을 발견했습니다. 그리고 이듬해 모헨조다로에서 거대한 유적을 발견하고 드디어 인더스 문명에 대한 본격적인 조사가 이뤄졌죠"라는 AI로 더빙된 음성이 재생되었다. 배경으로는 영국 고고학자이자 모헨조다로 최초 발견자인 '존 마셜'의 사진이 나왔다. 일반적인 다큐멘터리에서는 고인과 관련된 사진 자료만 존재하고 동영상 자료가 존재하지 않을 경우, 이를 역동적으로 표현하기 쉽지 않다. 하지만 해당 프로그램에서는 기존 사진을 활용하여 이를 역동적으로 표현했다. 예를 들어 기존의 다큐멘터리에서는 세종대왕이 "훈민정음을 반포하노라"라고 말하는 장면을 표현한다고 했을 때, 세종대왕의 용상이 그려진 사진이 화면에 나오고 성우가 더빙하는 법밖에 없었다. 하지만 〈위대한 인도〉에서는 존 마셜 사진을 생성형 AI에 입력해 존 마셜이 실제로 발화하는 것처럼 영상을 생성했다. 사진은 고정한 채 입 주변 근육과 입술, 그리고 안면 주위를 움직이는 AI 생성을 통해 해당 인물에 대한 남아 있는 영상이 없음에도 불구하고 사진을 영상으로서 표현했다. 이를 통해 시청자는 기존의 정적인 사진이 가진 지루함을 해소하고 역동성을 느낌으로써 영상의 집중도를 높일 수 있었다.

하지만 존 마셜의 AI 더빙은 3초도 지나지 않아 다른 사진으로 영상이 넘어갔다. 현재의 AI 더빙은 음성과 발화자의 입 모양을 정확히 일치시킬 수 없어 영상이 길어지면 시청자가 어색함을 느낄 수 있기에, 전체 스크립트는 20초가 넘지만 AI 더빙의 영상은 총 5초 남짓밖에 사용되지 않았다.

AI 더빙의 어색함을 없애고자 여러 사진이 짧은 간격으로 전환되어 내용에 대한 집중도가 떨어졌다. 다큐멘터리에서 음성의 역할은 시청자에게 정확한 정보를 전달하는 데 목적이 있고 영상은 이를 보조하기 위한 수단이다. 하지만 해당 프로그램에서는 AI로 제작된 영상이 오히려 음성 설명을 방해하는 요인으로 작용했다.

현재의 생성형 AI 모델의 기술적 완성도가 낮음을 감안하더라도 이러한 어색함을 해소하기 위해 영상 전환(transition)의 빈도를 높이는 것은 다큐멘터리의 목적인 정보 전달에 부정적 영향을 끼친다. AI 더빙이 어색하더라도 영상 전환 주기를 높이지 말고 AI 더빙으로 제작된 영상을 스크립트 낭독에 활용하는 것이 본 다큐멘터리 제작 취지인 'AI의 다큐멘터리 제작 활용성의 도전적인 실험'에 더 부합했을 것이다.

영상 전반에는 프리젠터가 스크립트를 읽을 동안 고대 인더스 문명의 사진들이 나타나고 조금씩 움직인다. 예를 들어 조선시대 거중기를 기존 다큐멘터리에서는 정적인 사진을 영상에 띄우고 더빙을 통해 설명하는 구조였다면, 해당 다큐멘터리에서는 거중기가 작동되는 모습을 생성형 AI로 제작해 사용자에게 보여줄 수 있다. 기존의 다큐멘터리에서 볼 수 없었던 정적인 사진을 동적으로 표현하려는 시도는 좋았다. 하지만 각각의 사진들과 배경이 조화롭게 구성되지 않음이 눈에 띄었다. 하라파 중기의 유물 3점 사이로 고대인이 걸어오는 모습을 보여주는 영상에서는 각 유물과 고대인이 한 화면에 존재하지만 어떤 메시지를 주는 프레임인지가 불분명했다. 하라파 중기 시대의 유물과 사람을 시각적으로 보여주려는 시도였지만 각 이미지의 통일성이 부족했다. 모션그래픽을 통해 사진을 좌우로 움직이기도 했다. 그러나 단순히 좌우로 사진을 움직이는 표현으로는 무엇을 전달하고자 하는지 알 수 없었다. 오히려 과도한 움직임으로 인해 유물을 정확히 관찰하려는 시청자의 의도가 저해되었다.

'춤추는 소녀 모헨조다로'가 AI 더빙과 함께 움직이는 모습은 신선했다. AI 더빙을 발화하는 영상도 꽤나 자연스러웠다. 발화 중간에 발음이 뭉개지는 부분도 있었지만 AI 더빙인지 성우가 일부로 발음을 저렇게 한 것인지 구분이 가지 않을 정도로 꽤나 자연스러운 부분이었다.

하지만 아쉬운 부분은 영상의 전환이었다. 프리젠터인 강성용 교수, 김대식 교수가 영상에서 나오는 부분과 AI 더빙, AI 영상이 전환되는 부분이 어떠한 맥락 없이 자주 전환되었다. EBS의 다큐는 전문 지식이 없는 일반인을 대상으로 정보를 쉽게 전달하는 프로그램이기 때문에 시청자가 해당 주제에 대한 배경 지식이 없다는 것을 전제로 제작된다. 〈위대한 인도〉는 〈EBS 다큐프라임〉의 다른 주제에 비해서도 그 난도가 쉽지 않다. 문명사라는 주제를 세계사가 필수과목이 아닌 우리나라에서 접하기 어렵고, 인도문명사의 용어 자체도 우리 국민에게 생소하다. 이러한 어려운 주제에 AI를 접목하는 것이 좋은 선택인지에 대한 의문이 든다. 오히려 자연과학, IT 분야와 같은 텍스트로는 이해하기 어렵지만 모션그래픽을 통해 쉽게 이해할 수 있는 분야에 생성형 AI를 접목했으면 더 좋았을 것이다.

가장 아쉬웠던 점은 힌두교에서 유지의 신이라고 불리는 비슈누를 표현한 장면이었다. 최근 유튜브, 인스타그램 등 소셜미디어에서 생성형 AI로 만들어진 영상이 자주 보인다. 일반 사람들은 생성형 AI로 제작된 영상과 사진에 거부감을 느낀다. 가장 큰 이유는 어색함이다. 생성형 AI로 생성된 인물사진에서는 어떤 표정을 짓더라도 어색하다. 눈과 입이 웃고 있다 하더라도 안면 근육, 턱 근육, 눈썹은 웃고 있지 않는 등 인간의 세밀한 표정을 재현하기 어렵기 때문이다. 비슈누를 표현한 장면에서도 비슈누는 말하고 있지만 입과 눈만 움직임이 있을 뿐 그 외의 신체는 움직임이 전혀 없어 어색함이 강했다. 무엇보다 어색했던 것은 배경이다. 배경은 일반 스튜디오, 즉 자연적인 공간인 데 반해 비슈누는 AI로 인공적으로 생성되어 배경과 인물의 통일감이 저하되었다. 배경으로 사용된 스튜디오 공간은 배경으로 쓰인 의미를 찾을 수 없었다. 자연적인 배경과 인공적인 AI 조합이 어색했다면, 무리하게 AI로 생성된 이미지를 조합하기보다는 프리젠터 대화의 비중을 높임으로써 이를 해소하는 것이 오히려 좋다고 본다.

전반적인 AI 더빙 기술은 좋았다. '춤추는 소녀 모헨조다로'가 "제사장님 부부도 1단지 사세요, 그냥 1단지 계약해"라는 웃음을 유발하는 장면에서 음성이 AI 더빙일까 아니면 성우일까 하는 의문이 들 만큼 AI 더빙의 질은 좋았다. 발음이 뭉개지는 부분도 일정 부분 감안해서 볼 수 있는 정도였다. AI 더빙 기술은 이미 초급 성우를 대체 할 수 있을 만큼의 수준을 보여줬다.

시청자가 〈위대한 인도〉를 시청할 때 불편했던 다른 점은 '톤 튜닝(Tone tuning)'이 제대로 되어 있지 않다는 점이다. 방송 제작자가 만든 자막, 생성형 AI가 만든 사진, 카메라 팀이 촬영한 영상, 방송자료실에서 가공된 사진, 프리젠터가 준비한 자료 등이 하나의 영상에 합쳐졌지만 사진의 색감, 질감, 명암이 모두 다 달랐다. 시청자는 일관적이고 통일된 영상을 원하지만 〈위대한 인도〉에서는 영상의 톤 튜닝이 자연스럽지 못했다. 생성형 AI를 사용했다는 것을 감안하더라도 일정 부분은 수작업으로 톤을 보정해 영상의 심미성을 보완했으면 더 좋았을 것이다.

시사점

〈위대한 인도〉의 의도 자체는 획기적이었다. 다큐멘터리에 생성형 AI를 접목한다는 시도는 기존의 보수적인 다큐멘터리 분야에서는 신선한 발상이다. 제작자인 한상호 PD가 제작 설명회에서 밝힌 것처럼 엄숙하고 전통적인 포맷을 벗어나 트렌드와 호흡하면서 앞서 나간, 재미있는 다큐멘터리를 만들겠다는 의도는 적중했다. 하지만 실험 대상이 된 시청자에게 보여주는 영상의 수준은 그 기대에 미치지 못했다. 나는 다큐멘터리의 목적이 '유익한 정보를 영상과 음성 수단을 이용해 시청자에게 짧은 시간 동안 효과적으로 전달함'에 있다고 본다. 잘 만든 다큐멘터리는 영상을 보지 않고 음성으로만 듣더라도, 반대로 영상만 보고 음성은 듣지 않더라도 정보 전달이 이루어져야 된다. 〈위대한 인도〉는 과도한 AI 기술의 적용으로 인해 영상의 집중도를 저해하여, 궁극적으로 시청자에게 유익한 정보를 효과적으로 전달하지 못했다. 또한 생성형 AI는 프리젠터에 비해 중심적인 역할을 하지 못하고 보조적 수단에 머무르며, 프리젠터의 주도적 진행을 거드는 설명 수단으로 활용됐을 뿐이다.

하지만 〈위대한 인도〉는 다큐멘터리 분야에 AI가 활용될 수 있다는 가능성을 열었을 뿐만 아니라 효과적인 AI 활용의 방향성까지 제시했다. 기존 다큐멘터리에서 볼 수 없었던 사망한 역사적 인물의 영상과 음성의 재현, 유물 움직임의 동적 표현을 성공적으로 이루어냈다. 3부작 프로그램이 가진 시간적, 예산의 한계에도 불구하고 새로운 분야를 개척하는 혁신을 이루었다. 현재의 생성형 AI 기술이 더 발전하고 이를 활용하는 방송인들의 노력이 더해진다면 다큐멘터리 제작의 생산성을 제고함과 동시에 시청자의 효익과 권익 향상까지 이끌어낼 수 있을 것이다. 🔟

결혼하지 않을 사람들

MBC 〈오은영 리포트: 결혼지옥〉

김태훈

시놉시스

보이지 않는 걸 명중하라는 아내 vs 이렇게 잘 보이는 걸 일부러 안 맞추고 있는 남편. 남편은 "아내가 원하는 게 무엇인지 알면 다 맞춰줄 수 있는데 도대체 뭘 원하는 건지 모르겠다"라고 하는 반면, 아내는 "이미 수없이 말했는데 뭘 더 어떻게 말해달라는 건지 모르겠다"라고 일갈한다. 긴 세월 부부를 괴롭혀온 이 접점 없는 갈등은 해소될 수 있을까.

불거지는 고성에 경찰까지 부르는 싸움은 어제오늘 일이 아니다. 급기야 법원에 이혼 소송을 제기한 남편. 이혼할 생각은 없지만 재판으로 누구의 잘못인지를 가려보려 했다고 한다. 최근 재판이 끝났고 부부는 현재 법적으로 이혼 상태가 됐지만 여전히 네 탓을 하는 상황은 변함이 없다. 이 외에도 존중받지 못하는 개인, 소원하다 못해 단절된 관계, 기승전 돈 돈

돈, 대가성 부부 관계 등 사례는 무궁무진하다. 각 부부는 처음 사랑하던 때처럼 행복할 수 있을까?[1]

들어가며: 나도 사실 좋은 사람 만나고 싶어

인간의 희로애락애오욕(喜怒哀樂愛惡慾)을 가장 입체적으로 드러내는 것이 바로 결혼 생활 아닐까? 기쁨, 노여움, 슬픔, 즐거움, 사랑, 미움, 욕심이 여지없이 드러난다. 멀리서 보면 희극이고, 가까이서 보면 비극인 경우도 주변에서 왕왕 들린다. 원래 남의 연애만큼 재미있는 소재도 없지 않은가. 사실 주변까지 갈 것도 없다. 나의 연애만큼 제 머리 못 깎는 일도 없으니까 말이다.

누구나 한 번쯤 사랑에 울고 웃는다. 누구나 한 번쯤은 결혼을 결심한다. 그때 그 결심을 하지 않았어야 했다고 후회하더라도 말이다. 결혼은 '판단력' 부족, 이혼은 '인내력' 부족, 재혼은 '기억력' 부족이라는 우스갯소리는 이제 현자의 통찰로 통용된다. 동시에 알콩달콩한 커플의 모습을 볼 때면 누리꾼들은 "세금 더 내라", "구속해라", "부모의 빚까지 갚아야 한다"며 부러움을 표한다.

낮은 주관적 계층 인식, 경쟁에 대한 피로감, 부모와의 관계 혹은 부모 간의 관계 경험은 청년들의 결혼 의향을 저하한다.[2] 하지만, 상황이 좋지 않을수록 함께 의지할 배우자를 만나 행복을 추구하고 싶다는 희망은 여

---

1   유튜브의 <오은영 리포트: 결혼지옥> 소개 글을 필자가 수정·편집한 문장이다. '오은영리포트 결혼지옥' 유튜브 채널, https://www.youtube.com/@MBC_Ohreport/community(검색일: 2024.9.3).
2   "'우리 결혼 안 합니다' 생애 모델을 거부하는 사람들", ≪시사IN≫, 2023년 3월 15일 자.

전히 살아 있다. 미혼 남녀 중 61.0%는 결혼 의향이 있다.[3] 그렇지만 굳게 닫힌 댓글 창을 보면, 한 번 더 조심스럽다. 몇십만 회를 가뿐히 넘기는 결혼과 이혼에 대한 콘텐츠는 이를 방증한다.

이러한 상황에서 청소년·청년 세대에게 〈오은영 리포트: 결혼지옥〉(이하 〈결혼지옥〉)이 지니는 역할은 제작진이 소개하는 '리얼 토크멘터리' 이상이다. 일종의 '퓨처 토크멘터리'가 적합할 것이다. '결혼지옥'은 미래 세대에게 '결혼'하면 지옥이 떠오르는 조건 반사적 인식을 가지게 할 것인가, 아니면 누구에게나 발생할 수 있는 상황을 함께 분석함으로써 개개인의 성숙함을 도모할 것인가? 나아가, 이 선택은 개개인의 문제에 국한되지 않는다. 우리 사회가 결혼이라는 제도를 어떻게 대해야 하는지에 대한 중대한 존재론적 질문을 던진다. 이 글에서는 〈결혼지옥〉이 어떠한 가능성과 한계를 보였는지 탐색하고, 대안을 제시하고자 한다.

'결혼지옥'의 가능성: 심연에서 피는 꽃

'심연에서 피는 꽃'은 인간의 내면 깊숙한 곳에서 발견되는 진정한 가치, 아름다움, 혹은 잠재된 능력을 의미한다. 개인이 자기 내면을 깊이 들여다보고, 그 속에서 긍정적으로 변화하는 과정을 뜻한다. 〈결혼지옥〉의 사례는 심연의 꽃을 피우기에는 최적의 조건이다. 모든 부부의 사례가 하나같이 만만한 것이 없다. 다행히 악마는 디테일에 있지만, 디테일에는 신의 흔적도 공존한다. 동시에 인간은 망각의 동물이지만, 배움의 동물이기도 하다.

---

3   저출산고령사회위원회, 「2024년 결혼·출산·양육 인식조사 결과 발표」(저출산고령사회위원회 보도자료, 2024.5.3).

향기롭게 만개하는 인동초처럼

갈등은 일상 속 숨 쉬듯 일어나는 우리 삶의 일부다. 갈등은 칡(葛)과 등나무(藤)를 의미하는 단어다. 칡과 등나무는 각자 존재할 때는 괜찮은 의미와 쓰임새를 갖고 있으나 서로 엉키면 대책 불능이다.[4] 하지만, 지성을 겸비한 인간은 성찰함으로써 대책을 세울 수 있다. 〈결혼지옥〉을 통해 접하는 갈등은 남의 일로만 치부할 수 없다. 정도의 차이가 있을 뿐, 누구한테나 발생할 수 있는 사례다.

인생은 늘 실전이다. 직접 부딪치기 전까지는 잘 실감나지 않는다. 〈결혼지옥〉에서는 의도나 맥락과 다르게, 꽂히는 특정 단어가 상대의 방어기제를 자극해 불꽃같은 갈등이 발생하는 사례가 있다. 배우자의 짜증 섞인 평소 말투는 아이에게 그대로 전이되는 모습을 보인다. 설상가상 아이의 발달에도 부정적인 영향을 끼친다. 이러한 결혼 생활이 펼쳐질 것이라고 예상하거나, 원하는 부부는 없을 것이다. 그러다 현실이 되어버리면, 이를 고통스럽게 인정하고 감내해야만 한다.

우리는 〈결혼지옥〉 출연을 결심한 부부들 덕분에 부부 갈등이 일상적이라는 사실을 좀 더 입체적으로 받아들이게 된다. 출연한 부부들처럼 문제를 숨기거나 부끄러워하지 않고, 이를 해결할 의지를 가지게 된다. 당사자 부부들도 자신의 문제가 비정상적이지 않다는 점을 좀 더 쉽게 받아들일 수 있게 한다. 일종의 메타 인지가 가능해진다. 다양한 갈등을 집중적으로 조명함으로써, 시청자들은 자신이 처한 상황을 객관적으로 바라볼 수 있다. 나아가 문제를 대비하거나, 해결할 동기를 얻게 된다.

갈등을 해결하기 위한 첫걸음은 서로를 이해하는 데 있다. 〈결혼지옥〉

---

4   "갈등(葛藤)의 어원을 아시나요?" ≪현대불교≫, 2011년 11월 26일 자, https://buly.kr/FhMA8kp(검색일: 2024.9.3).

에서 보여준 사례들처럼, 대화가 단절된 상태에서는 갈등이 더욱 악화될 수밖에 없다. 또한 모든 갈등은 스스로 해결되지 않는다. 때로는 전문가의 조언과 중재가 필요하다. 〈결혼지옥〉에서는 전문가가 부부들에게 실질적인 조언을 제공한다. 전문가의 조언과 당사자 부부의 노력이 더욱 끈끈한 가족 관계로 이어지는 모습도 볼 수 있다. 이렇듯 갈등은 피할 수 없는 삶의 일부지만, 어떻게 다루느냐에 따라 성장의 기회가 되기도 한다.

얼굴에 비치는 신의 흔적

인간이 살아가는 데 있어 진정한 삶을 가능하게 하는 것은 다른 사람과의 만남이다.[5] 이 만남은 자신 안에 갇혀 머무르려는 경향을 넘어서는 사건이다. 만남의 과정에서 우리는 서로의 얼굴을 본다. 찡그린, 붉으락푸르락한, 눈망울이 촉촉한, 때로는 싸늘한 표정과 마주한다. 그렇다고 늘 살얼음판 위처럼 불안정한 것은 아니다. 햇살을 머금은 미소, 눈가에 가득한 눈주름, 호탕한 큰 웃음도 함께 한다. 상대가 웃으면 나 또한 좋지 아니한가. 이렇듯 타자의 얼굴은 자기 자신을 내보이는 방식을 취한다.[6] 자신을 알아달라고, 나아가 도와달라고 말이다.

대개 인간관계는 대칭적이어야 한다고 인식된다. 특히 가까울수록 대등하게 인정되어야 바람직하다고 여겨진다. 하지만, 관계는 철저히 비대칭적이다. 권한, 권위, 권력을 의미하는 것이 아니다. 이러한 관계는 책임성이 없다. 오히려 비대칭적 관계에서 우리는 신의 흔적을 볼 수 있다. 비

---

5   방연상, 『우분투, 함께 사는 세상을 향하여』(서울: 한들, 2013).

6   에마뉘엘 레비나스(Emmanuel Levinas), 『윤리와 무한』, 양명수 옮김(서울: 다산글방, 2000).

대칭적 관계에서는 섬김에 대한 책무가 있다. 나에게 도움을 청하는 사람을 섬기라는 것이다. 보상 없이 말이다. 부부관계도 마찬가지다. 결혼 생활에서 나타나는 역동적인 상호 작용은 단순히 개인적인 욕구 충족 혹은 소유의 문제를 넘어, 배우자를 향한 무한한 책임과 배려로 구성된 윤리적 관계인 것이다.

문제는 같음을 강요할 때 발생한다. 상대도 나와 같아야 한다고 생각하는 것이다. 내 생각에 맞추라고 소리칠 때 주체성의 폭력이 발생한다. 무한성으로 나아갈 가능성을 파괴한다. 하지만, 인간의 주체성은 내가 아닌 다른 사람을 만나는 과정에서 생성된다.[7] 대화 없이 주체성의 폭력이 난무할 때 결혼은 미친 짓을 넘어 지옥이 된다. 그렇기에 다른 사람의 도움을 받아서라도 새로운 존재로 변모해야만 한다. 〈결혼지옥〉에 출연한 부부들은 어떤 얼굴을 하고 있었을까? 배우자의 얼굴에서 신의 흔적을 찾을 수 있도록 도움받길 바란다.

반드시 나아가야만 하는 길

우리 사회는 갈등 공화국이 된 지 오래다. 세대, 정치, 젠더, 계층 등 무수한 갈등이 극단으로 치닫고 있다. 이러한 갈등은 미시적인 개인의 문제일까, 거시적인 구조의 문제일까, 아니면 개인과 구조 간의 문제일까? 결혼도 마찬가지다. 〈결혼지옥〉은 누구에게나 일어날 수 있는 갈등의 문제를 결혼 그 자체로 환원한다는 오해를 불러일으킨다. 성 역할 기대, 사회·경제적 압박, 가족 구성원 간 우선순위 충돌 등 결혼 생활에서 발생하는 개인과 사회

---

7   김상봉, 『서로주체성의 이념』(서울: 길, 2014).

구조 간의 미시적이고 역동적인 권력관계는 사장된 채, 개개인의 결함이나 결혼 실패라는 결과로 축소된다.

희생양 메커니즘

고대에는 천지가 진동하는 자연현상을 목격하면 신께 희생양을 바쳤다. 인간이 감히 제어할 수 없고, 지도자는 구성원의 불만을 제기받기에 희생양의 피로 신께 간청한 것이다. 희생양 메커니즘이란 "폭력적 성향의 집단적 전이 현상으로서, 공동체가 갈등으로 인해 와해될 위기에 처하게 될 때 이를 해소하기 위한 방안으로 서로에 대한 증오심을 힘없는 개인이나 소수집단에게 쏟아부어 공동체 내부의 긴장과 불만을 해결하는 방식"이다.[8] 이러한 메커니즘은 〈결혼지옥〉을 매개로 현대 사회의 결혼에도 적용된다.

희생양 메커니즘은 다양한 집단에 부정적으로 작용한다. 〈결혼지옥〉의 사례를 보며 사람들은 쉽게 비난하고, 돌을 던진다. 방송의 취지가 정당하고, 소정의 성과를 가져온다고 하더라도 부족하다. 언제든 자극적인 갈등 소재로 반복될 악순환의 가능성을 내포하기 때문이다. 결혼을 경험하지 않은 청년들에게는 결혼에 대한 회의적인 시각을 각인한다. 갈등의 희생양이 된 부부들은 결혼의 부정적 이미지 형성에 기여하게 된다. 이미 결혼한 부부들에게는 지금 겪는 갈등이 무척 해결하기 어렵다는 것을 기정사실화할 수도 있다. 갈등에서 드러나는 얼굴을 통해 신의 흔적을 발견할 가능성을 차단하고 마는 것이다.

나아가, 결혼을 희생양으로 하는 메커니즘은 공영방송의 책무에 중대

---

8   이종원, 「희생양 메커니즘과 폭력의 윤리적 문제: 르네 지라르의 모방이론과 희생양 메커니즘을 중심으로」, ≪철학탐구≫, 40집(2015), 273~301쪽.

한 질문을 던진다. 공영방송은 국민에게 행복을 모방하도록 할 것인가, 갈등으로부터 더 나은 존재로 변모할 가능성을 무작정 회피하게 할 것인가? 밝은 모습만 상상하도록 자극하며, 어두운 모습은 철저히 숨기라는 것은 아니다. 오히려, 적극적으로 균형을 맞추어야 한다고 주문하는 것이다. 행복한 결혼 생활을 영위하고 싶다는 욕망은 인간이 자연스럽게 갖는 본성이다. 불행을 회피하고자 하는 모습도 마찬가지다. 〈결혼지옥〉은 미래 세대에게 어떠한 미래 인식을 심어주는가?

용기 내기와 용서하기

옛말에 "열 길 물속은 알아도 한 길 사람 속은 모른다"라고 했다. 무한성과 불확실성을 동시에 내포한 존재가 바로 사람이다. 결혼은 이러한 두 존재가 동반자로 살아가는 과정이다. 〈결혼지옥〉이 개개인의 환경을 더 낫게 만들 수는 없다. 다만 서로의 입장과 감정을 이해하고, 어떻게 표현해야 하는지 소통의 구체적인 방법을 제시한다. 이를 통해 개선된 결혼 생활을 시청자와 공유한다. 이 과정에서 용서와 용기가 작동한다.

용서는 유한한 인간의 한계를 인정하는 과정이다. 너와 나의 연결고리를 좀 더 넓고, 끈끈하게 만들어가는 여정이다. 이해를 위한 노정이기도 하다. 우리가 인간의 한계를 인정할 때, 비로소 상처를 넘어 용서의 메커니즘이 작동한다. 이 메커니즘에서 기억은 무척 중요하다. 기억은 용서하는 사람과 용서받는 사람이 같은 실수를 반복하지 않도록 해주는 시금석이 된다. 용서는 과거의 상처를 주던 삶의 방식으로부터 단절함을 선언한다. 상처를 딛고 새로운 미래를 지향하게 한다. 미래는 불확실하지만, 우리는 용서로부터 나아간다.

상처받은 혹은 상처를 준 과거로부터 단절하는 일은 용기가 필요하다. 용기는 두려움과 대담함 사이에 있다. 용기는 마땅히 두려워해야 할 것을 두려워하면서도, 끊임없이 견뎌낼 수 있는 대담함이다.[9] 진짜 용기는 두려움과 대담함을 다루며 진정성을 드러낸다. 자신의 행동이 미칠 영향을 고려해 사려 깊이 생각한다. 처음부터 모든 것을 용서하는 용기를 발휘할 수는 없다. 그보다는 조금씩 용서라는 행위를 하다 보면, 진짜 용서할 수 있는 용기가 쌓여간다. 그렇게 자기 자신을 변형해 나간다.

〈결혼지옥〉의 사례는 용기와 용서를 찾아보기 어렵다. 흔한 사회생활뿐만 아니라, 결혼 생활도 마찬가지일지도 모른다. 그렇지만, 미생에서 완생으로 거듭나는 과정만큼 매력적인 서사가 있을까? 이러한 서사에는 공감과 감동이 있다. 개개인의 좋은 결혼 관계 구축과 사회적 인정이 있다. 댓글 창을 막지 않아도 된다. 공영방송이 문제 그 자체보다, 결혼에 대한 인식을 다양하게 받아들이고 스스로 선택할 수 있도록 문제를 해결하는 과정과 긍정적인 변화를 강조했으면 한다. 적어도 결혼이 수많은 국가적 문제와 직결되어 있다는 점을 상기한다면 더욱 그랬으면 한다.

나가며: 사랑에 기반한 삶의 공유

〈결혼지옥〉이 균형 잡힌 사례를 발굴해 주었으면 한다. 공영방송이 취해야 할 적절한 균형점은 사례의 선정에 있다. 극단적이지도 무조건 긍정적이지도 않지만, 결혼의 건강한 미숫가루 같은 측면을 보여줄 수 있는 사례가 중요하다. 또는 국제결혼 부부 혹은 자녀 계획이 없는 부부처럼 폭넓은 현실

---

9   아리스토텔레스, 『니코마코스 윤리학』, 이창우·김재홍·강상진 옮김(서울: 이제이북스, 2006).

을 반영하는 것도 고려할 수 있다. 결혼은 개인적 선택이다. 다만, 공영방송은 결혼을 둘러싼 사회적 담론을 형성하는 데 중요한 역할을 한다. 따라서 건설적이며 균형 잡힌 서사를 통해 결혼이 단순히 갈등이 아닌, 성장과 협력의 장이라는 점을 부각하길 바란다.

고정된 무언가가 '배치'를 통해 어떤 것을 추가하거나 빼는 것만으로도 전혀 다른 결혼 인식을 구축할 수 있다. 배치에 따라서 개개인의 희망이 변형될 수 있는 것이다. 〈결혼지옥〉의 포맷과 연출은 그만큼 무한한 가능성과 책임을 지닌다. 방송은 어떤 방송을 송출하느냐에 따라 시청자들이 갈구하는 바를 유도할 수 있다. 그렇기에 그 책임이 막중하다. 지지고 볶아도 좋다. 다만 희망을 품은 균형 잡힌 콘텐츠를 제공한다면, 국민도 결혼에 대한 부정적 선입견을 강화하지 않을 것이다. 나아가, 삶을 공유함으로써 사랑이 부족한 우리 사회를 따뜻하게 채워줄 수 있을 것이다. 🏠

가급적 돈보다는 사랑으로 채워지길

김하민

시민을 구하지 않는 초능력자라니

현실에 과연 흔히 초능력자라고 부르는 사람이 존재할까? 하늘을 난다거나 속마음을 읽는다거나 힘이 특출나게 세다거나 하는 사람들 말이다. 고전 소설부터 현대의 소설책, 드라마와 영화에 지속적으로 등장하는 이야기 소재인 초능력은 사람들의 호기심을 꾸준하게 자극한다. 그리고 그 이야기들 속 초능력자 인물들은 항상 남을 돕는다. 사람들은 보통 초능력자가 등장하는 이야기를 접하면 처음에는 능력이 뭘까, 어떤 멋지고 끝내주는 연출로 초능력들을 보여줄까, 어떤 위험과 악당의 위협에 맞서 시민들을 구하고 평화적인 결말을 맺을까 등의 생각을 먼저 할 것이다. 처음에 〈히어로는 아닙니다만〉이라는 드라마에서 초능력이 나온다고 얼핏 들었을 때 어떤 초능력일까, 초능력을 다루는 인물이 이야기 끝에 얻게 될 가치는 무엇일까에 대한 생각이 먼저 떠올랐다. 그러나 '히어로는 아닙니다만'이라는 제목처럼 이 드라마는 '히어로', 즉 시민들을 구하고 추앙받는 영웅의 영웅전 같은 이야기는 아니었다. 오히려 아픔을 가진 사람들의 치유 과정을 그린 드라마였다.

드라마 〈힘쎈 여자 도봉순〉에서 엄청난 물리적 힘을 물려받은 주인공 '도봉순'(박보영 분)은 기업 대표의 경호원으로 고용되면서 그를 그의 경쟁자로부터 지켜나간다. 다른 드라마 〈힙하게〉의 주인공인 '봉예분'(한지민 분)도 자신의 사이코메트리 능력을 이용해 범죄 사건을 해결해 나간다. 이처럼 초능력을 지닌 인물들이 등장하는 이야기에서 그들은 자신의 능력을 언제나 다른 사람들을 돕는 데 사용한다. 그리고 도움을 주는 행위를 함으로써 얻게 되는 평화나 사랑 등의 결과는 초능력을 소재로 한 드라마의 흔한 주제이자 목적지다. 그 대신에 드라마 〈히어로는 아닙니다만〉은 조금 더 좁은 범위인 가족에 집중한다.

그저 '가족의 따뜻함'이라는 주제만을 가지고 사이가 좋지 않은 가족이었지만 특정 사건을 계기로 좋아졌다는, 이런 평범한 방식의 스토리 전개는 너무 뻔하고 일차원적이다. 그리고 가족 관련 이야기는 잘못 풀어나가면 자칫 어색하거나 오글거려 시청자에게 거부감을 일으킬 수 있다. 〈히어로는 아닙니다만〉은 시청자들이 충분한 호기심과 관심을 가질 만한 요소인 초능력을 이야기에 적용함으로써 자신의 주제를 풀어나간다. 그러나 〈히어로는 아닙니다만〉은 초능력을 가진 인물들이 시민을 구하고, 사랑하는 사람을 멋지게 구해내는 그런 흔한 영웅 이야기가 아니다. 그보다는 초능력을 잃은 초능력자들이 자신들의 능력을 되찾아 나가는 과정을 그려낸다. 이 글에서는 앞으로 드라마에 내포된 주된 주제를 시청자들이 발견해 느낄 수 있도록 어떤 상황, 인물의 성격, 시대적 요소를 설정하고 사용했는지 인물들이 겪은 사건들을 살펴보면서 분석해 볼 것이다.

능력을 잃은 초능력 가족의 사연

주인공 중 하나인 '복귀주'(장기용 분)는 행복했던 과거로 대략 20분 동안 돌아갈 수 있는 능력이 있다. 하지만 과거는 온통 흑백으로 보이며 시간 이동으로 되돌아간 과거에서 그는 아무도, 아무것도 만지거나 바꿀 수 없다. 그는 행복했던 과거의 순간이, 다른 사람들에게는 불행한 순간일 수 있다는 것과 그럼에도 아무것도 바꿀 수 없다는 사실을 깨달은 뒤 무력감과 죄책감에 빠지게 되었다. 이런 우울감에서 벗어나기 위해 복귀주는 사람들을 직접 구할 수 있는 소방관을 직업으로 택했다. 소방관으로서 활동하던 중 귀주의 딸인 '복이나'(박소이 분)가 태어났다. 이나가 태어난 날은 분명 행복하고 기쁜 날이었다. 그러나 행복한 날인 동시에 어느 고등학교의 화재 사고에 자기 대신 출동한 소방관 선배가 목숨을 잃은 슬픈 날이기도 했다. 그날이후 귀주는 소방관을 그만둔 채 다시 무력감과 우울증에 빠져 능력을 잃었고 이나에게도 충분한 관심을 쏟지 못하게 되었다. 이에 따라 이나는 가족이 아닌 스마트폰에 의존하게 되었고 스마트폰 중독이 되어버린다. 이나는 원래 사람의 눈을 보면 속마음을 알 수 있는 능력이 있었지만 자신의 엄마가 이 능력 때문에 죽었다고 생각해 안경을 끼며 사람들의 마음을 읽는 것을 피해 왔다. 귀주의 누나인 '복동희(수현 분)'는 하늘을 나는 능력이 있었다. 그녀는 한때 잘나가는 모델이었다. 하지만 먹성이 좋은 동희는 모델 은퇴 후 쉽게 살이 쪘고 고도비만으로 인해 그녀의 능력은 사라졌다.

　이처럼 복씨 가족 사람들은 각자의 아픔과 고민, 상황 때문에 현대인의 질병이라고 할 수 있는 우울증, 비만, 스마트폰 중독에 시달려 능력을 발휘하지 못하게 되었다. 현대인들한테서 드물지 않게 찾아볼 수 있는 '질병'에 걸린 초능력자라는 상황을 설정한 의도는 무엇일까. 확실한 건 초능력이 이야기의 중심이 아니라는 점이다. 자칫하면 초능력이 시청자가 가장 집중하는 관심사가 되어 드라마 전개와 작가가 말하고자 하는 주제의 전달을 방해할 수 있다. 작가는 초능력을 잃어버린 인물을 설정함으로써 이러한 상황을 미리 제거했다. 이로써 초능력과 인물들이 겪는 아픔 이면에 여러 사정과 그것을 아우르는 속 깊은 주제가 있음을 독자들에게 넌지시 알려준다. 시청자들이 단지 외적인 요소인 초능력에만 관심을 갖고 집중할 것을 예상하기라도 한 듯 말이다. 또한 공감을 일으킬 만한 질병을 겪는 초능력자 인물들을 제시함으로써 시청자와의 거리감을 좁히고, 거기에 가족 내에서의 서먹함, 어색함, 불화를 담음으로써 더욱 깊은 몰입이 가능하게 연출했다. 정리하자면, 인물들의 문제는 단지 그들 개인 자체만의 문제 혹은 과거의 일 때문만이 아니다. 이런 병에 걸려 능력을 자유롭게 발현할 수 없는 이유는 따로 있었으며, 전반적인 주제라고 할 수 있는 그 이유는 드라마를 보면 볼수록 점점 명확하게 드러난다.

뒤바뀌어 버린 역할

1화는 목씨 가속이 바닷가 절벽에 있는 장면으로 시작한다. 능력이 사라진 상황에서 실세인 복만흠만 그 사실에 불안해하고 집안의 미래를 걱정한다. 능력이 아예 사라져 집안 대대로 내려오던 능력이 끝나버릴까 두려워하던 만흠은 바다에 뛰어들려고 하지만 남편인 '엄순구'(오만석 분)만 걱정할 뿐 자식들 중 아무도, 심지어 손녀인 이나까지 걱정하기는커녕 본 체도 하지 않는다. 이 장면에서부터 이 가족은 잘못되었단 걸 알 수 있었다. 예전부터 만흠은 대의를 위해 능력을 써야 한다는 귀주의 말을 철없는 소리라며 무시했고 사익을 중요시해 왔으며 자신의 말만 옳다고 믿으면서 살아왔다. 복만흠은 다른 가족 구성원의 목소리를 귀 기울여 듣지 않았고, 그들의 현재 상황과 그런 상황으로 인해 어떤 감정으로 고통받고 있는지를 생각하거나 걱정한 적이 없다. 그저 자식들의 능력이 발현되는 것만이 그녀의 최우선 순위였다. 어쩌면 복씨 집안의 질병 원인은 복만흠의 무관심과 독선일지도 모른다. 초능력은 드라마에서 사람들이 보편적으로 대부분 가치 있다고 여기는 것, 직업, 학력, 돈, 혹은 명예를 상징하는 역할을 한다고 볼 수 있다. 〈히어로는 아닙니다만〉은 그러한 보여주는 경향이 비교적 짙은 가치들에 집착하는 바람에 가족들과의 사이도 멀어지고 가족으로부터 얻어야 할 응원이나 따뜻함이 사라지고 있음을 표현한다. 그리고 귀주가 말한 '대의'라는 것이 공익을 위한, 재난 예방만을 말하는 것이 아니라 본인이 가지고 있는 공감 능력이나 존중감, 주위를 살필 줄 아는 그런 능력을 가족에게 쏟으라는 말로 들리기도 한다.

　피가 섞인 가족이지만 그저 각자의 이익을 위해 모인 집단처럼 보이는 복씨 집안과는 반대로, '도다해'(천우희 분)가 같이 살고 있는 다해의 식구들은 서로 피가 섞이지 않았지만 가족같이 살아가는 집단이다. 이들을 과연 가족이라 말할 수 있을까 싶지만 드라마 공식 사이트에는 '다해 가족'이라 소개되어 있다. 또한 이들은 다함께 밥을 먹고, 각자 살아가면서 맡은 역할에 대한 이야기도 하며 웃음을 나눈다. 그들의 서사와 몇몇 장면을 보면 복씨 가족보다 더 가족 같은 특징이 드러날 때가 있다. 다해는 학생 시절 고등학교 화재 사건으로 오갈 데가 없을 때 '백일홍'(김금순 분)이 그녀를 가족으로 받아들였고, 그 후로부터 백일홍과 다해가 삼촌이라 부르는 '노형태'(최광록 분)와 함께 산다. 거기에다 자칭 여동생인 '그레이스'(류아벨 분)까지. 피가 섞이지 않은, 게다가 채무자의 딸인 다해를 자신의 딸로 거두기는 쉽지는 않을 것이다. 엄청 다정하기보다는 츤데레한 성격에 가깝지만, 백일홍은 다해를 챙기고 걱정하는 모습을 보였다. 그리고 노형태도 겉으로는 거친 사람처럼 보여도 속은 섬세하고 다정한 사람이다. 개개인으로 봤을 때는 괜찮은 사람들인 것 같지만 사실 이 집단은 사기꾼 집단이다. 연민과 동정을 이끌어낼 만한 다해의 사연을 이용해 돈 많은 타깃을 우선 끌어들인 후 결혼을 통해 그들로부터 큰돈을 끌어모으는 것이 그들의 전략이다. 공동의 목표인 돈을 위해 그들은 각자 사기극에서 맡은 역할을 충실히 해낸다. 비록 타인의 돈을 얻기 위한, 비도덕적인 목적이지만 같은 목표를 위해 행동하고 의견을 나누고 그 의견을 존중한다는 점에서 귀주네 가족보다 오히려 더 가족 같다는 생각이 든다. 피가 섞였느냐로는, 즉 눈에 보이는 것만으로는 어떤 한 집단을 진정한 가족이라 부를 수 있는지는 알 수 없다는 뜻이다.

다해네 가족은 복씨 집안의 돈을 노리고 다해를 보내 귀주에게 접근했다. 그러나 다해가 복만흠에게 복씨 집안 사람들의 능력을 회복시킬 구원자 취급을 받고 진짜로 귀주의 능력이 다시 돌아오는 등의, 적어도 복만흠에게만은 기적 같은 일들이 벌어진다. 그리고 다해는 얼마 안 되어서 귀주에게도 구원자가 되었다. 더 이상 과거로 돌아가지 못하고 집 안에만 박혀 술만 마셨던 귀주가 다해의 끊임없는 관심에서 나온 따뜻한 말 덕분에 방안을 치우기 시작하고, 운동을 하고, 요리를 하기 시작했다. 돈을 뜯어낼 목적으로 귀주에게 접근한 다해지만 본래 의도와는 반대로 치유의 역할을 하게 된다. 이런 과정에서 다해도 자신의 트라우마를 귀주에게 털어놓으며 서로의 진실한 속마음을 나누게 되었고, 서로가 서로를 치유하는 관계가 되었다. 여태 남에게 해를 끼칠 목적으로 접근한 경우가 오히려 득을 준 경우가 있었던가. 사랑 없이 다가갔지만 결국에는 사랑에 빠진 경우는 본 적이 있어도 이렇게 사기꾼이 사기 대상에게 큰 이익과 감정적 변화를 주게 되는 이야기는 처음이다. 가족이 가족 구성원을 보듬어주고 문젯거리를 해결하는 일반적인 드라마 속 문제 해결 과정과는 다르게 오히려 사기꾼이 해결해 주는 상황이라니. 귀주네 집안과 같은 상황의 가족들이 현대에 있을 것이고, 시청자들이 스스로를 돌아보도록 이끄는 역할을 이 드라마는 수행한다. 가족조차 주지 못하는 온기와 공감을 주는 다해를 등장시킴으로써 시청자들에게 위로를 건네주기도 하는 듯하다. 또한 사랑이 있으면 서로의 아픔뿐만 아니라 주변 사람들의 아픔을 보듬어주고, 지나쳤던 소중한 가치들을 되새기고 깨닫게 될 수 있다는 점을 전한다.

첫인상과 현 인상의 차이

〈히어로는 아닙니다만〉을 보면 두 가지 반전이라고도, 또는 선입견을 건드린다고도 말할 수 있는 부분이 있다. 우선 초능력과 관련된 부분이다. 제목에서도 알 수 있다시피 초능력을 가진 인물들이 등장하지만 이들은 전혀 영웅으로서 활동하지 않는다. 제목을 처음 봤을 때 비록 제목이 히어로가 아니라고 말하고 있지만 어떠한 사건을 계기로 누구에게든 영웅이 될 거라고 생각했던 나의 섣부른 판단과는 달리, 등장인물들은 자기 자신을 본인들조차 감당하기 어려워하고 있었고 그들 나름의 고통과 고민에 빠져 남을 구할 처지가 아니었다. 게다가 다른 작품과는 달리 끝까지 자신들의 능력을 세상에 밝히지 않았다. 두 번째로 돈에 대해서는 항상 칼 같은 백일홍의 모습과 언제나 냉정하고 정 없어 보이는 태도를 보고서, 이 사람은 귀주와 다해가 사랑에 빠져도 돈만 바라보고 그들의 행복을 결국에는 막지 않을까 싶었다. 그러나 이야기가 전개될수록 어쩌면 다해를 그녀의 딸로서 데려왔을 때부터 보기와는 다르게 따뜻한 사람이지 않을까 생각하는 나 자신을 발견할 수 있었다. 게다가 무심하고 차가운 듯하지만 다해에게 그런 자신이라도 엄마라고 불러줘 고맙다고 말하는 장면을 보면, 또한 지금껏 다해에게 엄마로 불리는 모습을 보면 일홍이 다해에게 가족처럼 잘해줬다는 것을 알 수 있었다. 돈이 세상에서 제일 중요한 사기꾼이 다해와 함께하면서, 엄마라고 불리면서 가족의 온기를 느꼈던 것이다. 다해의 개입으로 복씨 집안과 백일홍은 모두 사랑과 건강을 찾게 되었다. 어렸을 적 부모에게 사랑을 받지 못하고 불우한 생활을 했던 다해가 커서는 사랑을 전파하는 사람이 되었다.

초능력 가족이 등장하지만 초능력이 이야기의 중심이 되지 않고, 사기꾼이 돈을 목적으로 접근하지만 타 가족 속에서 치유력을 전한다. 그리고 가족의 아픔보다 피상적인 가치(초능력)를 더 중요시하고 그에 집착하는 가족 구성원(복만흠)의 성격과, 그로 인해 다른 구성원들(복귀주, 복동희, 복이나)이 현대인들의 질병인 우울증과 비만, 스마트폰 중독을 앓는 상황, 그리고 이렇게 아프고 위태로운 사람들을 상대로 가족 구성원이 되레 전략의 사기를 치려하지만 결국에는 진짜 가족이 되면서 본래 의도와는 다르게 서로 스며들게 되는 상황 ……. 서로를 감정적으로 보듬어주고 온기를 나누는 과정은 사람을 그 자체로서 아끼는 마음, 지속적인 관심과 진심 어린 위로가 사회에 필요함을 시사한다. 그저 함께한다는 것에서부터 오는 행복과 사람 간의 따뜻함을 깨달아가는 과정을 초능력이라는 소재를 통해 흥미롭고 마음 따뜻하게 풀어나간다.

숨어버린 사랑을 찾아서

초능력이라는 소재를 사랑의 치유라는 주제를 전달하기 위해서 활용하는 방식은 주목할 만하다. 재밌는 소재로 현대의 시청자들이 공감할 만한 이야기를 풀어나가면서 이야기 속에 숨어 있는 사랑을 시청자들이 발견하고 느끼는 과정은 등장인물들이 사랑을 깨달아가는 과정을 함께 걸어가는 듯한 느낌을 준다. 또한 두 가족의 대비를 통해 현대에 가족으로서의 역할을 해내지 못하는 가족을 표현하고, 그럼에도 피가 섞이지는 않았지만 서로에게 용기를 주고 온기를 주는 사람들이 있다는 점을 이야기하면서 희망을 전달한다. 그러나 이 희망이 과연 사람들에게 진심으로 다가올까 하는 의심이 들기도 했다. 세상에는 이런 사람들보다는 그렇지 않은 사람들의 수가 더 많을 테니까 말이다. 그렇지만 한편으로는 다해가 접근한 이후에 새로운 사건들을 겪으면서 복만흠이 스스로 무언가를 깨닫고 변하는 모습을 보여줌으로써 다른 사람들도 충분히 상대가 긍정적으로 받아들이는 배려를 줄 수 있다는 희망의 메시지를 전하려는 의도를 발견할 수 있었다.

드라마 초반, 복만흠을 포함해 복씨 가족은 한 군데씩 고장이 난 상태였다. 1화에서 복만흠이 도다해에게 마사지를 받으면서 했던 말이 있다.

"손끝에서 특별한 기운이 느껴져. 우리 가족한테는 없는 거, 건강. 그래 건강. 우리 가족한테 무엇보다 필요한 거."

복만흠은 정확히 알고 있었다. 복씨 가족한테는 당시 정신적인 건강이 없었다. 그렇기 때문에 그것의 결과로 초능력이 사라졌던 것이다. 복만흠은 정신적, 정서적 건강보다 자신의 예지몽과 가족의 능력 발현이 더 중요한 인물이었다. 다해는 복만흠에게 마사지를 해주면서 비록 수면제를 탄 것이지만, 불면증을 앓고 있던 그녀에게 깊은 잠을 선물하는 것에서부터 시작해 귀주에게는 사랑을 주었고 이나에게는 속마음을 털어놓을 수 있는 친구가 되어주면서 그들을 하나씩 치료해 나갔다. 그레이스는 복동희와 가깝게 지내면서 다이어트를 옆에서 도왔고 결과적으로는 동희의 초능력 회복을 도왔다. 또한 동희를 아무 도움도 안 되는 약혼자에게서 벗어나 독립할 수 있도록 도와주면서 그녀의 건강도 되찾아 나갔다. 물질적이고 외부적인 요소가 그들로부터 제거되어서야 비로소 보이고 느껴지는 사랑과 관심의 중요성을 귀주와 다해의 사랑, 그리고 진정으로 동희를 생각하는 그레이스의 관심으로 시청자들에게 전달한다. 가족이지만 그 역할을 제대로 하지 못하는 가족과 가족이 아니지만 가족인 가족, 그리고 사기꾼이 치유의 역할을 하게 되는 상황, 외모와는 다르게 여린 마음을 지닌 인물 등의 설정들을 통해 명칭만으로, 피상적으로 보이는 것만으로는 본질을 파악할 수는 없다는 메시지를 전달한다. 시청자가 이런 작품을 접함으로써 만약 본인과 주변을 돌아보는 여유와 존중의 태도를 조금이라도 성찰해 보고 가지게 된다면 드라마의 의미가 더 뜻깊어질 것 같다. 드라마에서 나타나는 '현대인의 질병'이 주변에는 안 보여서 잘 몰랐을 수 있겠지만, 병을 겪는 당사자에게는 그것이 너무나도 뚜렷해서 더욱더 날카로운 아픔일 수도 있으니 말이다. 📺

당신들의 삼달리

드라마 〈웰컴투 삼달리〉

남예은

도망친다고 달라지는 게 아니야,
결국 다시 돌아와서 맞닥뜨려야 해

드라마 〈웰컴투 삼달리〉는 오해와 불신 그리고 거짓말로 인해 몰락했던 주인공 조삼달(신혜선 분)이 고향으로 돌아와 펼쳐가는 이야기다. 이 이야기는 현대 사회가 잊었던 중요한 가치를 다시 비추고 있다고 생각한다. 화려한 도시 생활 속에서 점차 소외되고 각박해져 가는 인간관계와 개인의 정체성 문제를 다루며, 삼달리라는 작은 마을을 배경으로 삶의 본질을 담아낸다.

이 드라마는 주인공의 고향인 제주도에서 잃어버린 자신의 뿌리를 찾고, 공동체의 소중함을 깨닫는 여정을 그리며, 자연과 인간의 조화를 통해 현대인들에게 잃어버린 가치들을 상기시킨다. 특히 주인공 조삼달뿐만 아니라 그 주변의 인물들이 자신의 과거와 화해하며 성장하는 과정은 진정한 자기 발견을 드러낸다. 그냥 로맨스 드라마라고 생각할 수 있는 이 드라마는 잔잔하고 나긋하게 소박한 마을 생활을 통해 삶의 진정한 행복을 다시금 생각하게 한다.

이 시대를 살아가는 청년들과 사람들은 실상 가진 것들을 잃지 않기 위해 아슬아슬 오늘도 가쁜 숨을 참으며 하늘을 오르는 용과 같다. 〈웰컴투 삼달리〉는 이러한 청춘들에게 "욕심내지 말고 나의 숨만큼만 버티라고, 그리고 더 버틸 수 없을 땐, 시작했던 물 위로 올라와 숨을 고르라"는 해녀들의 가르침을 전한다. 정신없는 세상에 휩쓸려가면서도 자신을 잃지 않기 위해 고군분투했던 그들의 숨 고르기를 통해 어디에서 위로 받기도, 징징대기도 모호한 청춘들을 응원하는 것, 그리고 다시 일어나 세상과 또 한 번 '맞짱' 뜨려는, 청춘보다 더 뜨겁고 처절한 그들을 위한 작품이다.[1]

귀향 그리고 나의 발견

타지에서 오랜 세월 산 사람에게 가장 그리운 곳은 어디인가? 대개 고향이지 않을까 생각한다. 〈웰컴투 삼달리〉는 주인공 조삼달이 고향 삼달리로 돌아오며 시작된다. 귀향이라는 행위는 단순히 물리적인 장소의 이동을 넘어서, 주인공이 자신의 내면과 삶을 다시 마주하고 재발견하는 과정을 상징한다. 드라마가 쭉 전개되면서 알 수 있지만 조삼달에게 제주도는 오고 싶었던 그립고 따뜻한 공간은 아니다. 피하고 싶었고, 도망치듯 도시로 올라갔다고 말할 만큼 지긋지긋한 배경으로 그려진다. 그렇게 피하듯 제주를

---

[1] "'웰컴투 삼달리' 차영훈 감독 × 권혜주 작가, 또 한 번 사람다운 온정 전파한다", ≪라이브엔≫, 2023년 11월 20일 자, http://www.liveen.co.kr/news/articleView.html?idxno=310571(검색일: 2024.9.8).

떠나 정착한 도시에서는 이름을 알리고 유명세를 타지만, 각박하고 잔인해진 현실에서 주인공은 타인의 거짓말로 몰락하게 된다.

빠른 속도와 치열한 경쟁이 일상화된 도시 생활은 조삼달에게 소외감을 안겨주고, 자신의 정체성마저 흔들리게 만든다. 충분히 망연자실한 순간, 그녀에게 다가온 몰락은 주인공을 완벽히 자신을 잃게 하고 방황의 길로 이끈다. 이런 상실감 속에서 고향 삼달리는 피난처처럼 다가온다. 고향으로 돌아오는 것은 곧 자신을 잃어버린 상태에서 벗어나, 다시 자신을 찾아가는 과정으로 그려진다.

삼달리는 상징적인 장소다. 자신의 편이 없는 도시와는 다르게 삼달리는 삶의 최저점에서 어느 한 곳에는 자신의 편이 있음을 시사해 주는 그런 곳이다. 자연과 사람들의 따뜻한 유대가 살아 숨 쉬는 이 작은 마을은, 주인공이 잃어버렸던 마음의 평화를 되찾게 하는 공간이다. 고향은 주인공이 자신의 뿌리를 다시 확인하고, 그간의 혼란을 정리하며 앞으로 나아갈 힘을 얻게 하는 오르막길이 된다. 도시에서의 치열한 경쟁과 성공에 대한 압박에서 벗어나, 조삼달은 삼달리에서 스스로를 다시 바라볼 수 있는 여유를 찾는다. 이러한 과정은 자기 발견의 여정을 상징하며, 귀향은 단순한 회귀가 아니라 새로운 출발을 위한 준비로 해석된다.

회복과 성장에서 나의 피나는 상처를 직접 바라보는 것은 피할 수 없다. 〈웰컴투 조삼달〉은 이 중요한 부분을, 주인공이 오르막길을 웃으며 올라가는 것을 완성시켜 준다. 고향을 떠나기 전 그녀가 겪었던 아픔과 상처들이 다시 떠오르며, 이를 직면하고 극복하게 한다. 삼달리로 돌아오지 않았다면 영원히 피하고 싶었을 과거의 문제들을 정면으로 바라보게 되는 것이다. 그 과정에서 주인공은 성숙해지며, 과거의 상처를 치유함으로써 진정한 자기 발견의 여정을 완성해 간다. 고향은 과거의 아픔을 떠올리게 하는 동시에 이를 극복할 수 있는 공간이 된다. 이는 귀향이 단순히 회

피나 도피가 아니라, 자신의 문제를 직면하고 성장하는 기회가 될 수 있음을 보여준다. 결국 〈웰컴투 삼달리〉에서 주인공의 귀향은 자신을 다시 발견하고, 상처와 화해하며, 성장해 가는 중요한 과정으로 그려졌다. 드라마의 배경이 존재 이유를 확실히 한다고 생각한다. 왜 삼달리가 배경이어야 하는지, 어떤 이유로서 삼달리여야만 하는지를 보여준다. 주인공의 성장과 회복이 고향에서 완성된다는 점을 정확히 표현해 주기 때문에 드라마의 완성도가 더 높아졌다고 생각했다. 주인공의 서사가 아무리 탄탄해도 배경이 그 배경이어야만 하는 이유가 정확히 명시되지 않았다면, 시청자들은 지금처럼 몰입하고 집중할 수 없었을 것이다.

너 그리고 나

이 드라마에서 가장 두드러지는 요소 중 하나는 삼달리 마을 주민들이 보여주는 따뜻한 연대와 깊은 유대감이다. 현대 사회가 점차 개인주의적으로 변화하며 사람들 간의 관계가 느슨해지고, 공동체의 의미가 퇴색되는 상황에서 드라마 속 삼달리 마을은 사라져가는 공동체의 가치를 되살린다. 주인공이 도시에서 개인적인 실패와 상실감을 경험한 후 이 작은 마을로 돌아오며, 공동체의 따뜻함 속에서 치유받고 자신을 회복해 가는 과정은 드라마의 핵심 주제 중 하나다.

삼달리의 주민들은 서로를 진심으로 돌보고, 주인공을 따뜻하게 맞이한다. "여기서는 누구나 가족이야"라는 대사는 이 마을 공동체의 정신을 함축적으로 드러낸다. 마을 사람들은 서로에게서 자신을 찾고, 함께 어려움을 극복하는 모습으로 공동체가 지닌 힘을 보여준다. 주인공이 혼란스러운 마음으로 삼달리로 돌아왔을 때 주민들은 그녀를 동정하거나 외면하지 않고, 마치 오래전부터 알고 지냈던 가족처럼 품어준다. 그 속에서 주인공은 자신이 혼자가 아니며, 서로를 돌보는 이웃들과 함께 살아가는 공동체 속에서 소속감을 느낀다. 공동체는 '너'로만 이루어진 것이 아닌 '나'를 포함한 '너와 나'로 이루어져 있다는 것을 보여준다고 생각했다. 너보다 나를, 우리보다 나의 것을 더 찾는 요즘 시대에서 나의 편인 공동체를 주목한 건 시청자들이 이 드라마를 집중하게 하는 중요한 요소가 되었다.

이 과정은 공동체의 힘이 개인에게 미치는 영향을 명확하게 보여준다. 주인공이 삼달리로 돌아와 마을 사람들과 함께하면서, 그녀는 더 이상 외로움 속에 갇혀 있지 않고, 공동체 속에서 자신을 찾는 과정이 가능해진다. 어린 시절 함께 했던 인물과 대화하고 지내면서 주인공은 가장 순수하고 어린 시절 가장 하고 싶었던 것을 다시금 생각하게 된다. 주인공인 조삼달과 삼달리 출신 친구들은 오랜 시간 떨어져 지냈지만, 다시 모이면서 깊은 우정을 회복해 간다. 각자 도시에서 상처받고 실패한 경험을 가지고 돌아왔지만, 마을에서 다시 만나며 그들의 상처도 점차 치유된다. 서로의 약점을 감싸주고 함께 어려움을 이겨내는 모습은 현대 사회에서 잊혀가는 친구 간의 진정한 유대와 연대감을 보여준다.

특히 주인공이 과거의 실패를 인정하며 "난 혼자서 모든 걸 이겨낼 수 없었어"라고 말하는 장면은, 개인적인 성장은 결국 공동체 속에서 이루어질 수 있음을 시사한다. 이처럼 드라마는 친구들과의 관계, 그리고 공동체가 주는 힘을 통해 주인공들이 자기 자신을 다시 발견하고, 인생의 새로운 길을 찾는 과정을 세밀하게 그려내었다. 이로써 잃어버렸던 자기 자신을 되찾기 위한, 가장 중요한 열쇠를 찾게 된다. 이러한 메시지는 현대 사회에서 점차 사라지고 있는 공동체의 중요성을 환기하며, 인간은 결국 혼자가 아니라 함께 살아가야 하는 존재임을 다시금 일깨워 준다.

자연, 그 속의 나

거듭 말하고 있지만 이 드라마는 치유와 회복을 지속적으로 강조하고 있다. 자연과 인간의 조화는 그 중요한 주제 중 하나로, 삼달리의 아름다운 자연환경 역시 단순한 배경을 넘어 주인공의 심리적 치유와 성장을 돕는 요소로 작용한다. 도시의 복잡하고 인공적인 환경에서 지친 주인공이 삼달리로 돌아와 마주한 것은 푸른 바다와 넓은 들판, 그리고 그 속에서 살아가는 사람들의 소박한 삶이다. 삼달리의 자연은 도시의 스트레스와 소외감에서 벗어나 진정한 자신을 되찾게 하는 치유의 공간으로 그려진다. 우리들이 휴가를 떠나러 아름다운 자연을 보러 가는 것과 일맥상통한다고 생각한다. 여름에는 바다를 보러가고, 별이 끝없이 펼쳐진 밤하늘을 바라보러 떠나는 우리의 마음과 동일하게, 주인공은 "여기서는 바람 소리만 들어도 마음이 편해져"라는 대사를 통해 자연이 주는 위안과 평온을 직접적으로 표현한다. 삼달리의 사람들은 자연과 밀접하게 연결된 삶을 살아간다. 제주 하면 바다를 떠올리듯, 제주의 시골인 삼달리에서 이 작품은 '해녀' 그리고 '바다'를 중심으로 이야기를 이끌어 나갔다. 그들은 자연의 흐름에 맞춰 살아가며, 자연을 거스르지 않고 조화롭게 공존한다. 삼달리에서의 자연은 그녀가 다시금 자신을 찾고 가장 중요한 것을 바라보게끔 시선을 돌려주는, 그런 중요한 역할을 한다고 보았다.

특히 주인공이 삼달리의 바닷가에서 혼자 시간을 보내며 "도시에서는 항상 뭔가 쫓기듯 살았지만, 여기서는 나 자신을 돌아볼 수 있어"라고 말하는 장면은, 자연 속에서의 시간과 고요함이 사람을 치유하고 성장시킨다는 점을 상징적으로 보여준다. 주인공이 확실히 자연으로 뒤덮인 고향이라는 배경에서 치유의 과정을 밟아가는 모습을 정확하게 보여준다고 할 수 있다. 자연의 회복력은 단순히 환경적 회복을 넘어, 주인공의 정신적 회복을 의미한다. 이는 도시에서 벗어나 자연과 다시 연결되는 과정을 통해 가능해진다. 결국, 해당 드라마는 자연과 인간의 조화로운 공존을 통해 삶의 소박함과 진정한 행복을 찾는 과정을 그린다. 자연은 주인공이 상처를 치유하고 스스로를 재발견하는 데 중요한 역할을 하며, 그 속에서 살아가는 사람들의 삶 역시 이러한 자연의 리듬에 맞춰 조화롭게 유지되고 있다.

괜찮아, 행복해

〈웰컴투 삼달리〉는 주인공이 자신의 과거와 화해하며 성숙해 가는 과정을 깊이 있게 그린다. 주인공이 삼달리로 돌아오면서 마주하는 것은 단순히 고향의 풍경이 아니라, 자신의 과거와의 정면 대결이다. 도시에서의 상실감과 실패는 그녀에게 큰 상처로 남아 있으며, 이러한 상처를 치유하고 극복하는 과정이 드라마의 핵심이다. "내가 잘못한 모든 것들을 다시 마주해야 한다"라는 대사는 과거의 아픔과 실수를 직면하는 주인공의 심리적 여정을 상징적으로 드러낸다. 주인공은 삼달리에서의 생활을 통해 과거의 상처와 맞서 싸우고, 이를 극복하며 내면적으로 크게 성장한다. 마을 주민들의 이해와 지지, 그리고 따뜻한 연대는 그녀가 과거와 화해하는 데 중요한 역할을 한다. 예를 들어, 주인공이 과거의 실수를 털어놓을 때 마을 주민들이 "누구나 실수를 해, 중요한 건 그걸 극복하는 거야"라고 위로하는 장면은 과거의 상처를 극복할 때 공동체의 지지가 어떻게 큰 힘이 되는지를 보여준다. 이 드라마는 과거와 화해하는 것이 단순히 아픔을 치유하는 것이 아니라, 새로운 출발을 위한 성숙한 변화를 의미함을 강조한다.

　주인공의 여정은 시청자들에게도 깊은 교훈을 전한다. 과거의 상처를 직면하고, 이를 통해 성장하는 과정은 인생의 중요한 교훈이자, 개인적인 성장을 이루는 데 필수적인 과정임을 드라마는 강력하게 전달한다. 주인공이 과거와 화해하며 새로운 자신을 발견하는 모습은 시청자들에게도 감동적이며, 자신이 겪는 어려움을 극복하는 데 필요한 용기와 희망을 제공한다.

　도시에서의 복잡한 삶과 삼달리에서의 소박한 삶을 대비시켜, 진정한 행복의 본질을 탐구한다. 도시의 빠르고 경쟁적인 환경에서 주인공은 물질적 성공과 사회적 지위가 행복을 가져다주지 않는다는 것을 깨닫는다. 도시에서의 삶은 자본과 성공을 추구하는 과정에서 인간 본연의 행복과는 거리가 멀어지는 경향이 있다. 주인공의 "도시에서의 삶은 너무 복잡하고 외로웠어"라는 대사는 도시에서의 삶이 주는 고립감과 스트레스를 여실히 드러낸다. 반면, 삼달리의 소박한 삶은 물질적 풍요와는 거리가 있지만, 인간관계와 일상 속에서 진정한 행복을 찾을 수 있는 공간이다. 마을 주민들은 "행복은 소소한 일상 속에서 찾아야 해"라고 말하며, 물질적 풍요가 아닌 인간관계와 일상의 소소한 순간에서 진정한 행복을 찾는 법을 일깨운다. 주인공은 삼달리에서의 생활을 통해, 진정한 행복이란 물질적 성공과는 별개로 사람들과의 진실한 관계와 소박한 일상에서 비롯된다는 것을 깨닫는다. 드라마는 소박한 삶의 가치와 행복을 강조하며, 현대 사회에서 잃어버린 공동체의 중요성을 환기한다. 주인공이 삼달리에서 마을 사람들과의 진정한 관계를 통해 행복을 찾는 과정은, 시청자들에게 소박하고 진실한 삶의 중요성을 상기시킨다. 진정한 행복은 물질적 풍요가 아니라, 사람들과의 소중한 관계와 작은 일상 속에서 찾을 수 있다는 메시지는 현대인들에게 큰 울림을 준다.

마지막으로

주인공의 귀향, 공동체와의 연대, 자연과의 조화, 과거와의 화해, 소박한 삶을 통한 진정한 행복이라는 다섯 가지 주제를 통해 현대 사회에서 잊힌 가치들을 재조명하는 작품이다. 제작진은 시청자들이 물질적 풍요와 복잡한 사회적 지위에서 벗어나, 공동체의 소중함과 자연 속에서의 치유, 그리고 진정한 행복을 찾는 데 도움을 주고자 했던 것으로 보인다. 이 드라마는 단순한 이야기 이상의 의미를 지니며, 시청자들에게 삶의 본질에 대해 깊이 있는 성찰을 제공하고 큰 감동을 안길 것으로 기대된다. 그리고 이 글을 읽는 모두에게 당신들만의 삼달리가 있길 바란다. 🐢

연예의 참견

미운 우리 새끼와 고운 우리 새끼 사이에서 살펴본 연예 세습

박상진

미운 우리 새끼 VS 고운 우리 새끼

2016년 첫 전파를 탄 SBS의 간판 예능 프로그램 〈미운 우리 새끼〉가 오랜 시간 안방극장에서 시청자들의 사랑을 받고 있는 이유는 화려함의 이면 뒤에 감춰진 스타들의 소박하고 진솔한 일상 때문이다.

적령기를 한참 넘기고도 결혼을 미루며 청승 떠는 노총각, 이혼 후 돌싱으로 살아가는 스타들의 옆구리 시린 일상, 빚덩이에 짓눌려 연예인과 채무자의 경계를 넘나드는 위태로운 모습 등 완벽하고 화려한 겉모습과 달리 실수투성이, 허점 가득한 연예인들의 '짠 내 나는' 일상을 보여줌으로써 시청자들의 공감을 이끌어내며 6주 연속 시청률 1위를 기록한 효자 프로그램이다.[1]

또 다른 장수 프로그램인 MBC의 〈나 혼자 산다〉와 함께 유명인들의 소소한 일상을 조명하는 콘셉트로 시청자들의 사랑을 받고 있는 〈미운 우리 새끼〉의 롱런 비결은 명료하다. '다시 쓰는 육아일기'라는 부제에서 알 수 있듯이 "나이는 먹었으나 여전히 철들지 않은 자식들의 좌충우돌 제2 성장기"를 다룸으로써 결국 연예인들도 우리와 별반 다를 게 없구나 하는 시청자들의 안도감과 동질감을 기저로 한다. 혼자서 라면으로 끼니를 때우며 잡동사니 잔뜩 쌓인 지저분한 집에서 떡 진 머리, 무릎 나온 트레이닝복 차림으로 궁상을 떠는 출연자들의 다양한 에피소드 속에서 별세상에서 살고 있을 것이라 여겼던 연예인들도, 결국 한 꺼풀 벗겨 보면 우리네 일상과 크게 다르지 않음을 확인하며 시청자들은 일종의 쾌감을 느끼는 것이다. 이 쾌감은 연예인들의 삶은 일반인들의 삶과는 달리 신비롭고 화려할 것이라는 근거 없는 예단에서 비롯된 상대적 박탈감과 상실감을 상쇄하며 시청자들에게 일종의 카타르시스를 제공한다.

그러나 화학적 결합 없는 물리적 동질감은 때론 금이 간 유리잔보다 더 깨지기 쉬운 법이어서 이질감이 느껴지는 순간 허무하게 끊어지기 마련이다. 정직함을 매력으로 느껴 호감을 가졌던 사람이 거짓말을 입에 달고 산다는 사실을 깨닫게 되거나 착한 사람인 줄로 알았던 이에게서 악한 이면을 발견하게 되면 호감은 경계심으로 바뀌고, 경계심은 실망과 증오로 변질되기도 한다. 방송 프로그램의 시청률 변화 추이나 흥망의 과정도 인간관계의 그것과 다르지 않다. 시청률 고공행진을 이어가며 순항하던 인기 프로그램이 돌연 악재를 만나 시청률이 급락하거나 폐지 위기로까지 내몰리는 경우를 우리는 심심찮게 목도한다. 일부 출연진의 일탈 행위에서 비롯되는 경우도 적지 않으나 프로그램이 초심을 잃고 시청률에 연연하기 시작하면서 주로 나타나는 현상이기도 하다.

---

1   "'나 혼자 산다', 7월 예능 프로그램 브랜드평판 1위 … 2위 서진이네·미운우리새끼·런닝맨·놀면 뭐하니 순", ≪영남일보≫, 2024년 7월 11일 자.

지난 8월 11일 방송된 〈미운 우리 새끼〉 편에서는 개그맨 출신 인기 방송인 아들의 해병대 입대 전 마지막 모습이 방영됐다. 이날 방송은 과거 큰 인기를 모았던 MBC 병영 체험 프로그램[2]에 출연한 바 있는 개그맨 허 모 씨와 배우 임 모 씨가 해병대 생활에 관한 조언을 해준다는 콘셉트로 진행되었다. 허 모 씨는 사회복무요원 출신이고 임 모 씨는 육군 보병 출신이다. 군 경력상 해병대와는 전혀 상관없는 이들이 과거 예능 프로그램을 통해 해병대 생활을 맛보기로 경험해 보았다는 이유로 해병대 생활에 관해 조언해준다는 설정부터가 설득력이 크게 떨어진다. 특히 낯설었던 것은, 방송분에서 고정 출연자들보다 더 스포트라이트를 받은 입영을 앞둔 그가 과연 프로그램 콘셉트에 걸맞은 '미운 우리 새끼'인지, 아니면 '고운 우리 새끼'인지 시청자들의 고개를 갸웃하게 만드는 의구심이었다.

연예계의 금수저 VS 흙수저

입영을 앞둔 그는 인기 방송인 김 아무개 씨의 아들이다. 이 짧은 소개만으로도 그가 '미운 우리 새끼'인지에 대한 평가는 충분하다. 물론 재능 넘치는 래퍼로 활동하고 있지만, 어려서부터 아버지와의 동반 출연으로 각종 프로그램을 통해 인지도를 높여오며 래퍼보다도 김 아무개 씨의 아들이라는 수식어로 더 유명세를 타고 있는 그에게 누구의 아들이라는 설명만큼 적당한 설명을 찾기는 쉽지 않다. 그의 해병대 자원입대를 두고 어느 매체에서는 "김○○ 子, ○○ 금수저 논란 해병대로 종결"이라는 타이틀을 달아 그간 그가 누려온 아버지의 후광에 대한 세간의 논란을 종결시켰다는 취지의 보도를 했다.

---

2   2015년 11월 방송, MBC 〈일밤 진짜 사나이 2〉 해병대 편.

아버지가 진행하는 예능에 출연한 것은 물론이고 그 스스로도 방송을 통해 "누군가는 내가 낙천적으로 산다, 여유로워 보인다고 하는데 나쁘게 말하면 '대충 산다' 그렇게 볼 수도 있다. 내가 무의식중에 그렇게 사는 것이 집안이 괜찮아서 그렇게 살 수도 있나. …… 아버지를 믿고 …… 그래서 조금 더 자립심을 키우고 혼자 살아남는 법을 배우고 싶어서 터닝 포인트가 필요했다"라고 말함으로써 아버지의 후광에 대한 부담감과 이에서 벗어나고자 하는 고민과 속내를 털어놓기도 했다.

불법적인 방법으로 병역 의무를 기피하고자 생니를 뽑거나 외국 국적을 취득하면서까지 신성한 국방의 의무를 저버리는 파렴치한 연예인들이 있는 데 반해 힘들고 고되기로 유명한 해병대로 자원입대하는 것은, 신체와 사상이 건강한 대한민국 청년의 한 사람으로서 응당 박수받을 일이다. 그의 순수한 열정과 도전 의식, 그리고 성장의 발목을 잡는 연예인 2세라는 핸디캡을 스스로 극복하려는 의지와 실행력은 높이 평가받아 마땅하다. 아울러 아버지가 인기 연예인이라는 이유만으로 그간 그가 공들여 온 노력이 평가 절하되거나, 연예인으로서의 자질과 재능이 저평가되는 것역시 역차별에 해당하는 일이어서 반드시 경계해야 한다. 하지만 그가 이야기한 대로 우리 연예계가 부모의 후광, 더 나아가 연예인의 가족으로서누리는 속칭 '연예 세습'이라는 오래된 관행으로부터 당당하고 자유로울수 있는지에 대해서는 따져 묻지 않을 수 없다.

기울어진 운동장에서의 불평등한 경쟁 관계에 대한 젊은 세대의 반발은차별받아 온 자신들의 처지가 금수저와 흙수저로 구분되어 치환·이입되었고, 분노로 폭발해 왔다. 강남의 모 여고 교무부장이 같은 학교에 재학 중인자신의 쌍둥이 자녀에게 시험지를 유출해서 사회적 파장을 일으켰던 사건[3]

---

3   "시교육청, 숙명여고 시험문제 유출 의혹 감사결과 발표", TBS 시민의방송, 2018년 8월
      31일 자.

역시, 의심받을 만한 범죄적 개연성 이상의 국민적 공분이 담겨 있다.

백 보 양보하여, 연예인의 끼와 재능의 절반은 타고 나는 것이라고 하니 부모의 끼와 재능을 물려받은 자녀의 반짝이는 DNA와 달란트를 발굴하고 육성해 주는 일도 특화된 분야의 조기교육과 재능 계발이라는 측면에서 일면 의미 있는 일일 것이다.

그러나 그들의 빛나는 가계와 물려받은 끼만으로 치열하고 공정한 경쟁, 엄정하고 지난한 선발 과정을 생략할 권한은 그 누구에게도 없다. 지하철 상습 무임승차자에게는 물경 운임 요금의 30배에 달하는 벌금을 부과하는 엄격한 사회가 연예계의 무임승차에는 그토록 관대한 이유를 대중은 쉽사리 납득하기 어렵다.

느그 아부지 뭐 하시노?

"느그 아부지 뭐하시노?", 이 짧은 대사 한마디는 2001년 영화계를 강타한 영화 〈친구〉의 서사를 관통하는 명대사가 되었고 동시에 우리 사회의 사회석, 경세석 내물림 현상에 내해 경종을 울리며 신분 세습을 비판하는 상성적 표현이 되었다. 부모의 연예인이라는 직업을 굳이 가업이라고 명제한다면 가업의 대물림이 맹목적으로 비난받아야 할 일만은 아니다. 가업을 승계한다는 것은 전문성 제고라는 순기능 이외에도 여러모로 의미 있고 권장할 만한 일이다. 일본의 경우 자자손손 가업을 승계하여 전통과 명성을 이어가는 곳만 해도 그 수를 헤아릴 수 없을 정도로 많다. 100년 이상의 업력을 자랑하는 곳만 물경 3만여 곳에 이르며 200년 이상의 업력을 지닌 기업도 1300여 곳에 달한다.[4] 가업의 승계를 통해 전문성을 강화하고 전통과 명성을 이어가는 문화는 일본이 자랑하는 고유한 사회문화적 유산이며 자긍이다. 다만, 그것이 명예로운 승계로 귀결되고 온당한 명분을 갖추려면 그에 걸맞은 열정과 노력이 수반되어야 한다. 도제식으로 이루어지는 가업승계로 요식업을 이어받는 이들 중에는 오랜 세월 청소나 설거지 등 허드렛일로 수습 과정을 완수하고 나서야 비로소 주방 입문이 허가되고, 작은 식칼 하나를 잡을 기회를 허락받을 수 있을 정도로 엄격하고 체계적이다. 이러한 철저하고 지난한 준비 과정이 있었기에 부모와 선대의 가업을 완벽하게 승계하고 비로소 대중으로부터 존경과 칭송을 받는 경지에 오르는 것이다.

이 과정이 생략된 채 단지 부모가 연예인이라는 이유로 연예계에 무임승차한다는 것은 오랜 시간 투자하고 땀 흘려온 사람들이 보장받고 누려야 할 정당한 기회를 박탈하고 가로채는 일이다. 이뿐만 아니라 주변의 간섭을 배제하고 영향력을 원천 차단하기 위해 사회 곳곳에서 블라인드 채용이 늘고 있는 시대 변화에도 역행하는 시대착오적 폐습이다. 최근의 조사[5]에 따르면 상위권 대학의 진학률 차이 75~92%가 경제력을 포함한 부모의 능력과 사교육 환경 등 사회경제적 배경에서 비롯되는 것으로 나타났다. 학생 개개인의 노력이나 잠재력보다 소득계층과 거주 지역에 따른 교육 기회의 불평등이 명문대 진학을 좌우하며 사회경제적 지위가 부모의 능력으로부터 대물림되고 있다는 문제점의 근거다.

연예계도 예외는 아니다. 각종 언론매체를 장식하는 기사의 타이틀조차 노골적으로 "아무개의 딸 ○○○, 아무개의 아들 ○○○"로 시작된다면, 그리고 누구의 딸이고 누구의 아들이라는 말 이외에 그들을 수식해 줄 적당한 설명을 찾기 어렵다면 그들에게는 아직 대중의 온전한 사랑을 받

4   신관식, "[전문가 칼럼] 먼 나라 이웃나라인 '일본'의 가업승계는?", ≪조세금융신문≫, 2023년 1월 18일 자.

5   한국은행, 「입시경쟁 과열로 인한 사회문제와 대응방안」(BOK 이슈노트 제2024-26호, 2024.8.27).

을 자격이 없다고 봐야 옳다. 더욱이 아직 준비도 덜 되어 있고 탄탄한 필모그래피도 갖추지 못한 연예인 지망생 자녀들의 홍보를 위해 연예인 부모의 '백'이 아무런 견제 장치도 거치지 않은 채 함부로 작동된다면, 그리고 그것이 그동안 이해 당사자들의 암묵적 합의로 묵인되어 온 방송가의 오래된 관행이라면 더더욱 비난받아 마땅하다. 연예인 부모를 배경으로 성장 과정부터 연애, 결혼, 출산, 양육, 이혼, 재혼 계획에 이르는 사생활이 방송에 지나칠 정도로 빈번히 노출되는 것 또한 문제다. 많은 연예인의 자녀들과 관련해 대중이 알 필요가 있을까 싶은, 혹은 더러는 알고 싶지 않은 일거수일투족의 소소한 신변잡기 일변도의 잡다한 소식이나 근황이 비중 있게 보도되고 있다. 이런 기사에는 으레 "직업이 연예인 자식이냐?"는 조롱 댓글이 줄을 이어 달리고 심지어 '핏줄마케팅', '가족테이너'라는 혹평까지 등장하는 것만 보더라도 대중의 반감과 피로감이 어느 정도인지 미루어 짐작 가능하다. 공공재로서의 사회적 책무와 위상을 스스로 깎아내리는 일이 아닐 수 없다.

가족오락관: 가족을 위한 오락관 VS 가족들끼리의 오락관

방송 출연으로 시청자의 눈도장을 찍은 어느 연예인 아내의 부적절한 처신이 도마에 올라 여론의 질타를 받은 적이 있다. 이처럼 방송에 출연한 몇몇 연예인 가족의 부적절한 언행은 그동안 이런저런 논란거리를 자초했다. 연예인 가족이라는 이유만으로 예능 프로그램에 출연해 외국 유명 휴양지를 유람하고 고급 음식점에서 값비싼 요리를 먹으며 호사를 누리는 것도 그러하거니와 그 과정에서 불거진 진중하지 못한 말과 몸가짐이, 가뜩이나 어려운 경제 여건 속에서 생활고에 시달리는 서민과 일반 대중의 눈에 곱지 않게 비쳐졌던 것이다. 퍽퍽한 일상, 얇은 지갑에 제주도 한 번 다녀오기가 쉽지 않은 소시민들로서는 버킷리스트에 올려두고 일생에 한 번 다녀오기를 평생의 소원으로 여기며 사는 외국의 명소와 휴양지를, 연예인 가족이라는 후광을 등에 업고 애먼 남의 돈으로 먹고 자며 즐기는 그들의 호사가 달갑게 비쳐질 리 만무하다.

물론 연예인의 배우자나 자녀가 우연한 기회에 방송에 출연해 연예인 못지않은 입담을 과시하거나 빼어난 재능을 뽐내면서 연예인에 버금가는 인기를 얻는 경우도 없지 않으며, 이러한 현상까지 싸잡아 비난하는 것은 바람직하지 않다.

그러나 연예인의 배우자이거나 자식이라는 이유만으로 진입장벽 높기로 소문난 연예계에 무혈입성하고 몸무게의 소소한 변동, 헤어스타일의 변신, 사사로운 연애담 등 사회관계망 서비스에 올려놓아도 충분할 신변잡기를 늘어놓으면서 인기팔이를 하는 것은 방송의 기능과 역할을 몰각한 전파 공해요, 전파 낭비에 다름 아니다.

지난 2019년 12부작으로 방송된 〈프로듀스 101〉이 큰 인기를 끈 뒤 그 뒤를 이어 각종 서바이벌 오디션 프로그램이 우후죽순 경쟁하듯 방영되고 있고, 수많은 젊은이가 청춘을 담보 삼아 연예계 입문을 위해 인생을 걸고 있다. 연예계 진입장벽은 우리가 알고 있는 것 이상으로 높고 견고하다. 연예인 지망생이 단 1분, 1초라도 방송 출연의 기회를 얻는다는 것은 밤하늘의 별을 따서 그 별로 목걸이를 만드는 일만큼이나 어려운 일이다. 빛나는 청춘의 황금 같은 시간을 저당 잡힌 채 몇 년씩 '피 땀 눈물' 흘려가며 노력하고 연습하고도 데뷔는커녕 단 한 번의 오디션 기회조차 얻지 못하고 중도 탈락의 고배를 마시는 연습생들이 부지기수로 속출하는 것이 연예계의 엄혹한 현실이다. 연예인 지망생들이 방송국 문턱 앞에서 좌절하며 흘린 눈물이 여의도 앞 한강 물로 넘쳐흐를 지경임을 연예계 관계자들은 누구보다 잘 알고 있다.

그러므로 연예인 부모 찬스를 이용해 가수의 아들이라는 이유만으로, 배우의 딸이라는 이유만으로, 문턱 높이가 하늘을 찌르는 방송가에 어느 날 슬그머니 구렁이 담 넘듯 진입해 가수가 되어 무대에 오르고 탤런트가 되어 TV에 얼굴을 비추는 방송가의 '내 식구 챙기기 관행'은 지적받아 마땅하다. 심지어 배우 최 아무개 씨의 아들은 아버지가 출연 중인 지상파 드라마에 출연해 아버지 배역의 유년 시절을 연기했는데, 발성과 연기력이 부족하다는 지적과 함께 연예인 2세들이 누리는 해묵은 특혜 논란의 중심에 서기도 했다. 인지도가 생명인 연예인, 그것도 신인에게는 누구누구의 딸, 누구누구의 아들이라는 타이틀 하나만으로도 화제성을 몰고 다닐 수 있는 든든한 '빽'이 된다는 사실을 모르는 이는 없을 것이다. 우리는 오롯이 본인의 땀과 수고로 축적한 재산을 자녀들에게 물려줄 때조차 상속세라는 명목의 세금을 납부해야 하는 책임과 의무의 시대를 살고 있다. 스타 2세들의 '예능 자유이용권'이라는 세간의 비난이 그냥 나온 말이 아님을 알아야 한다.

국민적 염원을 담아 삼수 끝에 남북 화해 무드를 타고 성대하게 개최되었던 평창 올림픽. 한민족이라면 누구나 쌍수를 들어 환영할 줄 알았던 여자 아이스하키 남북 단일팀이 구성 단계부터 구설에 오르며 반대 여론에 봉착했던 것은 그동안 대회 출전을 위해 긴 세월 훈련에 매진하며 피땀을 흘려왔던 일부 선수들이 출전 기회를 박탈당한 데 대한 반발 때문이었으며, 이들이 흘린 눈물의 의미를 알기에 민족의 평화와 화합을 염원하면서도 쉽게 동의하지 못한 여론이 등을 돌린 까닭이다.

예능은 경사도(傾斜度)에 민감해야 한다. 경사가 가파르면 가파른 만큼 급격한 시청률을 기록하겠지만 자극적이고 경사가 비탈질수록 추락의 위험이 높고 추락했을 때 입게 되는 부상의 정도도 심해지기 마련이다. 예능은 시사나 다큐멘터리 프로그램이 아니기에 당연히 가볍게 웃고 즐길 수 있어야 한다. 예능 프로그램에까지 엄숙주의의 잣대를 들이대 무거운 사회적 메시지나 진중한 포맷을 요구하는 것이 아니다. 다만, 시청자의 눈높이에 걸맞은 건전과 공감이라는 균형추를 포기하는 순간 가벼움은 단순한 가벼움을 넘어 천박함이 된다. 장수 프로그램 〈가족오락관〉[6]이 안방극장에 연착륙해 오랜 세월 시청자들의 사랑을 받을 수 있었던 것은, 시청률에 연연하기보다 가족들을 대상으로 하는 프로그램 제목에 걸맞은 '건전과 공감'의 경사를 방송의 잣대로 삼고서, 이를 유지하고 준수하려는 노력과 지혜를 보여주었기 때문이다. 좋은 방송으로서의 건전과 공감의 가치에 연예계 세습에 대한 경계와 분별 역시 포함되어야 함은 두말할 필요가 없다.

광풍이라 해도 과언이 아닐 만큼 트로트 열풍이 몰아치고 간 뒤 최근 먹방과 여행을 콘셉트로 한 각종 예능 프로그램들이 봇물처럼 쏟아져 나오고 있다. 이 예능 프로그램들이 좋은 방송으로서 시청자의 지지와 사랑을 받고자 한다면 안방극장의 '가족들을 위한 가족오락관'이 될 것인지, 아니면 연예인 가족들끼리 즐기는 '그들만의 가족오락관'이 될 것인지를 선택해야 하는 중대한 갈림길에 서 있음을 더 늦기 전에 각성해야 한다. 노력과 재능이 전제된다면 흙수저로도 산해진미를 맛볼 수 있고, 개천에서도 용이 날 수 있는 열린 기회의 사회가 공정하고 정의로운 사회다. 특정 부류에게만 자동문처럼 쉽게 열리는 진입장벽은 사회의 공정성을 해칠 뿐만 아니라, 공기(公器)로서의 방송의 순기능과 역할마저 저해하는 요인이 된다.

공공재로서의 전파 낭비를 떠나, 방송이 연예인 가족들의 연예계 등용문으로 전락하는 작금의 세태가 못마땅한 이유이자, 더는 그들만의 리그, 그들만의 '가족' 오락관을 보고 싶지 않은 까닭이기도 하다. 🐬

---

6   1984년 4월~2009년 4월 방영, KBS 1237부작.

'눈물의 여왕'인가, '여왕의 눈물'인가?

박소현

OTT의 급성장 속 TV 드라마의 몰락과 변화

현재 한국의 TV 드라마는 위기를 겪고 있는 듯하다. 2020년 코로나19 팬데믹 발생으로 인해 정부는 거리두기 정책을 발표했다. 그렇게 시작된 비대면 시대에 사람들은 집에서도 즐겁게 시간을 보낼 수 있는 방법을 찾아야 했다. 그리고 그 방법 중 하나로 채택된 것이 OTT의 구독과 시청이다. 이를 통해 넷플릭스를 비롯한 OTT들은 비약적인 성장을 거두었다. 전 세계인에게는 끔찍했던 코로나19 팬데믹 기간이 OTT 사업자들에게는 '기회'로 작용했던 것이다. 실제로 넷플릭스는 코로나 이후 최대 가입자를 확보해, 전 세계 가입자 2억 명 돌파라는 어마어마한 기록을 세웠다.[1] 이와 같은 OTT의

---

1   "넷플릭스의 질주 … 전 세계 구독자 2억명 돌파", ≪매일경제≫, 2021년 1월 20일 자, https://www.mk.co.kr/news/world/9717239(검색일: 2024.9.1).

성장세는 코로나19 팬데믹 상황이 종결되었다고 여겨지는 현재까지도 이어진다. 방송통신위원회가 발표한 「2023 방송매체이용행태조사」에 따르면 OTT 이용률은 77%로 나타나는데, 이러한 조사 결과는 현재 우리나라에서 OTT의 위상이 어떠한지를 보여준다. [2]

반면 TV 방송은 어떠했는가? 작년 한국의 TV 드라마 시청률 순위에서 1위를 차지한 SBS의 〈모범택시 2〉는 21%라는 시청률을 기록했다. 과거 인기 TV 드라마들이 시청률 20%를 넘었던 것은 기본이고 30~50%까지도 쉽게 도달했던 것에 비해, 현재는 가장 높은 시청률을 기록한 작품도 20%를 겨우 넘는 것이다. 분명 높은 시청률이기는 하나, 이를 통해 최근 TV 드라마의 영향력이 얼마나 감소했는지를 알 수 있다. 여기서 TV 드라마의 영향력 감소와 OTT의 성장 사이에 아무런 인과관계가 없다고 말할 수 있는 사람은 아마 없을 것이다. OTT의 성장과 함께 TV의 시청률이 현저히 낮아졌기 때문이다.

그렇다면 OTT는 어떻게 굳건해 보였던 TV를 제압할 수 있었을까? 여기에는 분명 여러 이유가 존재할 것이나, 나는 수많은 이유 중 콘텐츠의 내용적 측면에 집중해 보기로 했다. 기존 TV 드라마에서 가장 흔히 사용되는 소재이자 인기 있는 장르는 남녀 간의 사랑, 로맨스였다. 반면 OTT에서 제작하는 드라마의 경우, 막대한 제작비를 토대로 신선한 소재를 다루는 장르극이 대부분이다.

TV 드라마의 최전성기 시절 로맨스 드라마는 등장인물과 설정의 세부적인 부분만 살짝 바뀐 채, 늘 같은 문법과 같은 내용으로 시청자들에게 쓰나미처럼 몰려왔다. 그런 로맨스 드라마의 홍수 속에서 시청자들은 싫증을 느낄 수밖에 없었다. 이때 OTT가 등장해 시청자들에게 흔하지 않은

---

2   정용찬·김윤화, 「2023 방송매체이용행태조사」(방송통신위원회·정보통신정책연구원 방송매체이용행태조사 보고서, 2024).

소재, 기존의 문법에서 어긋나는 전개 방식, 막대한 제작비를 통해 만들어 낸 세트의 화려함과 이를 통한 완성도, 그리고 몰입감을 선사했다. 시청자들은 이러한 OTT의 유혹에 넘어갈 수밖에 없었을 것이다.

그러나 이와 같은 OTT의 끝없는 성장 속에서 TV 방송도 가만히 보고만 있지 않았다. OTT가 주도하는 드라마 트렌드에 발맞춰, 최근 TV 드라마에도 변화가 생긴 것이다. 2023년 한국의 TV 드라마 시청률 순위를 보면 로맨스 장르의 드라마는 10위권 중 고작 세 작품밖에 되지 않는다. 나머지는 모두 범죄, 의학 등 로맨스와는 거리가 멀어 보이는 장르들이 차지했다. 즉, TV 드라마의 장르가 이제는 로맨스에만 국한되는 것이 아니라 더 넓은 범위로 확대된 것이다. 바야흐로 한국의 로맨스 드라마는 쇠퇴기를 맞이하게 되었다.

〈눈물의 여왕〉은 어떻게 흥행할 수 있었을까?

OTT의 급성장, TV 드라마의 위기, 로맨스 장르의 쇠퇴라는 배경 속에서 tvN의 토일 드라마 〈눈물의 여왕〉이 등장했다. 〈눈물의 여왕〉은 최근 점점 설 곳을 잃어가던 로맨스 장르의 TV 드라마임에도 불구하고, 시청률 24.9%를 기록하며 인기리에 종영했다. 이는 tvN이 지상파 방송이 아님을 고려했을 때 엄청난 기록으로 tvN 역대 드라마 시청률 1위에 해당하는 성적이다. 그렇다면 TV 드라마, 특히 로맨스 드라마가 위기를 겪는 와중에 〈눈물의 여왕〉은 어떻게 많은 시청자들의 사랑을 받을 수 있었던 것일까? 물론 두 주연 배우의 케미, 탄탄한 연기력을 가진 배우들, 드라마 속 설렘 포인트 등이 〈눈물의 여왕〉의 흥행 요소로 작용했을 것이다. 하지만 나는 〈눈물의 여왕〉의 흥행 요소를 다른 로맨스 드라마들과의 '차이점'에서 찾고자 했다. 다른 드라마에도 훌륭한 배우들과 시청자들의 마음을 저격하는 설렘 포인트가 존재하지만, 같은 조건 속에서 〈눈물의 여왕〉은 역대 시청률 1위라는 기록을 세운 반면 다른 드라마들은 그렇게 하지 못했던 그 이유를 말이다.

우선 〈눈물의 여왕〉의 간단한 줄거리를 살펴보자. 〈눈물이 여왕〉은 재벌가 퀸즈 그룹의 3세이자, 매출 1조를 앞둔 퀸즈 백화점의 사장인 여자 주인공 홍해인과 시골 용두리 출신의 변호사인 남자 주인공 백현우가 결혼 후 겪는 권태기, 그 과정 속에서 홍해인이 시한부 환자가 되며 다시 서로에 대한 사랑을 깨닫게 되는 과정을 그린 드라마다. 이렇게 간단하게 줄거리만 보면, 〈눈물의 여왕〉은 한국 드라마에서 아주 흔하게 볼 수 있는 클리셰를 범벅한 드라마로 보인다.

'클리셰 범벅'으로 보이는 〈눈물의 여왕〉은 다른 로맨스 드라마들과 대체 무엇이 달랐던 것일까. 첫 번째 차이점은 클리셰를 펴내는 방식이다. 클리셰란 진부한 표현이나 상황 또는 설정을 의미하는 용어로, 〈눈물의 여왕〉이 채택한 클리셰는 '신데렐라 클리셰'다. 재벌인 남자 주인공이 서민인 여자 주인공과 만나 사랑에 빠지고, 여러 고난 끝에 결혼에 성공해 행복하게 살았다는 내용의 신데렐라 클리셰는 한국표 로맨스 드라마의 흥행 공식과 같이 여겨졌다. 그 때문에 지금까지 많은 로맨스 드라마들은 신데렐라 클리셰를 채택해 왔다. 그러나 눈물의 여왕은 이러한 신데렐라 클리셰를 뒤집는다. 남자 주인공이 아닌 여자 주인공을 재벌의 자리에 위치시키고, 남자 주인공은 서민의 자리에 위치시킨 것이다. 즉, 〈눈물의 여왕〉에서 '신데렐라'는 남자 주인공이 되고, '왕자'는 여자 주인공이 된다.

〈눈물의 여왕〉에는 결혼 전, 여자 주인공 홍해인이 남자 주인공인 백현우에게 "나 절대 당신 눈에서 눈물 나게 안 해"라고 말하는 장면이 있다. 나는 이 대사를 들으며 "당신 손에 물 한 방울 안 묻힐게"라는 멘트가 떠올랐다. 이 멘트, 다들 어디서 한 번쯤은 들어본 적이 있을 것이다. 많은 TV

프로그램에서는 이와 같은 멘트를 남성이 여성에게 프러포즈하는 장면에서 사용해 왔다. 또한 이는 실제로도 많은 남성들의 프러포즈 단골 멘트로 여겨지는데, 사회적으로 이 멘트가 전해지는 화살표는 '남자'에서 '여자'라는 방향으로 정해져 있다. 그러나 〈눈물의 여왕〉은 이 화살표를 뒤집어, 여자 주인공이 남자 주인공에게 말하는 방식으로 연출했다.

이뿐만 아니라, 그동안 여자 주인공의 대사라고 인식되어 왔던 대사를 남자 주인공이 말하는 장면도 존재한다. 결혼 후 처가살이를 하며 스트레스를 받았던 남자 주인공은 "결혼할 땐 뭐 자기만 믿으라더니 ……"라고 말한다. 이 또한 분명 어디서 많이 들어본 대사이지만, 발화자의 성별이 달라졌다는 이유만으로 흔하지 않게 느껴진다.

이처럼 〈눈물의 여왕〉은 기존의 한국 로맨스 드라마들이 사용해 왔던 클리셰를 똑같이 채택하면서도, 변주를 주었다. '흔한 것을 흔하지 않게' 만들어 시청자들에게 신선함을 선사하는 것. 그것이 바로 〈눈물의 여왕〉이 흥행에 성공할 수 있었던 요인 중 하나다.

두 번째 흥행 요인은 드라마 속 여자 주인공 캐릭터의 변화다. 이전의 한국 드라마 내에서 여자 주인공이 할 수 있는 직업이나 사회적 지위 등 역할의 범위는 늘 한정되어 왔다. 또 여성은 늘 사랑을 위해 희생하고, 사랑에 목매달며, 더 나아가서는 남성에게 사랑받음으로써 존재하는 방식으로 표현되어 왔다. 그러나 최근 흥행에 성공한 드라마들을 보면 여자 주인공이 사랑보다는 다른 가치에 더 중심을 두며 살아가거나, 자신의 직업적 역할을 멋있게 수행하는 커리어 우먼으로 등장한다는 공통점을 가지고 있다. 〈더 글로리〉나 〈이상한 변호사 우영우〉 등이 바로 그런 경우다. 최근 드라마에서, 과거 드라마가 그려내던 여성성과는 다른 모습을 보이는 여성 주인공을 채택하는 이유는 무엇일까? 근래에 여성의 사회적 지위 상승과 주체적인 여성상에 대한 갈망의 목소리가 커졌다. 또한 여성들은 그동안 그들이 겪어온 부조리함을 인식하게 되었다. 그 때문에 시청자들은 이전과는 달리, 드라마 내에서 성차별적인 부분이 등장할 경우 민감하게 반응하며 이를 지적하고, 더 나아가서는 시청을 거부하기까지 이른다. 이러한 현실 상황 속에서, 드라마는 더 큰 수익 창출을 위해 시청자들의 피드백을 수용하고, 시청자들이 원하는 모습으로 캐릭터를 만들게 되는 것이다.

〈눈물의 여왕〉의 여자 주인공인 홍해인은 백화점에서 1조에 가까운 높은 매출을 창출해 내는 능력을 가진 백화점 사장이다. 또한 그녀는 퀸즈 그룹의 회장인 할아버지 홍만대에게 그 능력을 인정받아 유력한 후계자 후보가 된 인물이기도 하다. 드라마의 초반부에서 홍해인은 사랑보다는 백화점의 매출과 실적 등과 같이 자신의 직업적 가치와 사회적 성공을 더 중요시하는 인물로 등장한다. 또 수동적이기보다는 주체적이고 능동적인 캐릭터로, 늘 당당한 모습을 보여준다. 이처럼 〈눈물의 여왕〉은 여성 인물이 사회에서 인정받는 모습을 보여주며, 드라마의 주 시청자층인 여성의 취향을 저격한다.

〈눈물의 여왕〉의 세 번째 흥행 요인은 현실을 풍자한다는 점이다. 〈눈물의 여왕〉에는 퀸즈 그룹의 제사를 위해 제사상을 차리는 사위들의 모습을 담은 장면이 등장한다. 이를 클립으로 만들어 유튜브에 업로드한 영상은 무려 120만 조회수를 기록할 정도로, 많은 사람들에게 주목을 받았다. 영상을 보면, "옛날 왕가에서나 뼈대 있는 좋은 가문에서는 처음부터 끝까지 남자 손으로만 제사 준비를 했다"는 이유로, 하버드에서 화학을 전공한 고학력의 인물, 세계 최고의 디자인 대학인 파슨스 디자인 스쿨을 졸업한 인물, 서울대 법대를 수석으로 졸업한 뒤 법무이사로 재직 중인 인물 등 능력 있는 자들이 제사를 준비하는 데 그들의 능력을 쓰는 모습이 등장한다. 그러나 사위들이 제사 준비를 도맡아 했음에도 불구하고, 정작 그들은 제사에 제대로 참여하지 못한다. 절 한 번 하지 못 한 채, 맨 뒤에 서 있기만 하는 것이 그들의 현실이다.

이 장면을 보면 무언가가 떠오르지 않는가? 아마 한국 사회의 제사 문화에서 그동안 여성들이 참여해 온 방식이 떠오를 것이다. 〈눈물의 여왕〉에서 사위들이 제사를 준비하지만 정작 제사에는 참여하지 못하는 장면은 그동안 우리의 어머니와 할머니들이 겪어왔던 현실이다. 이 클립의 댓글 반응을 살펴보면, 며느리들이 제사 지내느라 고생하는 것을 제대로 비꼬는 장면이라는 반응, 남녀 역할만 바뀌었을 뿐인데 신선하다는 반응이 주를 이룬다. 시청자들은 우리 사회의 여성들이 처했던 부조리한 현실에 대한 '비꼼'을 보며 통쾌한 감정을 느끼고, 〈눈물의 여왕〉이 가진 신선함에 매료되는 것이다.

눈물의 여왕이 생산해 내는
여성성 이데올로기와 남성성 이데올로기

드라마 〈눈물의 여왕〉은 앞서 말한 흥행 요인들로 인해 높은 시청률을 기록하며 큰 인기를 얻었다. 그러나 신선함에 호평일색이었던 전반부와는 달리, 드라마의 후반부는 갈수록 진부해진다. 특히 드라마의 마지막 회차는 가장 높은 시청률을 기록했음에도 불구하고 많은 시청자들이 혹평했을 만큼, 후반부로 갈수록 아쉬움만 남는 작품이 되어버렸다. 그렇다면 〈눈물의 여왕〉이 혹평을 받은 이유는 무엇일까?

〈눈물의 여왕〉은 드라마 초반부에 능력 있는 여성, 수동적이기보다는 주체적이고 능동적인 여성의 모습을 보여주며 기존 한국 로맨스 드라마가 그려온 여성성과는 다른 여성성을 생산해 냈다. 즉, 〈눈물의 여왕〉이 여성을 그려내는 방식에 신선함이 존재했던 것이다. 그러나 극의 후반부로 갈수록 〈눈물의 여왕〉의 장점이자 매력으로 여겨졌던 요소들은 점점 퇴색되어 간다. 초반부에 기죽지 않고, 강인하며, 능력 있는 여자 주인공이었던 홍해인의 모습은 극의 후반부로 갈수록 점점 사라진다. 그녀는 시한부 판정을 받아 점점 나약해지고, 남자 주인공의 도움 없이는 늘 위기에 처하는 모습으로 등장한다. 반면 남자 주인공인 백현우는 극의 후반부로 갈수록 여자 주인공과 그 집안을 구하는 '히어로'가 된다. 그러니까 결국 여자 주인공은 남자 주인공 없이는 아무 것도 할 수 없는, 수동적인 인물로 전락해 버리고 마는 것이다. 그동안의 로맨스 드라마와는 다르다는 것이 〈눈물의 여왕〉의 셀링 포인트 중 하나였는데, 속된 말로 까고 보니 〈눈물의 여왕〉도 여타 로맨스 드라마들과 별반 다르지 않았던 것이다. 결국 〈눈물의 여왕〉 또한 남자 주인공보다 연약하기에 그의 보호를 받는 여자 주인공이라는 기성 한국 로맨스 드라마의 형식을 따랐다. 이는 기존의 여성성 이데올로기와 남성성 이데올로기를 확대하고 재생산하는 것으로, 〈눈물의 여왕〉의 신선함에 매료되었던 시청자들의 뒤통수를 치는 행위로 작용한 것이다.

한화손해보험의 라이프플러스 펨테크연구소에서 발표한 '2030 여성 트렌드' 조사 결과 중 2030 여성들이 선호하는 TV 인기 드라마 캐릭터 분석에 따르면, 최근 한국 드라마에는 주인공의 변화가 생겼다.[3] 과거에는 남녀 투 톱 주인공이거나 남성이 메인 주인공으로 등장하는 드라마들이 많았다면, 최근에는 여성이 원 톱 주인공으로 등장하는 드라마가 전체 비율의 50%나 차지하게 된 것이다. 2023년 TV 드라마 시청률 순위 10위권에도 여성이 메인 주인공을 차지한 드라마가 세 편이나 된다. 이는 최근 한국 사회에서 여성들이 원하는 여성상이 더 이상 과거와 같지 않음을 의

---

3   라이프플러스 펨테크연구소, 「빅데이터로 본 2030 여성의 IDEAL」(한화손해보험 LIFEPLUS 펨테크연구소 보고서, 2024).

미한다고 볼 수 있다. 이제 여성들은 기존의 여성성 이데올로기에서 그려왔던 대상화되는 여성, 보호받아야 하는 수동적인 여성이 아니라 능동적이고 주체적인 여성이 되기를 원한다. 시청자들은 이제 더 이상 드라마 속에서 여성이 수동적인 존재로 나타나지 않기를 바란다.

이러한 시청자들의 마음을 이용해 드라마 초반부에는 주체적인 여성상을 보여주며 화제성을 얻고, 후반부로 갈수록 기존 여성성 이데올로기에 부합하는 여자 주인공의 모습을 보여주었던 〈눈물의 여왕〉은 결국 시청자들에게 실망을 안겨주었다. 〈눈물의 여왕〉이 보여준 '새로운 여성성'은 결국 화제성을 위한 미끼에 불과한 것이었을까? 능력 있는 여성도 결국 남성으로부터 보호받아야 할 대상이라는 〈눈물의 여왕〉의 여성성과 남성성의 정의는 아쉬움만을 자아낸다.

그럼에도 불구하고 〈눈물의 여왕〉은 의의를 지닌다. 〈눈물의 여왕〉은 '비꼼', 즉 풍자의 장치를 활용해 그동안 여성이 겪어온 부조리를 밝힌다. 남자 주인공이 겪는 처가살이, 독박 제사 준비를 하지만 정작 제사에는 참여하지 못하고 뒷자리에 서 있는 모습들 ……. 이와 같은 드라마 속 '장면'은 모두 지금까지 여성이 겪어왔던 '현실'이다. 기존의 로맨스 드라마에서는 이러한 문제를 꼬집지 않았다. 물론 〈눈물의 여왕〉에 아쉬운 점이 존재하는 것은 사실이다. 하지만 이제까지 미디어에서 그려온 여성과 남성의 성 역할 고정관념을 지적함으로써, 시청자들이 이에 대해 생각해 볼 수 있도록 했다는 사실을 부정할 수는 없다.

또한 〈눈물의 여왕〉의 새로운 시도와 흥행 성적은, 앞으로 제작될 드라마들이 기존 여성성 이데올로기와 남성성 이데올로기에 갇힌 캐릭터가 아니라 다양한 캐릭터를 그려내도록 하는 기폭제로 작용할 것이다. 〈눈물의 여왕〉의 신선함은 본받되 아쉬운 점을 보완해 더 다양한 캐릭터를 그려내는 드라마들이 등장하기를 바라본다. 🔲

〈눈물의 여왕〉이 선택한 교묘한 미소지니 전략

이분화된 세계와 공간의 젠더화

윤초롬

지난 4월, 최고 시청률 24.9%를 기록하며 인기리에 종영한 드라마 〈눈물의 여왕〉은 화제성에서도 압도적인 성과를 거두었는데, 극 초반부터 기존 로맨스 드라마에서는 보기 어려웠던 신선한 장면들로 시청자들의 눈길을 사로잡았다.

가령 이런 장면들이다. 경영 수업을 위해 자신의 신분을 숨기고 인턴 업무를 하는 재벌 3세 홍인혜(김지원 분)에게 신입사원 백현우(김수현 분)는 자신의 매력을 어필하기 위해 "여태는 홍해인 씨 부담 가질까 봐 얘기 안 했는데요. 사실 나 서울대 나왔어요. 그것도 법대"라고 학벌을 밝히는가 하면 "우리 집 지방이긴 한데 그 마을에선 유지 소리 듣는 집이고요. 예를 들면 소가 삼십 마리가 넘어요. …… 지금 사는 오피스텔도 월세 아니고 전세예요"와 같은 대사를 말한다. 현실적인 만큼 세속적인 백현우의 위 대사가 귀여운 유머가 될 수 있는 것은 홍혜인이 재벌 3세이기 때문이다. 남성 주인공의 계급이 여성 주인공보다 우위인 상태에서 시작되는 기존 로맨스물의 공식을 과감히 깨뜨리는 1화의 이 장면은 시청자에게 신선한 쾌감을 선사한다. 클리셰의 성 역할을 반전시킨 이 '미러링' 전략은 〈눈물의 여왕〉의 두드러지는 전략이었으며, 이는 효과적이었다.

퀸즈 그룹의 제사 준비를 하는 사위들의 모습은 여러 평자들의 입에 오르내릴 만큼 인상적이었다. 남부럽지 않은 학벌과 집안 출신이지만 퀸즈 그룹 안에서 이들은 '사위들'일 뿐이다. 이들의 "내가 우리 집에서 얼마나 귀한 아들인데"와 같은 푸념은 여성들에게는 당연하게 여겨지던 가부장제 권력의 부조리함을 효과적으로 드러낸다. 따라서 〈눈물의 여왕〉은 최근의 젠더 감수성을 발 빠르게 수용한 작품으로, 변화하는 현대 한국 사회의 여성성을 보여주는 예시로 많이 언급되기도 했다. "재벌가 며느리 이야기에서 젠더를 역전시킴으로 자본의 권력과 가부장제 권력을 분해해서 볼 수 있는 해상력을 제공"[1]했다거나 "('미러링'을 통하여) 클리셰적 요소를 과감하게 비틀어버리는 방식으로 오히려 클리셰를 소비하는 영리함을 보여주었"[2]다는 평이 그 예일 것이다. "드라마의 시점이 철저히 재벌가 중심"[3]으로 이루어지며 성별의 위계보다 계급의 위계가 우선된다는 비판 역시 〈눈물의 여왕〉이 성별을 전복했다는 데는 암묵적으로 동의하는 듯하다.

그러나 〈눈물의 여왕〉은 표면적으로만 성별의 역할을 비틀고 있을 뿐, 오히려 더욱 교묘하게 미소지니(misogyny) 전략을 따르고 있다. 우리에게

1   황미진, "서울법대 사위가 전 부치는 '따끔한 미러링'", 《한겨레》, 2024월 3일 23일 자, https://www.hani.co.kr/arti/culture/entertainment/1133524.html(검색일: 2024.8.6).

2   "백마 탄 여왕, 아는 맛＋짜릿한 맛＝신선하게 맛있다 '눈물의 여왕'", 《경향신문》, 2024년 3월 21일 자, https://www.khan.co.kr/culture/tv/article/202403210600055/(검색일: 2024.8.6).

3   김선영, "<눈물의 여왕>, K드라마가 사랑한 재벌 [K콘텐츠의 순간들]", 《시사IN》, 2024년 5월 2일 자, https://v.daum.net/v/20240502053750112(검색일: 2024.8.6).

익숙하지만 잘 이야기되지는 않는 공간의 젠더화 전략을 통해서다.

　시대에 따라 양상을 달리하는 표면의 젠더 갈등 이면에는 확고히 뿌리 박힌 채 굳어진 공간의 젠더화 논리가 작동한다. 남성이 부엌을 들락거리는 것이 더는 흠이 아닌 시대가 되었음에도 여전히 부엌은 여성의 공간이다. "도심은 정치와 경제 활동이 이루어지는 공적인 공간으로 간주된다. 공적인 공간은 남성의 삶의 무대이며 대개 여성에게 우호적이지 않다. 여성은 '집 밖'과 '집' 모두에서 일하지만 집은 남성의 시각에서 휴식처로 간주되어 사적인 공간으로 여겨진다."[4] 도심과 주택가의 대중목욕탕은 이러한 논리를 잘 보여주는 사례다. "사무실이 많은 도심의 목욕탕이나 사우나 시설들은 대부분 남탕만 운영하고 있어서 여성 노동자들은 불편하다. 반대로 주택가의 '동네 목욕탕'에는 남탕이 없는 경우가 많"은데 "도심과 주택가 목욕탕의 성별성(gender)은 공/사 영역 분리 이데올로기가 성(차)별과 결합하여 공간 운영 원리에 적용된 일상적 사례다. 공간의 젠더화, 즉 성별에 따른 공간 질서는 공간이 객관적이거나 중립적이지 않은 일종의 사회적 제도라는 것을 보여준다".[5]

　이렇게 젠더화된 공간 구획은 그 목적이 명확하다. 돌봄, 회복, 사랑 등 여성적인 것으로 규정되는 삶의 사소한 문제들은 부차적이고 사적인 것이 되며, 오직 여성적 공간에서만 이러한 것들이 다루어진다. 개인은 성적 정체성과 상관없이 모두 젠더화된 공간을 드나들며 삶의 문제들을 처리하지만, 성적 정체성의 언어 기호와 몸이 의탁하는 공간의 언어 기호가 일치하는 순간 개인은 해당 공간의 주체로 고정된다. 의지와 상관없이 개인은 젠더 역할을 수행해야 하는 존재가 되며, 강요된 젠더 역할 안에서 개

4　정희진, 「성폭력과 여성 몸의 공간화」, 『다시 페미니즘의 도전』(서울: 교양인, 2013), 232쪽.
5　정희진, 「성폭력과 여성 몸의 공간화」, 232쪽.

인은 자신의 역할을 성실히 수행하거나 역할에 반한다. 학교에 입학하는 순간 한 개인이 성실하게 공부하는 학생이거나 공부에 소홀한 학생, 둘 중 하나로 규정되는 것과 마찬가지다. 학교라는 공간이 규정하는 역할에 동의하지 않을 수는 있지만 결국 학생이라는 규정에서는 벗어날 수 없다.

그럼에도 공간의 젠더화는 그 자체로 인식되지 않으며, 젠더 기호의 권력 문제로 표면화된다. '양성평등'과 같은 구호로 쉽게 정리될 수 있는 문제가 된다는 말이다. 이렇게 젠더 기호의 투쟁으로 변질됨으로써 실재하는 젠더 권력 불균형은 은폐된다. 공간의 젠더를 문제 삼지 않는다면, 공간에 따른 젠더 역할도 사라지지 않을 것이다. 공간의 젠더화는 결국 여성에게 이중 부담을 안긴다.

〈눈물의 여왕〉은 젠더에 따른 공간 구획의 논리를 충실하게 따른다. 남녀 주인공의 연애를 주요 소재로 다루는 로맨스물인 만큼 이야기는 가정을 중심으로 이루어진다. 홍해인과 시집살이에 비견될 만한 처가살이를 하는 백현우의 뒤바뀐 젠더의 역학을 보여주는 극 초반부에서는 주인공 부부의 사랑 역시 식어버린다.

백현우는 홍해인을 사랑하지만 남성의 역할을 수행하기 어렵게 만드는 퀸즈 그룹 안에서 무기력증을 느낀다. 그러나 홍해인의 불치병, 윤은성(박성훈 분)에 의한 퀸즈 그룹 오너 일가의 일시적인 몰락은 백현우가 기왕의 가부장제 남성의 지위를 되찾아오는 계기가 된다. 백현우가 가장의 역할을 제대로 수행하자, 부부의 사랑도 회복된다.[6]

애초에 이러한 역전을 가능하게 하는 것이 공간의 젠더화 논리다. '가정'을 여성의 영역으로 규정하는 공간의 젠더화는 애초에 중산층을 겨냥

---

[6] 홍씨 일가가 퀸즈 그룹의 경영권을 되찾는 과정에서 홍만대(김갑수 분)는 죽음을 맞이하는데, 이는 홍씨 일가의 실질적 가장이었던 홍만대의 권좌를 백현우가 물려받아야 하기 때문이다.

한 것이다. 퀸즈 그룹을 포함한 재벌 계층의 행동 양식은 중산층의 그것과 다르다. 섹슈얼리티도 부의 축적을 위한 하나의 도구와 전략으로 기능하는 재벌 계층의 공간은 능력과 경쟁을 중요시하는 신자본주의 이데올로기가 장악한 곳이다. 혈통을 따르는 부의 세습은 과거 봉건 귀족 사회의 그것과 같지만 〈눈물의 여왕〉은 경쟁과 능력을 최우선하는 신자본주의 이데올로기를 충실히 따름으로써 남동생보다 능력이 뛰어난 홍해인이라는 여성을 장자의 위치에 올려놓는 일에 성공한다.

기존의 로맨스물에서 노동 계층 여성이 재벌가 며느리로 거듭나는 서사는 계급과 젠더의 문제를 하나로 만든다. 이러한 구도 안에서는 여성 주인공이 젠더 위계에서도 계급 위계에서도 약자이기에 공간에 따른 갈등을 느끼지 않는다. 그러나 백승우는 남성이기에 자신에게 '숨 쉴 공간'이 필요함을 끊임없이 피력한다. 흥미롭게도 백승우는 〈눈물의 여왕〉 '1화'에서 유일하게 '영역'과 '공간'의 논리를 강조하는 인물이다. 가족이니까 퀸즈마트의 법적 문제를 해결해 달라고 부탁하는 처남 홍수철(곽동연 분)에게 백현우는 "서로 지켜야 할 영역이란 게 있으니까" 하지 않겠다고 거절한다. 반면 장모인 김선화(나영희 분)는 "하라면 하지 뭐 그렇게 말이 많나. 그리고 두 사람 애 가져"라며 백현우의 항변을 침묵시키는데, 이는 애초에 공사의 영역이 구분되지 않는 퀸즈 그룹 오너 일가의 사고방식을 잘 보여준다.

정신과에서의 상담 장면은 백승우의 우울 증상이 바로 저 공간의 구획 논리가 제대로 작동하지 않기 때문임을 집약해 보여준다. 처가살이의 서러움을 토로하는 백승우에게 의사는 '숨 쉴 공간'이 필요하겠다며 회사 생활은 어떠냐고 묻는다. 이에 백승우는 "회사 다녀요. 그런데 와이프가 상사예요. 상사의 상사가 장인어른이고요, 그 위의 상사가 할아버님이에요"라며 절규한다. 이에 별다른 해법을 내놓지 못한 의사는 "약을 세게 처방해 줄 테니 힘들면 언제든 찾아오라"며 공과 사가 분리된 자신의 삶에 상대적인 만족감을 느낀다. 이 장면은 애초에 '가정'이 남성에게 어떠한 공간인지를 잘 보여준다.

주인공 부부의 사랑이 회복되는 계기도 공간과 관계된다. 가령 백승우에게 질투를 유발함으로써 식은 사랑에 다시 불을 지피는 윤은성은 가정의 침투자로 묘사된다. 홍씨 일가가 윤은성에게 집을 내주고 백현우의 고향인 용두리에서 진정한 가족으로 거듭나는 과정은 이들 부부가 사랑을 회복하는 과정이자 백현우가 가장으로 거듭나는 성장담이기도 한 것이다.

위근우 평론가가 이미 지적한 바 있듯, 〈눈물의 여왕〉을 집필한 박지은 작가는 최근 "자기 복제의 한계"[7]를 보여주고 있다. "돈이 행복과 성공의 기준이 되고 온갖 권모술수가 횡행하는 세계와 사람의 정취가 남아 있는 세계의 노골적인 대비"는 박지은 작가가 반복하는 구도이며, 이 구도 안에서 이야기가 가동되도록 하는 힘이 바로 공간의 젠더화 전략이다.

지금까지 박지은 작가는 특유의 재기발랄함과 위트로 작품을 흥행시켜 왔다. 그러나 구태의연한 이분법 구도와 젠더 감수성을 변화시키지 않는다면, 날로 똑똑해지는 시청자들에게 외면당하는 날도 머지않을 것이다. 🌀

---

7 위근우, "'눈물의 여왕', 박지은 작가의 자기 복제가 닿은 막다른 골목", ≪경향신문≫, 2024년 4월 4일 자, https://www.khan.co.kr/culture/culture-general/article/202404040600005 (검색일: 2024.8.6).

제12회
좋은 방송을 위한
시민의 비평상

4K 현실이 불편들 하십니까?

MBN 예능 〈어른들은 모르는 고딩엄빠 5〉

이가은

옛날 옛적에 한 부부가 있었어요. 여자는 재벌 3세이자 대한민국에서 가장 잘나가는 백화점 대표였고, 남자는 어느 시골 변두리 마을의 이장 아들이었지요. 둘은 같은 직장에서 우연히 만나 첫눈에 반해 결혼까지 했지만, 서로 여러 가지 오해가 쌓이며 이혼을 결심하게 됩니다. 그러다 누군가의 음모로 인해 여자 주인공이 회사를 빼앗길 위기에 처하고, 엎친 데 덮친 격으로 6개월 시한부 판정까지 받게 됩니다. 하지만 둘은 함께 시련을 헤쳐나가며 서로에 대한 사랑을 다시 한번 확인했고, 결국 행복하게 살았답니다.

이 이야기는 전래동화도 아니고 쌍팔년도 시절의 드라마도 아니다. 2024년 상반기 최고의 흥행작인 드라마 〈눈물의 여왕〉의 줄거리다. 이 드라마는 독창적인 서사도 극적인 반전도 없는 진부하고 뻔한 내용이었지만, 사람들은 이른바 '클리셰 드라마'라고 불리는 이 멜로드라마에 열광했다. TV 방송이 OTT 플랫폼에 왕좌를 내준 지 이미 오래된 현시점에서 TV 시청률이 최고 24%대를 기록했다면 말 다했지 않은가.

이는 비단 〈눈물의 여왕〉에만 국한된 현상이 아니다. 일명 '사학루'라고 불린 "사탄들의 학교에 루시퍼의 등장이라"라는 상당히 오글거리는 명대사를 탄생시킨 드라마 〈상속자들〉. 2009년 수많은 대한민국 남자아이의 헤어스타일을 파마머리로 통일시켰던 K-하이틴 로맨스 드라마 〈꽃보다 남자〉. 두 드라마 모두 재벌 3세 남자 주인공과 가난하지만 당찬 캔디 같은 여자 주인공이 사랑에 빠진다는, 순정 만화에 나올법한 비현실적인 로맨스 이야기다. 그러나 최근 유튜브에서 두 로맨스 드라마를 요약한 영상의 조회수가 100만 뷰를 훌쩍 넘으며, 다시금 로맨스 드라마 열풍이 불었다. 유치하고 비현실적인 캐릭터와 세계관은 SNS에서 '#오글챌린지', '#웃음참기' 등 조롱성 밈으로 소비되기도 했지만, 사람들은 캐릭터에 과몰입하며 그 시절의 향수를 느끼고 즐거워했다. 이제 대중이 드라마에서 기대하는 것은 짜임새 있는 서사라든가 훌륭한 작품성 따위가 아니다. 지친 하루 아무 생각 없이 가볍게 즐길 수 있는, 도파민이 팡팡 터지는 콘텐츠나.

한편, 이와 다른 의미에서 화제가 된 방송이 있다. 미성년자의 임신·출산 문제를 다룬 종합편성채널 MBN의 리얼리티 프로그램 〈어른들은 모르는 고딩엄빠 5〉(이하 〈고딩엄빠〉)가 그 주인공이다. 코로나 이후 각종 상담형 예능 프로그램이 성행한 가운데, 〈고딩엄빠〉는 한국에서 성역으로 여겨지는 성 담론을 공론화한다는 긍정적 의의와 어린 나이에 부모가 된 '고딩엄빠'를 지원하고 지지하려는 의도로 제작되었다.[1] 그러나 이러한 취지

---

1   MBN 홈페이지, <어른들은 모르는 고딩엄빠 5> 기획의도, https://www.mbn.co.kr/vod/programContents/974/6260(2024.9.2).

에도 불구하고 고딩엄빠를 향한 대중의 반응은 싸늘하기 그지없었다. 방송에서 공개되는 고딩엄빠의 사연은 기가 막힐 정도의 충격적인 수위를 넘나들었고, 회차가 거듭될수록 시청자 게시판은 항의와 폐지 청원으로 도배됐다. 게다가 자극적인 연출 논란에 휩싸이며 〈고딩엄빠〉에 대한 논란은 더욱 거세졌다.

감히 '예능'이 접근할 수 없는 '성역'

〈고딩엄빠〉 프로그램은 고등학생 엄마와 아빠라는 파격적인 소재로 인해 첫 방송부터 연일 뜨거운 화제를 모으며 올해로 시즌 5를 맞이했지만, 비난 여론 또한 연일 식지 않고 있다. 실제로 지난 〈고딩엄빠 2〉의 회차 중 거친 몸싸움 장면이 방송통신심의위원회의 제재를 받기도 했으며, 미성년자와 성인 간의 임신 사연을 소개한 회차가 방영되자 미성년자 임신을 미화한다는 논란에 휩싸이는 등 프로그램 관련 민원이 방송통신심의위원회에 200건 이상 접수되기도 했다.[2] 또한 방송 이후 업로드되는 프로그램 회차를 요약한 유튜브 영상의 섬네일을 보면 두 눈을 의심할 정도로 자극적이다. "빚은 산더미인데 사치스러운 취미 생활로 재산을 탕진하는 고딩 아빠의 이야기"(<고딩엄빠 5>, 6회)부터, "임신 6개월 차에 남자 친구가 분신으로 극단적 선택을 한 사연"(<고딩엄빠 4>, 23회), "원치 않은 임신에 출산 직후 아기를 산속에 유기"하려 했다는 중범죄에 가까운 사연(<고딩엄빠 4>, 33회)까지. 프로그램은 뉴스 사회면에서 등장할 법한 범죄에 이르는 사연까지 가감 없이 보여주었다.

---

2   "'고딩엄빠2' 10대 임신시킨 성인에… 시청자들 폭발한 이유", 《한국경제》, 2022년 12월 17일 자, https://www.hankyung.com/life/article/2022121611247(검색일: 2024.9.5).

그러나 이 프로그램은 '관찰 예능' 포맷을 택한다. 논란은 바로 이 지점에서 발생했다. 청소년의 임신·출산이라는 민감한 사회 문제와 문제의 당사자를 다루는 데 진지한 다큐멘터리나 탐사보도 형식으로 접근하는 것이 아니라, 예능 형식을 선택해 지나치게 가볍게 다뤘다는 것이 비난의 골자다. 사회 문제를 예능으로써 접근하는 것은 부적절하다는 얘기다.

우선 프로그램의 전개 방식을 살펴보면, 고딩엄빠의 사연은 재연 드라마 형식을 통해 간략히 소개된다. 재연 배우들의 연기와 함께 소개되는 사연은 '막장 드라마보다 더 막장'으로 느껴질 정도로 안타깝고 충격적이다. 그 이후 사연의 주인공인 고딩엄빠가 스튜디오에 직접 출연해 이들의 일상을 함께 관찰하며 본격적으로 문제를 진단한다. 이때 고딩엄빠의 사연을 경청하고 프로그램을 진행하는 이들은 스튜디오에 앉아 있는 세 명의 연예인 패널과 심리상담가, 변호사로 구성된 두 명의 전문가다. 어느 정도 연륜이 있는 40~50대로 구성된 연예인 패널들은 어리석고 미성숙한 행동을 저지르는 고딩엄빠에게 어른의 관점에서 따끔한 조언을 하기도 하고, 전문가 패널은 전문가의 관점에서 문제를 진단하고 적절한 처방을 내린다. 그렇지만 프로그램은 결코 심각하거나 엄숙한 분위기로 전개되지 않는다.

물론 프로그램은 기본적으로 고딩엄빠의 비상식적인 행동을 명백한 잘못으로 규정하며, 패널을 통해 따끔한 조언과 전문적인 진단을 처방한다. 그러나 카메라의 시선은 일방적이지 않다. 카메라는 고딩엄빠를 구제 불능의 문제아로 결론짓고 통제하기보다 이들의 목소리를 시청자들에게 들려준다. 전문가 패널에게 솔루션을 받는 10~20분을 제외하면, 프로그램은 80분이 넘어가는 한 회차 동안 고딩엄빠의 사연을 듣고 이들의 일상을 관찰하는 데 대부분의 시간을 할애한다. 이는 사연을 자극적으로 연출하거나 과장한다기보다는 사태의 경위를 최대한 객관적이고 다면적으로 드러내기 위한 구성으로 풀이된다. 〈고딩엄빠〉가 다른 상담형 예능 프로그램과 달리 전문가의 솔루션보다 사연의 당사자에게 방점을 둔 이유에는 결국 자발적으로 변화하길 독려하려는 관조적인 태도가 깔려 있다. 프로그램이 차용한 '예능' 포맷은 과도하게 경직되거나 엄숙한 분위기를 환기할 뿐, 충분히 객관적인 시선으로 현실을 담아냈다고 평가할 수 있을 것이다.

당신이 고딩엄빠가 불쾌한 진짜 이유

영화 〈매트릭스(The Matrix)〉에서 주인공은 두 가지 선택의 기로에 놓인다. 빨간 약을 먹으면 꿈에서 벗어나 이상하고 기괴한 진짜 세상에 영원히 남게 되지만, 반대로 파란 약을 먹으면 안락한 가짜 세상으로 돌아갈 수 있다. 과연 어떤 것을 선택할 것인가? 당신은 쏩쓸한 진실과 고통이 가득한 진짜 세상이 알고 싶은가, 아니면 달콤하지만 모든 게 가짜인 세상에 머무를 것인가?

리얼리티 예능이 탐사보도나 다큐멘터리와 가장 다른 점은 제작자의 관점이 개입되지 않는다는 점이다. 〈고딩엄빠〉 프로그램은 미성년자의 임신·출산에 대해 특정한 시각이나 접근법을 일절 거부하고 한발 물러선 채 고딩엄빠의 사연을 보여준다. 삼인칭 관찰자의 시점에서 그저 관조한다. 물론 패널이 등장해 비상식적인 행동을 지적하고 이들의 정서적 상태를 진단하고 교정한다. 그러나 청소년 성 문제를 둘러싼 다양한 쟁점에 대한 판단은 시청자의 몫으로 남겨 둔다.

또한 〈고딩엄빠〉 프로그램은 주제에 성역을 두지 않는다. 알고 싶지 않을 정도로 불편한 현실을 적나라하게 드러내어 때로는 자극적으로 느껴지고 때로는 혐오스럽기까지 하다. 경악을 금치 못할 정도로 불쾌한 사안이든, 지리한 논쟁이 예상되는 민감한 사안이든 걸러내지 않는다. 그러니 방송이 끝난 후 논쟁과 논란은 필연적일 수밖에 없다. '미성년자의 임신과 출산에 대해 관대해질 것인가, 통제할 것인가?', '청소년에게 피임 교육은 어떻게 할 것인가, 아예 하지 않을 것인가?' 방송은 종료와 동시에 끝이 보이지 않는 담론의 향연을 시작한다.

그러나 지금 우리는 두 가지 선택의 기로 앞에서 자꾸만 '파란 약'을 선택하려 한다. 이 파란 약은 쓰디쓴 진실을 가리는 환각의 세계다. 파란 약의 세계에서 주인공은 언제나 즐겁고, 우리를 불편하게 만들 어떠한 변수도 없다. 가끔 어려움에 봉착하기도 하지만, 이는 언제나 극복될 것으로 재미를 위한 예측 가능한 장치일 뿐이다. 파란 약의 세계는 불쾌와 고통을 유발하는 어떠한 부정성도 존재하지 않는 세계다. 무한한 긍정성만이 존재하는 상수(常數)의 세계다. 우리를 불쾌한 골짜기로 밀어 넣는 불편하고 고통스러운 현실의 민낯은 파란 약의 세계에서는 드러나지 않는다.

"나는 존재한다. 고로 고통을 느낀다"

> 인간이 쾌감을 좇으려고 애쓰는 곳 어디서나 쾌감은 막다른 길임이 밝혀진다. _발터 벤야민

철학자 한병철은 그의 저서 『고통 없는 사회』에서 지금 사회를 "모든 고통스러운 상태가 회피되는 사회"[3]라고 진단한다. 그는 우리가 좋음의 광기에 빠져 있으며, 고통스러운 대결을 초래할 수 있는 갈등이나 논쟁은

---

3   한병철, 『고통없는 사회』(파주: 김영사, 2021), 10쪽.

갈수록 설 자리를 잃어간다고 주장한다.[4] 그의 주장처럼 지금 우리 사회는 '도파민'이라는 달콤하고도 치명적인 덫에 빠져 있고, 불편한 진실을 들춰내는 진지한 토론들은 거의 실종됐다.

사실 〈고딩엄빠〉 프로그램이 우리에게 던지는 질문은 답이 없는 문제다. 그 속에서 우리는 막다른 길목에 놓인 것처럼 답답하고 불편하다. 게다가 자살률 일등에 행복지수는 꼴찌인 나라에서, 그렇지 않아도 살기 팍팍한 인생에서, 또 하나의 씁쓸한 현실을 직면하고 해결을 강구하라는 말은 너무 가혹하고 고통스러운 요구일지 모른다.

그러나 인간은 비로소 고통 속에서 스스로를 가장 선명하게 인식한다. 고통의 부정성만이 정신을 살아 있게 해준다.[5] 그 어떤 불쾌함도 허락하지 않는 '좋아요의 사회'가 주는 안락함은 결국 더 강한 자극에 끝없이 집착하게 만드는 함정일 뿐이다. 또한 어디로 나아가야 하는지 알기 위해서는 우선 지금 어디에 있는지 알아야 한다. 지금 여기, 우리들의 이야기를 들려줄 〈고딩엄빠〉 프로그램은 방향을 잃고 표류하는 한국 사회가 그 어느 때보다 귀 기울여야 하는 이야기다. 🦎

---

4   한병철, 같은 책, 10쪽.
5   한병철, 같은 책, 62쪽.

내 세상을 잊게 해줘

도파민 리부트: tvN 드라마 〈내 남편과 결혼해줘〉가 시사하는 것

이윤경

들어가며

이러니저러니 해도 사람의 원초적인 호기심을 가장 자극하고 단기간에 흥미를 잡아끌 수 있는 것은 애성극과 복수극이나. 사귀지 않아서 더 완벽한 커플. 복수를 마치고도 행복하지 않기에 완벽한 엔딩. 다 좋다지만 대중은 결국 닫힌 엔딩, 확실한 보상을 주는 극으로 돌아간다. 이유도 간단하다. 그냥 그게 재미있기 때문이다.

〈내 남편과 결혼해줘〉(이하 〈내남결〉)는 이 두 마리 토끼를 모두 잡은 애정극이자 복수극이다. 2024년의 초입은 박민환(이이경 분)과 정수민(송하윤 분), 그리고 유지혁(나인우 분)와 강지원(박민영 분)의 시간이었다고 봐도 무방할 것이다. 그저 재미있기 때문이었을까? 티팬티와 큐빅 반지가 날아다니고, 싸대기가 난무하는 '도파민 파티'의 향연이기 때문이었을까? 대중

이 속수무책으로 해당 드라마를 시청할 수밖에 없었던 그 교묘하고 은근한 이유들을 살펴보고자 한다.

회귀, 빙의, 환생: 자기혐오의 연장선

〈내남결〉은 1화부터 아주 뚜렷한 상황을 보여주며 시작된다. 흙빛 안색에 환자복을 입은 주인공과 겉으로는 그를 위하는 척하지만, 뒤에서는 바람을 피우는 남편과 어렸을 때부터 절친했던 유일한 친구. 그들의 외도를 깨닫고 화를 내는 과정에서 남편에게 밀쳐져 6개월, 기적이 일어나면 1년 남짓 남았다는 생마저도 다 살지 못하고 죽음을 맞는 주인공은 누가 봐도 불행한 삶을 살다 불행하게 떠난다.

이상하게 세상이 나한테만 너무한 것 같고, 나 혼자 그 모든 고난들을 이겨내야 할 것 같고, 감당할 수 없는 무력감과 고독함이 찾아오는 순간이 분명히 있다. 불행은 언제 어디서나 비슷하지만 늘 다른 모습으로 찾아오기 때문이다. 그럴 때 지금까지의 나를 아는 사람이 아무도 없고, 어쩌면 내가 특별하고 유일한 존재로 여겨질 수도 있는 세상으로 건너갈 수 있다고 하면 선뜻 건너가지 않을 사람이 몇이나 될까. 회귀, 빙의, 환생이 괜히 웹 소설의 기본 공식이 된 게 아니다.

누가 보더라도 불행하다고 인정할 상황에서 지원은 회귀, 빙의, 환생 중 회귀를 한다. 자신이 속해 있던 불행한 세계를 기억하는 사람은 자신밖에 없다. 그 외 타인은 자신이 겪어야 했던 그 세계의 존재조차 알지 못한다. 회귀물의 아이러니는 이 지점에서 발생한다. 회귀 이전 세계와 회귀 이후 세계가 분리되고, 회귀 이전의 세계가 존재했음을 증명할 수 있는 건 회귀자 본인밖에 없다. 그런데 보통 회귀하는 인물들은 강지원과 같이 극

한의 상황에 처한 경우가 많기 때문에, 누구보다 자신의 세계를 외면하고 싶기 마련인데 유일하게 그 세계를 떠안게 되어버리는 것이다.

그리고 여기서부터 주인공으로서의 본격적인 행보가 시작된다. 자신만이 알고 있는 정보를 토대로 복수를 자행하고, 아쉬웠던 자신의 모습을 바꾸고, 스스로의 번영을 위한 길을 걸어 나간다. 지원이 의도적으로 민환과 수민의 외도를 알지 못하는 척 그들을 연결시켜 주며, 민환의 재산을 소멸시켰듯이 말이다. 이것은 어떻게 보면 지난 세계의 유일한 잔존물인 '자신'을 지워나감으로써 이전의 세계도 함께 지우려는 시도처럼 읽히기도 한다.

실제로 지원은 회귀 이전의 지원과는 다른 사람이 되고, 다른 결말을 맞는다. 지원이 회귀 전의 자신의 모습을 떠올리면 떠올릴수록 그 과거의 자신은 지워진다. 동창회에서 망신을 당하거나 구내식당에서 넘어져 음식을 뒤집어쓰는 일도 없다. 〈내남결〉은 지원이 예전 자신의 세상과 자신을 지워가는 이야기다. 어설프게 누군가를 용서하거나 양보하지 않는다. 지원이 미련을 느끼지 않을 수 있도록 인물들 역시 평면적이다. 〈내남결〉에는 진심으로 참회하는 인물이 등장하지 않는다.

동반자: 그럼에도 혼자는 외롭기 때문에

일반적인 회귀물과 다르게 지원은 극 중에서 유일한 회귀자가 아니다. 후에 지원과 연인이 되는 지혁 역시 이전 세계의 기억을 가지고 회귀한 인물이다. 이 사실을 두 사람은 방탄소년단의 노래를 함께 들으며 얘기하다가 알아차린다. 타인은 절대 침입할 수 없는 두 사람만의 공감대가 형성되는 순간이었다.

왜 굳이 지혁도 회귀를 한 인물이어야만 했을까? 지원의 복수를 돕고, 서로가 서로에게 유일해지는 사랑의 정당성을 부여하기 쉽기 때문이기도 할 것이다. 그렇지만 회귀를 하지 않았더라도 서로 진심으로 이해하고 사랑하는 게 불가능한 것은 아니다. 시간 선을 비트는 요소가 등장하는 또 다른 드라마 〈선재 업고 튀어〉(2024)만 보더라도 그렇다. 해당 극에서는 여성 주인공 임솔(김혜윤 분)만이 계속해서 과거로 돌아가며 극의 흐름을 이끌어나간다. 솔은 회귀를 했지만 그 사실을 알지 못하는 남성 주인공 때문에 발생하는 에피소드들도 극에 재미를 더해준다. 본래 회귀물의 특수성은 주인공만이 유일한 회귀자라는 점이고, 그 사실을 알지 못하는 타인들과의 관계에서 발생하는 어긋남이 하나의 매력으로 작용하는 장르이기 때문이다.

지혁의 회귀는 지혁이 지난 세계, 그리고 지난 세계에서의 지원을 함께 기억할 수 있는 인물이 된다는 점에서 의미를 가진다고 본다. 잊는 것, 바꾸는 것, 다 좋다고 하자. 회귀물의 법칙이 또 하나 있다. 바로 언젠가는 회귀자가 회귀자라는 사실이 다른 인물들에게 밝혀져야 한다는 것이다. 회귀자는 그 사실이 발각되기 전까지 이전의 세계를 온전히 홀로 감당해야만 한다. 이전 세계에서의 자신을 기억하는 것도 자신뿐이라는, 어떤 측면에서는 실존적인 문제에도 시달리게 된다. 만약 지혁이 회귀자가 아니었다면 지원은 언젠가 반드시 고독함과 상실감에 시달렸을 것이다. 아마 자신이 회귀자라는 사실을 지혁에게 밝히게 되었을지도 모른다. 하나의 세계와 또 다른 자신의 존재를 홀로 감당하기는 버겁기 때문이다. 그러므로 지혁은 기억하는 인물이다. 지원과 함께 기억하는 인물이다. 지원이 외롭지 않기 위해 지혁 역시 회귀를 한 인물이어야만 했을 것이다.

도파민 리부트: 유행은 돌아오는 거야

사실 〈내남결〉과 동일한 소재를 다루는 드라마는 이미 2000년대 초반부터 2010년대 사이에 한창 유행한 바가 있다. 〈인어아가씨〉(2003), 〈아내의 유혹〉(2008), 〈오로라공주〉(2013) 등 모두 텔레비전 드라마계에 한 획을 긋고 간 작품들이며, '막장 드라마'의 대표 주자로 꼽힌다. 그러나 막장 드라마는 분명한 비판을 받고 어느 순간부터 '아침 드라마'라는 이름을 새로 얻어 시청자가 적은 시간대로 밀려났다. 한편 〈내남결〉은 월화 저녁 8시 50분부터 10시 10분까지, 나름 좋은 시간대에 편성을 받고 방영을 마쳤다. 텔레비전 드라마가 자극적이기만 해서는 안 된다는 비판과 함께 변화의 물결이 한차례 일었음에도 불구하고, 자극 그 자체인 작품이 시청률 12%까지 달성하며 화려한 쾌거를 이룬 것이다.

거슬러 올라가 보면 자극적인 드라마의 부활의 시작에 〈SKY 캐슬〉(2018)이 있지 않을까 싶다. 충격적인 첫 화로 대중의 시선을 끌고, 이후 학업 스트레스, 경쟁, 불륜, 살해와 같은 소재를 끊임없이 등장시키며 시청자들이 욕하면서도 떠날 수 없도록 붙잡아 두었다. 그 이후로 〈VIP〉(2019), 〈부부의 세계〉(2020), 〈펜트하우스 시리즈〉(2020~2021)와 같은 극들이 해마다 일정 수량씩은 방영되었다. 올해 상반기에는 〈내남결〉이 그 역할을 수행한 것으로 보인다.

우울증 환자가 100만 명이 넘어가는 시대다.[1] 우리나라는 특히 정신질환을 앓는 사람들에게 각박한 면이 있어, 자각하지 못하고 있거나 외면 중인 사람들까지 포함한다면 훨씬 많을 것이다. 안방 화면에 부활한 도파민

---

1   최양지, "우울증 환자 100만 명 넘어… 진료비 5,378억 원", TBS 뉴스, 2024년 1월 10일 자, https://tbs.seoul.kr/news/newsView.do?typ_800=6&idx_800=3514155&seq_800= 20506865(검색일: 2024.10.16).

위주의 드라마들은 우리 사회에서 빈번하게 일어나는 여러 크고 작은 사건들로부터 잠시 도피할 수 있는 좋은 수단이 된다. 자극적인 드라마가 성황을 거두면 거둘수록, 눈을 돌려 우리 사회에서는 어떤 일이 일어나고 있는지, 삶을 살아가는 대중은 어떤 상태인지 들여다보는 것도 좋을 듯하다. 어떠한 사회 현상을 드라마가 설명할 수도 있겠지만, 어떠한 드라마를 우리 주변의 사회적 분위기가 설명할 수도 있기 때문이다.

내 세상도 잊게 해줘

통쾌한 방식으로 복수에 성공하고 사랑도 쟁취하며 이전 세계에서 자신을 불행하게 만들었던 요소를 차츰 지워나가는 지원을 보며 우리는 만족감을 느낀다. 미워해도 되는 인물은 확실하게 나쁘고, 응원해야 하는 인물은 확실하게 착해서 굳이 머리 아픈 갈등을 하며 드라마를 보지 않아도 된다. 이뿐만 아니라 든든한 조력자까지 있다. 이전 생에서는 수민의 방해로 사귀지 못했던 친구들이 생겼고, 직장에서는 미래의 시누이가 될 지혁의 동생이 전적인 지지와 신뢰를 보낸다. 지원의 새로운 세계는 외롭지 않다. 좋은 방향으로, 지원의 지난 세계는 차츰 지워져 나간다. 이 시점에서 지원의 이름이 '지원'인 것은 우연처럼만 느껴지지는 않는다.

그리고 그 과정을 지켜보는 시청자들도 함께 자신의 세상을 잠시나마 잊을 수 있게 된다. 언젠가 내게 일어나길 바란다고 상상만 했던 일들을 주인공이 이루어내기 때문이다. 그뿐인가. 굳이 주인공에게 이입하지 않더라도 외부의 세계를 잊는 것은 가능하다.

그 유명한 회사에서 민환의 외도를 폭로하는 장면, 유튜브에 올라간 클립의 댓글을 확인해 보면 이런 댓글이 있다. 저 날 딱 연차 낸 사람은 너무 아쉽겠다고. 저런 회사에 다니면 하루하루 짜릿할 것 같다고.[2] 인간은 어떠한 형식으로든 자신의 일상에서 조금이라도 변주를 줄 수 있는 사건이 발생하면 그것에 집중을 한다. 우스갯소리로 하는 사내연애를 하면 복사기도 다 안다는 말도 업무 외적의 것, 아주 사적인 사건에 집중을 하다 보면 타인의 애정사를 알아차리기 쉽기 때문에 전해지는 말일 것이다.

〈내남결〉은 극적 상황으로는 주변 직장인 동료들을 등장시킴으로써 이입을 유도하고, 서사로서는 지원의 통쾌하고 일방적인 복수극을 그려내며 시청자들의 눈길을 사로잡았다고 할 수 있다. 솔직히 말하면 〈내남결〉은 아무런 생각도 하지 않고 정말 편안하게, 재미있게 볼 수 있는 드라마였다. 주인공은 내가 바라던 나의 모습대로 당차게 행동한다. 남성 주인공은 돈 많고 미래가 전망한데 나만 바라보고 다정하기까지 한 허구 그 자체의 인물이다. 워낙 범상치 않은 집안이라 시집살이가 힘들까 싶으면, 남성 주인공의 여동생이 슬그머니 나타나 애교를 부린다. 완벽하게 나를 위한 허구의 세계가 세팅되어 있는 듯하다. 그 세계는 너무도 매력적이라서 나의 참여를 상상할 수밖에 없고, 내가 지금 속해 있는 현실의 세계를 계속해서 등지게 만든다. 시청자들이 유난히 사투리를 제대로 구사하지 못하는 배우들에게 불만을 표한 이유도 어쩌면 '몰입이 깨져서'가 아닐까 싶다. 몰입이 깨지는 순간 현실과 허구가 분리되고 각각의 요소를 인지할 수 있기 때문이다.

사회가 혼란할수록 〈내남결〉과 같은 드라마의 수요는 증가할 것이다. 통쾌하고 자비 따위 없는 복수가 자극적인 연출을 만났을 때 현실에서는 해소할 수 없는 욕망이 일부분 해소된다. 슬픈 현상이지만, 개선이 필요하

---

2   tvN DRAMA, <쫙! 쫙! 쫙! 사내 불륜남 이이경에게 연속으로 싸대기 날린 박민영! "이거 누구 꺼야? 네 차에서 나왔던데…">, https://youtu.be/R1DbQaVkPmo?si= -sapAFImDkACsiAW(검색일: 2024.10.16)의 댓글들.

다고 볼 일은 또 아닌 것 같다. 결국 드라마는 정해진 러닝타임이 끝나면 더이상 제공되지 않는다. 드라마를 본 시청자들은 반드시 자신이 잊고자 했던 세계로 다시 돌아와야 한다. 그 괴리감이 반복되며 결국 나의 세계로부터 도망치는 법은 없고, 일시적인 망각을 하는 것 정도만이 가능하다는 사실을 서서히 깨닫고 받아들이게 된다. '잘된' 도파민 파티의 드라마가 한 해에 한 작품 내지 두 작품에 그친다는 것도 그 연장선이지 않을까. 대중은 과하지 않게, 딱 정말로 필요한 순간에만 현실을 잊게 해주는 수단을 찾는다. 그 수단을 통해 조금 회복을 하고 나면 다시 현실로 돌아가 세계를 살아낸다. 도파민과 망각, 그리고 도피. 너무 걱정하지 않아도 될 듯하다. 🐞

'감사'할 수 있는 사회

드라마 〈감사합니다〉를 중심으로

이하나

국립국어원의 표준국어대사전에 따르면 '감사'에는 총 15개의 의미가 있다. tvN 드라마 〈감사합니다〉는 '횡령, 비리, 사건 사고가 끊이지 않는 건설회사 감사팀을 배경으로 회사 갉아먹는 쥐새끼들 소탕하러 온 이성파 감사팀장 신차일과 감성파 신입 구한수의 본격 오피스 클린 활극'이다. 이 드라마에서 '감사'는 사전에 12번째로 등재된 의미인 감사(監事), 즉 "법인의 재산이나 업무를 감사하는 상설 기관. 또는 그런 사람"을 뜻한다. 하지만, 이 글에서는 사람들이 일상생활에 필요하고 소중한 단어인 감사(感謝), "고맙게 여김. 또는 그런 마음"이라는 뜻을 중립적인 의미로 함께 내세워 드라마를 비평해 보고자 한다.

우리가 느끼는 부조리한 현실 세계: 드라마에 등장한 에피소드들

TV를 보는 대중에게 '아파트'란 어떤 의미일까? 한국의 아파트 가격은 전국 곳곳에 최소 몇억부터 몇십억까지로 개인이 평생 벌 수 있는 돈과 맞먹는다. 그래서 대중에게 아파트는 일생일대의 목표이자 삶의 터전이다. 그러나 이렇게 간절히 마련한 아파트가 비리로 인해 외벽 철근이 최대 70%[1]까지 누락되거나, 부실 공사로 사고가 발생하는 상황에 이르자 사람들은 건설회사에 대한 신뢰를 잃게 되었다. 건설회사의 비리는 평범한 사람들의 삶을 붕괴할 수 있다. 그래서, 드라마 〈감사합니다〉는 이런 건설회사의 횡령과 비리를 잡고 소탕하는 감사 이야기를 통해 우리가 느끼는 부조리한 현실에 대한 갈증을 해결하기에 충분한 작품이었다.

　드라마에 등장한 각종 비리 에피소드들은 대부분 우리가 언론을 통해 간접적으로 알고 있던 큰 이슈들이 구체적으로 어떤 상황에서 일어나는지를 보여준다. 극 중 감사팀장인 신차일(신하균 분)이 비리의 온상 JU건설에 들어가자마자 첫 번째로 해결하는 사건은 '타워크레인 인명사고'다. 건설회사에서는 부품이 규격에 맞지 않아도 값싼 제품으로 타워크레인을 만들어 비자금을 마련한다. 하지만 규격에 맞지 않기 때문에 공사 현장에 있는 인부들뿐만 아니라, 그 현장 근처를 지나는 시민들까지도 위험에 빠뜨릴 수 있다. 타워크레인으로 인해 2014년 수원 아파트 신축 현장, 2017년 5월 남양주의 아파트 건설 현장[2] 등과 같은 곳에서 사건이 실제로 계속 발생 중

1　"이번엔 철근 70% 누락…LH 순살아파트 '끝판왕' 드러났다", ≪중앙일보≫, 2023년 9월 25일 자, https://www.joongang.co.kr/article/25195336", https://www.joongang.co.kr/article/25195336(검색일: 2024.9.7).

2　"타워크레인 비리가 드라마에, tvN '감사합니다' 건설현장의 그늘을 비추다", ≪비지니스 포스트≫, 2024년 8월 9일, https://www.businesspost.co.kr/BP?command=article_view&num=361834(검색일: 2024.9.7).

이다. 또한, 건설업계의 가장 오래된 비리인 건설 현장 간이식당 선정과 관련해 뇌물을 받는 과정, 누군가의 기회를 박탈해 가는 채용 비리, 회사에서 막대한 비용을 투자해 개발한 기술을 유출하는 산업계의 문제 등을 심도 있게 다루어서 시청자들의 호응을 받았다.

드라마의 시청률은 현실 세계에서 충족되기 어려운 욕망을 얼마나 잘 대리만족시키는지에 따라 결정된다. 건설회사를 '감사'하는 드라마에 대중이 통쾌함을 느꼈다면, 대중이 느끼는 현실 세계는 부조리하다는 걸 역설적으로 알 수 있게 하는 드라마였다.

우리가 원하는 일상의 영웅: 드라마가 제시한 인물

우리는 어떤 영웅을 원할까? 드라마를 보면 알 수 있다. 드라마는 현실 사회의 결핍과 모순을 해결해 가는 과정을 보여줌으로써 카타르시스를 대중에게 선사한다. 그래서 드라마 속에서 발생한 문제들을 해결해 나가는 주인공은 현실 속 우리에게는 사회 정의를 구현하고 우리를 구원해 줄 영웅과 같은 손재다.

여러 드라마에서 다양한 유형의 영웅들이 등장한다. 〈힘쎈여자 강남순〉과 〈경이로운 소문〉에서는 초능력자가 약자를 구한다. 〈빈센조〉에서는 마피아가 더 악독한 인물들과 맞서고, 〈모범택시〉에서는 특수부대 출신 등 다재다능한 인물들이 사적 복수를 대행한다.

다양한 장르물 속 인물들 또한 우리가 바라는 영웅이다. 변호사, 검사, 판사들이 나오는 법정물에서 주인공들은 부패 권력에 투쟁하고 정의를 실현한다. 기자들이 나오는 드라마에서는 국민의 알권리를 위해 목숨 걸고 보도하려고 한다. 〈군검사 도베르만〉에서는 군 검사가 군 조직의 적폐를 겨냥한다. 〈트레이서〉, 〈넘버스: 빌딩 숲의 감시자들〉에서는 회계사들이 업계 비리를 감시한다.

그런 의미에서, 〈감사합니다〉는 오피스물인 동시에 히어로물이다. 주인공 신차일이 현실적인 영웅이기 때문이다. 이상적인 사회를 추구하는 장르물 속 드라마 주인공들처럼 실현 가능한 방식으로 정의를 구현한다.

"당신은 우리 회사 모든 직원 딸들의 꿈을 **뺏**으려고 했어. 이 쥐새끼야."

드라마 속 감사팀장 신차일이 등장하는 첫 시퀀스에서 횡령을 저지르고도 자기 딸의 안정적인 미래를 위해 회사를 계속 다닐 수 있게 해달라고 말하는 직원에게 한 말이다. 한 사람의 비리와 횡령이 회사를 존폐 위기로 몰고 모든 직원과 직원의 가족을 위험에 빠뜨릴 수 있음을 경고함과 동시에, 신차일이 '감사'에 진심으로 임하고 있음을 보여주는 대사다.

신차일은 조직을 갉아 먹는 '쥐새끼'들을 소탕하기 위해 부패한 회사만을 선별해 입사한 후, 정화 작업이 끝나면 다음 회사로 옮긴다. 이번 타깃이 된 회사가 바로 드라마의 주 무대가 된 JU건설이다. 드라마에서는 에피소드를 통해 신차일의 신념을 보여준다. 1~2회의 주요 에피소드인 '타워크레인 인명사고'는 사고 원인을 자연재해로 발표한 상태지만, 이미 종료된 사건도 다시금 짚어보며 억울한 피해자가 생기지 않는지 살펴본다. 그 과정에서 응급수술이 필요했지만 동네 내과에서 적절한 치료를 받지 못해 생사를 다투던 중환자 인부를 구해낸다. 또한, 개인의 이익을 위해 불법으로 개조된 저가 타워크레인을 제작한 회사 임원을 기소해 실형을 선고받게 한다. 권력에도 휘둘리지 않고 감사를 진행하는 모습으로 드라마의 포문을 연 것이다. 드라마의 마지막 에피소드인 11~12회에서는 자신을 채용했던 JU건설의 사장이자, 비자금 마련을 위해 가장 큰 횡령을 저지른 황세웅(정문성 분)의 비리를 파헤친다. 오너 일가에게도 예외 없는 모습을 보이면서 죄지은 모든 사람을 평등하게 단죄했다. 그뿐만 아니라, 과거 인연이 있었던 나눔 주택 사업부의 팀장이자 34억을 횡령한 유미경(홍수연 분)의 범죄까지 밝혀낸다. 그 모습을 통해 연민과 감정, 혈연과 지연에 흔들리지 않고 남녀노소 가리지 않고 원칙적으로 일한다는 것을 부각한다. 이러한 과정이 판타지 드라마에서만 가능한 초능력이나 준비된 액션배우라서 할 수 있는 화려한 무술이 아닌, 꼼꼼하게 감사 자료를 살피는 두뇌 싸움으로만 펼쳐진다. 하지만 이런 인물은 현실 속에 존재할 수도 있지만, 흔하지 않다. 대부분의 사람들은 신차일처럼 강하게 맞서지 못하기 때문이다.

이러한 이유로 신차일이 조금 더 현실적인 인물로 느껴지게 드라마에서는 서사를 줬다. 신차일은 어린 시절 가난했지만, 건설 현장의 일꾼으로서 일용직을 전전하며 자신을 키워준 아버지 덕에 대기업인 지학건설 감사팀 신입으로 채용된다. 그러나 신차일의 아버지는 지학건설 공사 현장에서 일하던 중, 부실 공사로 인한 건물 붕괴 사고로 목숨을 잃는다. 그 사고는 신차일이 막을 수 있었다. 신차일은 철근 구매량 표기 오류를 발견해 상사에게 보고했다. 하지만 상사는 자신이 맡은 건에 대한 감사임을 눈치채고, 신차일의 보고를 묵살했다. 결국, 신차일은 자신이 묵인한 감사로 인해 아버지가 사망했다는 사실을 알게 된다. 자신 때문에 아버지가 죽었다는 죄책감으로 인해 "감사도 목숨이 달린 일이다"라는 신조로 원칙을 지키는 사람이 되었다.

이 드라마의 의의는 비록 신차일이 현실적인 인물이 아니라고 하더라도, 극 중에서 그처럼 자신의 역할을 제대로 수행하는 인물이 등장함으로써 주변 인물들의 태도가 변화한다는 점이다. 드라마 속 그들의 성장을 지켜보듯 우리의 현실도 변할 수 있다는 기대감이 심어진다. 처음에는 감사를 귀찮아하던 감사팀 전원이 점차 신차일의 든든한 지원군으로 변모해 간다. 구한수(이정하 분)는 극의 초반부 문서나 증거보다 사람과의 친분만 생각했고, 감사를 업으로 하는 직원인데도 불구하고 하청업자에게 구두를 선물로 받았다. 그러나 드라마의 마지막 회에서, 비리 의혹자를 인터뷰하고 문서를 꼼꼼하게 보는 사람이 된다. 회사 사익을 위해 비리에 눈감던 황대웅(진구 분)은 퇴사하려는 신차일에게 1년만 더 머물러달라고 부탁한다. 〈감사합니다〉는 현실에 존재하지 않는 영웅을 보여줘 허탈감을 주는 다른 판타지 드라마들과 달리, 우리 모두가 영웅이 될 수 있다는 희망을 준다. 그래서, 세상을 조금은 밝힐 수 있는 작품이었을 것이다.

'감사'할 수 있는 사회

우리가 어떤 사회를 희망할까? 드라마 〈감사합니다〉는 사회의 어두운 단면을 적나라하게 보여주며, 시청하는 우리에게 사회 구성원으로서 성찰의 기회를 제공했다. 드라마 속 신차일과 주변 인물들이 사회 구성원으로서 자기 몫을 다한다면 정의 구현은 더 이상 어려운 논제가 아님을 말한다.

　드라마 속에서 신차일은 JU건설에 면접을 보기 전, 구내식당에서 밥을 먹는다. 감사팀 직원들이 식사하러 오자, 타 부서 직원이 구내식당에 대한 감사를 요청했음에도 불구하고 왜 이루어지지 않았는지 항의한다. 이에 구한수는 운영진 편을 드는데, 이 광경을 목격한 신차일은 "구내식당은 회사가 얼마나 정상적으로 굴러가는지 보여주는 지표"라며, "이 회사는 맛이 갔고 맛이 갈 때까지 방치한 감사팀은 무능하다"라고 독설한다. 우리가 흔히 접하는 구내식당으로 사회 구성원들이 제 할 일을 제대로 하고 있는지를 보여준 에피소드다. 현실에서는 사소하게 불평하며 넘겼을 이러한 일에도, 업무 태만과 직무 유기가 없었다면, 사회 구성원 모두가 제 몫의 일을 열심히 한다면 우리가 감사하는 세상이 올까? 아마도 모두가 제 몫을 하지 않는 세상보다 나은 세상일 것이다. JU건설 안에서 벌어지는 이야기는 결국 우리 사회의 축소판이다. 사회의 부정부패를 조사하고 처단하는 신차일과 같은 인물도 있지만, 황세웅처럼 권력으로 무력화하는 절대 악도 있다. 모두가 신차일처럼 맞설 수 없기에 현실에서는 용기와 신념이 있어도 불가능한 일이다. 결국, 사회구조의 문제다.

정부는 '정보공개 제도'를 운영하고 있다. 이 제도는 공공기관이 보유한 정보를 국민에게 공개한다. 이를 통해 국민의 알권리를 보장하고, 국정 운영의 투명성을 높인다. 또한 누구나 사회를 감사할 수 있는 기회를 제공한다. 공공기관의 제도처럼 만약 사회에 이렇게 강제로라도 감사할 수 있는 기회가 많아진다면 어떨까. 대중이 주의 깊게 감사를 수행한다면, 어쩌면 칙칙했던 세상이 조금은 투명해질 수 있지 않을까.

"흐려지면 안 됩니다. 감사에 있어 가장 경계해야 하는 건 흐린 눈입니다. 상황을 편견 없이 뚜렷하게 보십시오"라는 신차일의 대사는 드라마가 대중에게 보내는 메시지와 같다. 〈감사합니다〉는 재미와 감동만 주는 단순한 엔터테인먼트를 넘어선 드라마다. 이 작품은 부조리한 현실에 맞서 싸울 용기를 준다. 우리 모두가 일상의 영웅이 되어 부정부패에 맞서면, '감사'할 사회를 만들 수 있다는 메시지를 전달한다. 드라마의 해피 엔딩처럼, 우리 모두가 각자의 역할을 다하는 성숙한 사회 구성원이 되고, 모든 일에 정당한 감사가 이루어져 사회 구성원 모두가 감사할 수 있는 사회가 되기를 바란다. 🖋

입 선

비혼주의 사회에서 가족애를 외치다

이하은

사랑하고 싶지 않은 사회 속에서

2022년 OECD는 한국이 2050년쯤엔 전체 인구 중 65세 이상 노인 비율이 20%를 넘어서는 '고령사회'에 들어설 것이라고 진단했다.[1] 이런 예상과 달리 현재 한국은 이미 고령사회를 맞이했으며, 이와 같은 속도라면 곧 초고령사회를 맞이하게 될 것이다. 현재 대한민국은 저출산 위기에 처해 있다. 2023년 한국의 합계출산율은 0.72명이었다. 게다가 몇 년 전부터는 '비혼주의'라는 단어가 급부상하기 시작하더니, 이제는 비혼주의와 비연애를 선언한 사람들을 일상생활에서 흔하게 만날 수 있다. 인구보건복지협회에서 실시한 '2022년 제1차 저출산인식조사 토론회' 보고서에 따르면, 현재 미혼

---

1 OECD, "Adapting Regional Policy in Korea: Preparing Regions for Demographic Change"(OECD Rural Studies, 2022.6.23).

234

청년 약 1000여 명 중 '연애 중'인 비율은 36.4% 뿐이다.[2] 미혼 청년 세 명 중 한 명만이 연애를 하고 있다는 뜻.

이러한 사실들이 말해 주는 것은, 우리는 지금 사랑하고 싶지 않은 사회에서 살고 있다는 것이다. 그럼에도 불구하고 많은 방송사에서는 다양한 연애 프로그램을, 여러 형태의 사랑의 모습을 보여준다. TV에 방영되는 연애 프로그램만 본다면 연애 춘추 전국 시대가 아닐 리 없다. 사실 연애 프로그램의 역사는 유구하다. 연예인들의 가상 결혼을 담아냈던 〈우리 결혼했어요〉,[3] 헤어진 연인들이 모여 사랑을 찾아가는 〈환승연애〉,[4] 결혼을 원하는 3040세대의 이야기를 담은 〈나는 SOLO〉(이하 〈나는 솔로〉),[5] 남매들이 모여 서로의 연인을 찾아가는 〈연애남매〉까지. 연애를 거부하는 사회에서 연애 프로그램의 흥행이 우리에게 던지는 의미는 무엇일까? 결혼을 하지 않기로 선택하고 연애에 대한 거부감이 늘어가는 사회에서 연애 프로그램의 성공은 주목해 볼 만한 점이다. 몇몇 이들은 미디어를 통해 대리만족을 느끼고, 또 다른 이들은 단지 오락적 요소로 연애 프로그램을 본다고 말한다.

JTBC의 연애 리얼리티 프로그램 〈연애남매〉는 남매들이 한 집에 모여 서로의 인연을 찾아가는 리얼 '연애' 프로그램이나. 출연신들의 가족사가 함께 공개되며 프로그램 구성은 계속해서 가족을 연관시키고 가족애를 강조한다는 점에서 기존 연애 프로그램과는 사뭇 다르다. 연애를 넘어 가족적 휴머니즘을 이끌어냈다는 평가를 받은 〈연애남매〉가 연애 '거부' 사

2　인구보건복지협회, 「청년의 연애, 결혼 그리고 성 인식 조사」(저출생·인구절벽대응 국회 포럼 자료, 2022).

3　MBC 리얼리티 프로그램(372부작), 2012.9.15~2017.5.5 방영.

4　TVING 오리지널 연애 리얼리티(15부작), 2021.6.25~2021.10.1 방영.

5　ENA 연애 리얼리티 프로그램, 2021.7.14~현재 방영 중.

회에서 과연 사랑을 어떻게 풀어나갔을까.

연애는 '수단'일 뿐

2022년, 통계청의 혼인·이혼통계에 따르면 2021년 총혼인 건수는 2012년에 비해 약 41% 감소한 192.5건에 불과하다.[6] 비연애, 비혼을 선언하는 사람들은 점점 늘어나고, 누군가는 결혼식 대신 '비혼식'을 올리기도 한다. 과거에는 '때가 되면 자연스럽게 하겠지'라는 결혼관이 만연했다면 이제는 더이상 '때가 되면' 할 수 있는 결혼은 찾아보기 어렵다. 지금 청년세대에게 결혼과 연애가 주는 의미는 기성세대와 사뭇 다르다. "연애는 필수, 결혼은 선택"이라던 가사도 옛말이다. 이제는 "연애도 선택, 결혼도 선택"이 되는 시대. 21세기를 살아가는 청년들이 전통적인 결혼관을 타파하고 새로운 결혼관을 써 내려가고 있는 중이라면 과연 사회의 인식도 그러할까? 사회는 여전히 개인을 존중하기보다는 자꾸만 조언을 건넨다. '혼자 살면 외로워', '나중에 늙으면 누가 널 돌봐주겠니' 같은 것들로 말이다. 싱글 라이프를 살고자 하는 사람들도 예전에 비해 많이 찾아볼 수 있다. 필자 주변만 해도 결혼을 하고 싶다는 사람, 결혼은 싫지만 아이는 낳고 싶은 사람, 연애는 하지만 결혼은 하고 싶지 않다는 사람 등 다양한 결혼관을 지닌 사람이 있다. 게다가 연애와 결혼은 '나'와는 전혀 다른 사람이 만나 서로의 삶을 뒤흔드는 행위다. 이러한 중대한 결정이 필요한 당사자에게 허울뿐인 조언이 난무한다. 정말로 결혼을 장려하고 가족을 이루길 바란다면 '진정한 공감'에 기반한 한마디가 필요할 때다.

---

6   사회통계국 인구동향과, 「2022년 혼인 이혼 통계」(통계청 인구동향조사 보도자료, 2023.3.15).

〈연애남매〉가 다른 연애 프로그램과 다른 점이라고 한다면, '남매'가 함께 출연한다는 점. 내 가족이 다른 사람과 '썸'을 타고, 연애를 하는 모습을 지켜본다는 구성은 많은 사람들로 하여금 흥미를 끌었다. 이 프로그램을 보다 보면 연애보다 우선시되는 것이 있다. 바로 '가족애'다. 가족이라는 단어의 끈끈함이 약해져 가는 시대에서 가족의 가치를 이야기하는 〈연애남매〉는 연애를 '목표'로 바라보지 않는다. 자신을 딸처럼 챙겨준 오빠가 너무 고마워서 다음 생에는 누나로 태어나 잘해 주고 싶다는 여동생, 누나의 상대가 누구인지는 모르지만 자신과 함께 가족을 이루어 매형 로망을 채워줄 남자를 찾고 싶다는 남동생까지. 이들은 함께 모여 부모님들이 직접 만든 음식을 먹고, 숙소에서 부모님과 통화를 하기도 한다. 게다가 부모님이 직접 등장해 이들의 성장 과정을 말하고 이를 뒷받침하는 영상과 사진을 통해 가족의 모습을 강조한다. 그리고 새로 만난 사람들과 이른바 '유사 가족'의 훈훈함을 만들어가며 새로운 가족의 형태를 보여줬다.

　이들은 가족의 형태가 어떻든 간에 가족이라는 울타리 안에서 단단하게 다져진 애정을 기반으로 사랑을 이루어 나간다. 출연진들의 첫 데이트 이후, 이를 바라보는 패널들은 "축의금 많이 할 테니 결혼했으면 좋겠다"라고 전하며 이들의 연애에 '과몰입'하며 응원한다. 이는 고작 프로그램 3회차만에 벌어진 이야기. 〈연애남매〉는 연애를 넘어서 그 이후를 그리며 '연애'보다는 '가족'에 방점을 찍는다. 평범하면서도 즐겁고 따뜻한, 각자만의 이야기를 갖고 있는 남매들이 모여 또 다른 형태의 가족적인 모습을 구현하는 것이 어쩌면 지금 시대에 맞는 공감이자 분위기 조성이 아닐까. 그런 면에서 〈연애남매〉는 시청자들로 하여금 '가족애'에 대한 공감을 자아내고 나아가 결혼과 출산에 대한 분위기를 조성하는 프로그램이라고 볼 수 있다.

함부로 애틋하게, 그렇지만 가족이니까

프로그램에선 서로가 호감 있는 상대에게 문자를 보낼 수 있는데, 이때 '내 혈육'이 몇 표를 받았는지를 함께 알 수 있다. 0표를 받은 혈육을 보며 괜히 기분이 안 좋아지거나, 출연진들 사이에서 매력 어필을 해주려고 혈육의 장점을 대신 말해주며 의기소침해 있을 혈육을 걱정하기도 한다. 때로는 서로 투닥거리며 싸우는 사이여도 결국엔 따뜻하게 응원해 주게 되는 가족의 마음. 평소에는 '남'보다 못한 사이여도 결정적인 순간엔 '내 편'이 되어주는 것, 그게 바로 가족이 아닐까? 프로그램 내내 남매의 투닥거리는 모습과 애틋한 모습을 관찰할 수 있다. 그 과정에서 그간 잘 몰랐던 혈육에 대해 알게 되고, 가족의 소중함을 느낀다. 초아와 초반부터 공식 커플처럼 굳어져 왔던 용우는 후반부에 들어서 다른 이들이 눈에 들어오기 시작했고 초아를 혼란스럽게 만든다. 초아는 답답한 마음에 동생 철현에게 고민 상담을 하고, 철현은 초아에게 조언을 건네기도, 인터뷰를 통해 용우에 대한 불편한 마음을 넌지시 드러내기도 한다. '내 혈육은 까도 내가 까'의 모습을 〈연애남매〉에선 가감 없이 보여준다.

〈연애남매〉는 가족 서사라는 단단한 이야기 위에 출연자들의 서사를 쌓고, 서로가 또 다른 가족이 되는 모습을 조명한다. '가족'이라는 키워드를 더 중점적으로 두고 시청자들에게 다가간다. 프로그램은 1, 2화부터 출연진들의 가족사를 조명하며 그들의 서사를 풀어낸다. 매일같이 다투면서 현실 남매의 모습을 보여주는 재형과 세승 남매, 열 살 차이나는 여동생에게 아빠 같은 오빠가 되어준 용우·주연 남매, 어머니의 암 투병과 아버지의 부재로 힘든 시간 속에서 서로가 유일한 버팀목이 되어준 초아·철현 남매, 누나를 너무 좋아하는 동생과 그런 동생을 귀여워하는 윤하·정섭 남매, 오빠보다 더 든든해 누나 같은 동생과 그런 동생의 말을 잘 따르는 윤재·지원 남매도 있다. 이들의 이야기는 마치 드라마의 주인공들처럼 아름답게 소개된다. 그들의 이야기를 보다 보면, 우리는 출연진들을 진심으로 이해하고 사랑하게 된다. 어떤 형태의 가족상이든 간에 시청자들이 그들을 보면서 충분한 애정을 품을 수 있도록 한다. 게다가 남매들의 부모님이 직접 등장해 자식들에 대한 이야기를 풀어놓으니 감동 코드는 배가됐다.

이곳에서 출연진들은 본인을 소개할 때 '어느 직장에 다니는 누구'라고 소개하지 않는다. 자기소개가 아닌 '남매들의 소개서'로 자신을 소개한다. 서로가 관찰한 서로의 모습을 읽으며 오빠가, 동생이, 누나가 바라본 '나'의 모습을 타인에게 소개한다. 즉, 자신의 남매가 남에게 자신을 소개해 주는 것이다. 소개서를 읽다 보면 눈물을 흘리기도 하고, 미소를 지으며 소개서를 읽기도 한다. 그러다 보면 자연스럽게 남매들의 깊은 가정사를 시청자들도 함께 알게 된다. 보통의 연애 프로그램에서는 가정사를 쉽게 꺼내지 않는다. 그런데 남매가 서로를 소개하다 보니, 자연스럽게 어릴 적 이야기가 나오고, 가정사를 이야기하게 된다. 그 과정에서 시청자는 출연진에게 함께 몰입해 그들을 응원하게 된다. 각자가 갖고 있는 이야기와 아픔을 남들 앞에서 공개하는 것은 쉬운 일이 아니다. 그 시간을 함께 지나오고 버텨준 가족만이 할 수 있는 일. 〈연애남매〉는 오로지 혈육이기에 꺼내놓을 수 있는 이야기들을 담아냈다.

그럼에도 우리는 함께 살아가니까

이른 나이 어머니가 암으로 돌아가시고 아버지와의 절연으로 혈혈단신 둘이 살아온 초아·철현 남매. 철현은 남매들의 부모님이 만든 음식과 부모님의 전화를 받으며 통화하는 것을 바라보며 "솔직한 첫 느낌은 '가족'이라는 게 확 느껴졌다. 내가 어렸을 때 꿈꾸던 부러운 환경이라는 생각을 했다"라고 말한다. 남들보다 일찍 출근하는 초아는 남매들의 챙김을 받으며 아침 식사를 한다. 초아는 출연진들에게 "엄마 같다"라고 말하며 동시에 따뜻함을 느낀다. 초아·철현 남매는 이 프로그램을 통해 만난 인연들이 소중하고 프로그램에서 만난 사람들에게서 가족의 따뜻함을 느낀 것 같다고 말한다. 그리고 프로그램의 모든 출연진들이 가족의 소중함에 대해 알게 됐고, 그동안 잘 몰랐던 혈육의 모습을 알 수 있었다고 입 모아 말한다. 관심 있는 상대와의 결과가 어떻든 간에 사랑을 찾아가는 과정 속에서 무언가를 느낄 수 있었던 것이다. 이 프로그램이 다른 연애 프로그램과 차별화될 수 있었던 이유 또한 여기에 있다. 커플로 성사되기 위해 경쟁하고 선택받고 선택하는 포맷 사이에서, 〈연애남매〉는 커플이 되기보단 따뜻함과 인간의 정 그리고 가족애를 강조한다. 남자와 여자 두 사람이 만나 서로의 감정에 집중하는 일대일의 관계가 아닌, 그 사람의 고유한 매력들을 끌어내 일대다의 관계를 맺을 수 있는 프로그램으로 존재한다.

몇 년 전부터 일반인들의 연애 프로그램 포맷이 유행하자 방송사에서는 다른 방송사와 차별성을 드러내기 위해 프로그램을 다양하게 변주해 왔다. 결혼이 간절한 3040세대를 대상으로 한 〈나는 솔로〉나 이미 한 번 결혼한 경험이 있는 '돌싱'들의 새로운 출발을 위한 〈돌싱글즈〉가 그 예시가 될 수 있겠다. 넘쳐나는 연애 프로그램의 홍수 속에서 살아남고자 많은 방송사는 자극적인 편집과 오로지 사랑을 쟁취하는 과정에만 초점을 맞춰 출연진들을 보여주기에 급급하다.

그 흐름 속에서 〈연애남매〉는 자극보단 휴머니즘과 가족애를 선택하며 연애 프로그램의 새로운 문을 열었다. 함께 밥을 먹고 일상을 나누며 또 다른 가족의 형태를 이룬다. 그리고 그 안에서 희로애락을 느끼며 사랑이라는 감정을 배운다. '가족애'는 모든 사람들의 삶을 관통하는 키워드다. 아빠, 엄마 그리고 자녀들로 이루어진 정상 가족이 아니더라도 사람들은 다양한 형태의 가족으로 이루어져 있다. 그 속에서 서로 부대끼며 살아가고 배려를 배우고 사랑을 배운다. 어떤 세대이든 간에 가족이라는 틀 안에 들어가면, 다양하고 복합적인 감정들이 쏟아져 나온다. 비혼을 선언하고 비연애를 외치는, 가족의 형태가 사라져 가는 시대에서 〈연애남매〉는 '그럼에도 우리는 함께 살아가니까'라는 메시지를 남기고 싶었던 것은 아니었을까? 🖎

입 선

사랑과 자본의 줄다리기

tvN 〈눈물의 여왕〉

이홍준

들어가며: 지금 우리 사회의 모습

꾸준히, 또 여전히 한국 사회에서 돈의 가치는 날로 상승하고 있다. 언론에서 어떤 농작물의 가격이 수도 없이 반복되고 사람들 입에서 오르내리기도 했다. 한국에서 돈은 웃다가도 바로 진지한 얼굴을 짓게 하는 아주 민감한 대상이다. 돈의 크기는 중요하지 않다. 상대적으로 크지 않은 금액에도 사람들은 민감하게 반응하고 정색한다. '돈'과 관련해 상대적으로, 누군가에게는 절대적으로 사회 속에서 자신보다 큰 권력과 자본력을 가진 기득권에 정색한다. 자신이 가지지 못한, 또는 더욱 가지고 싶어 하는 돈이라는 대상의 가치에 대해 자신과 같은 눈높이로 바라보지 못하는 기득권에 대한 정색이다. 하지만 드라마라는 대중문화의 장르에서는 그 돈에 대한 정색이 누그러드는 것 같다. 자본에 따라 높은 사회적 위치에 있는 사람들이 주인공이 되는 드라마는 오래전부터 사랑을 받아왔다.

작년과 올해 화제성이 높았던 두 드라마 〈킹더랜드〉와 〈눈물의 여왕〉이 그 분위기가 최근까지 이어지고 있음을 보여준다. 작년 JTBC의 주말극이었던 〈킹더랜드〉는 TV-OTT 통합 화제성 드라마 부문에서 연속으로 1위에 오르며 막을 내렸다.[1] 〈눈물의 여왕〉도 드라마 화제성에서 연속으로 1위를 차지하고, 마지막 회에 tvN 드라마 역대 최고 시청률 1위를 기록하며 성대하게 막을 내렸다.[2] 그런데 이 드라마들은 제목에서부터 돈에 대한 한국 사회의 의식이 나타난다.

〈킹더랜드〉의 '킹', 〈눈물의 여왕〉의 '여왕'은 극 내의 한국 사회에서 최상위층에 속하는 상당한 자본력을 가진 인물이며 상대와도 큰 자본력의 차이를 가지고 있다. 작품 제목에서부터 돈을 가진 인물이 신분 사회의 최상위인 '왕'으로 표현된다. 시청자들은 충분히 제목과 등장인물을 엮어 기득권에 대한 정색을 나타낼 수 있는 제목 짓기다. 그럼에도 시청자들이 정색하지 않았음은 시청률을 보아 추론이 가능하다. 따라서 어째서 그들이 〈눈물의 여왕〉의 자본 표현에 정색하지 않고 극에 열광했는지, 이 글을 통해 표현해 보았다.

기득권의 색 희석하기

대중문화가 일반적인 사람들, 특히 노동자계급이 즐기는 문화라는 관점에

---

1   "'킹더랜드', 이준호도, 임윤아도 뜨겁다 뜨거워… 화제성 차트 싹쓸이", 《마이데일리》, 2023년 7월 18일 자, https://www.mydaily.co.kr/page/view/20230718105350027709(검색일: 2024.10.13).

2   "제작비만 빼고 숫자로 본 김수현♥김지원 '눈물의 여왕'[종합]", 《스포츠동아》, 2024년 5월 8일 자, https://sports.donga.com/article/all/20240508/124847958/1(검색일: 2024.10.13).

서 권력층의 세상을 그려나가는 드라마는 시청자들에게 와닿는 데 어려움을 겪을 수 있다. 그래서 드라마들은 대중에게 친숙하게 다가가기 위해 등장인물들이 지닌 권력을 몇몇 방법을 사용해 희석한다. 한 기업가가 부산의 한 시장에서 했던 '쉿' 제스처 신드롬과 결이 같다고 할 수 있다. 익살스러운 표정, 일반인들이 평소에도 자주 사용하는 '쉿' 제스처는 이미지를 서민적으로 그려냈고 대중은 평소에는 만나볼 수 없는 대기업의 회장을 친근하게 느껴 직접 그 시장에 방문하며 제스처를 따라 하는 모습까지 보여주었다. 〈눈물의 여왕〉에서도 이와 같이 자본력을 가진 자들을 권위적이기보다 자신들과 비슷하게 느껴지게 하거나 오히려 자신보다 덜떨어지는 모습으로 그려내며 기득권의 색을 희석해 대중의 인기를 얻었다.

재벌 묘사

극 중 '퀸즈 그룹'에 속해 있는 사람들이 자본력을 가진 재벌로서 등장한다. 회장인 홍만대는 권력을 지닌 재벌 총수처럼 그려지지만, 집안 내 다른 구성원들은 기업 경영인과 같은 전문적이고 철저한 모습을 보여주지 않는다.

홍만대의 아들인 홍범준은 극의 초반에는 기업과 돈을 중시하는 모습으로 나타나지만, 극이 진행될수록 인간적인 면모가 드러난다. 애완동물인 달팽이의 깨진 등껍질에 감정 이입해 진심으로 걱정하는 모습과, 재벌 2세로서 돈으로 둘러싸인 세상에서만 살아와 그 바깥에 있는 것들은 잘 이해하지 못해도 거부하지 않고 자신이 살던 세상 바깥에 있는 사람들과 가장 잘 어울리는 모습을 보여준다. 이 모습을 통해 시청자들은 재벌 2세라는 존재가 자신들의 세상에 발을 들여 이해하고 같이 즐기는 모습으로 느끼면서 그들이 가진 권력에 대한 거부감을 버리게 된다.

홍범자는 홍만대의 딸로서 재벌 2세이지만 차갑고 냉철한 재벌들의 이미지에 반대되는 상당히 감정적인 인물로 등장한다. 조카의 질병, 심지어는 자주 만나지 못한 친구의 병사에도 오열하는 감수성이 풍부한 모습을 보인다. 가족 제사에서도 딱딱한 분위기에 순응하지 않고, 관심이 가는 사람에게 자신의 마음을 숨기지 않고 직진하는 등 거침없이 행동한다. 재벌가 속에서 등장부터 극이 마무리될 때까지 감정대로 시원시원하게 행동하는 자본주의 기업가의 면모와 가부장제 속 여성성에 반하는 모습을 보여주는 이른바 '사이다캐'로 그녀를 받아들이며, 사람들은 재벌에 대한 거부감을 잊게 된다.

자본의 무력함 묘사

인물 묘사와 더불어 〈눈물의 여왕〉은 자본의 무력함을 그려냄으로써 시청자들에게 돈의 가치보다 다른 대상에 가치를 더 부여하며 시청자들에게 돈에 대한 가치 판단과 자본력에 대한 거부감에 변화를 준다. 드라마 속 인물들은 기본적으로 돈이라는 대상에 관통된 관념을 가지고 살아간다. 한국 사회의 일반적인 사람들과 같이 돈에 대한 가치판단을 높게 하고 돈이 있다면 무엇이든 할 수 있다고 생각하기도 한다.

재벌인 홍해인의 가족들은 그의 남편 백현우가 돈을 위해 결혼했다고 생각하며 그들의 집안 내에서 일어나는 크고 작은 다툼에서의 감정싸움은 서로의 자본을 공격하는 방식으로 이루어진다. 그리고 백현우의 가족들은 그의 이혼 생각을 들었을 때 백현우보다 돈 문제에 대한 생각에 빠져 이혼을 반대하기까지 이른다. 하지만 홍해인이 질병에 걸림으로써 극 내 자본은 점점 힘을 잃어간다.

홍해인은 그녀의 자기 주도적인 성격과 더불어 자신의 재력을 이용한다면 죽을병이라도 치료할 수 있을 것이라 자신한다. 여러 연구소에 실험 치료 연구 비용을 지원하면서 자신의 치료를 위해 자본을 사용한다. 그러나 결국 그녀는 치료법을 찾는 데 실패한다. 치료법과 병원을 찾아내는 것은 그녀를 위해 끊임없이 포기하지 않고 탐색과 연구를 지속한 백현우의 사랑이다. 이 서사는 시청자들로 하여금 돈보다 사랑이라는 다른 대상에 더 큰 가치를 부여하게 만든다.

로맨스

한국에서의 드라마 흥행에 있어 로맨스는 영향력이 크다. 로맨스 없이 시청자들의 관심을 끌고 흥행한 드라마를 걸작이라고 호평하는 것은 이러한 분위기에 의한 것이라고도 여겨질 정도다. 어떤 배경을 가진 등장인물이든 시청자들의 극에 대한 몰입을 도와주는 감정적인 요소로, 로맨스는 대중문화에 없으면 또 기대하게 되는 드라마의 속성이다.

"사랑해서 결혼하는데, 왜 결혼하면 사랑을 안 하지?"는 〈눈물의 여왕〉의 포스터에 적혀 있는 문구다. 우리 사회에 이 문구에 공감하는 사람은 아주 많을 것이다. 이혼은 점점 자신을 위한 선택으로 존중받게 되었으며 '돌싱'이라는 단어가 나타나고 유행하며 방송 프로그램 제작의 테마로 자주 사용된다. 이혼까지 가지 않더라도 가정 내에서 '가족끼리 그러는 거 아니야'라는 표현과 같이 연애할 때와는 다른 모습을 보이는 부부도 많다. 극 내에서도 홍해인과 백현우는 서로 각방을 쓰고, 아침밥도 따로 먹으며 심지어 직장이 같은 곳이지만 서로 마주치려 하지 않고 마주쳐도 인사하지 않는다. 백현우는 더 이상 결혼 생활에서 행복을 느끼지 못한다고 생각하고 이혼을 결심하게 된다.

극 내에서는 홍해인의 병이 그들의 이혼을 멈추는 계기가 되었지만, 우리 사회에는 그러한 커다란 영향이 없더라도 이혼을 생각만 하고 멈추는 경우가 허다하다. 각방을 쓰고 서로 식사도 하지 않는 결혼 생활을 하면서도 이혼까지 가지 않는 이유는 어딘가에 존재하는 사랑 말고는 없다. '사랑'은 보이지 않는 곳에서 힘이 있다.

신분과 질병의 초월

백현우는 서울대 출신으로 대기업에 다니는 엘리트라고 할 수 있지만 그의 가족은 시골에서 농사하며 살아가는 노동자이기 때문에, 노동자 계급에 위치하는 사람이라고 볼 수 있다. 그래서 본가의 묘사에서 대비가 크게 나타나는데, 백현우의 부모님은 경운기를 타고 다니지만 홍해인의 가족은 운전기사가 있어 운전조차 하지 않는다. 그에 따라 그들의 결혼은 '세기의 결혼'으로 극 내에서 언급된다.

한국 사회에서도 그런 결혼이 몇몇 있지만, 〈눈물의 여왕〉에서는 홍해인이 새로 입사한 인턴으로 백현우와 처음 조우하고, 자신의 뒷배경을 설명하지 않는 점이 다르다. 그래서 백현우는 오히려 "서울에 월세 아니고 전셋집에 산다", "꼬박꼬박 적금하고 있다"라는 말로 재력을 그녀에게 어필한다. 서로가 자본력이 더 높다고 인지하고 있지만 '사랑'의 힘으로 연결된다. 이 서사에서 시청자들은 낭만적인 사랑의 실존을 상상하게 된다.

현재는 결혼정보회사, 데이팅 앱 등 우리 사회에는 서로의 능력과 외모 등 내면보다 겉으로 보이는 것으로 판단하고 시작되는 사랑이 많아졌다. 이른바 '자만추', 자연스러운 만남을 추구하는 사람들과 사회가 지정하는 사랑의 상대로서 기준을 충족하지 못하는 사람들은 현대의 사랑 방식에 적응하지 못하고 점차 사랑을 포기하기까지 이르게 된다. 하지만 극의 사랑 서사를 따라가며 아직 현실에서도 자신들이 원하는 사랑 방식이 존재할 수 있다고 생각하면서 극에 몰입할 수 있게 된다.

비록 그 사랑이 이혼으로 이어지고, 불치병이라는 커다란 요인에 의해서야 다시 서로 함께하는 시간이 많아졌다고 하더라도, 드라마는 그들이 다시 사랑을 느끼는 모습을 '새로 시작하는 사랑'이 아닌 '기존에 존재했던 사랑'을 다시 수면 위로 끌어올리는 방식으로써 표현했다. 서로의 추억이 담긴 물건을 찾기도 하고, 같은 시간을 보내면서 서로 '왜 진작 이렇게 하지 못했을까'라는 마음을 갖는다. 이는 시청자들에게 자신들이 했던 사랑을 다시 떠올리도록 유도하고 현재 상황에 대해 성찰하게 만들어 사랑의 의미를 더 생각하게 만든다.

미디어 연구자인 이엔 앙은 그녀의 『댈러스 보기의 즐거움』(2018)에서 드라마 텍스트가 제공하는 다양한 요소 중 일부에 반응, 공감하고 감정 이입을 하면서 느끼는 정서적 일체감인 '감정적 리얼리즘' 개념을 제시하면서, 대중은 비현실적이거나 자신과 관련 없는 드라마 속 등장인물들의 삶에서 나타나는 인간의 보편적인 감정을 통해 강한 현실감을 느끼기 때문에 즐거움을 얻는다고 설명했다.

재벌 3세와 농촌이 고향인 서울대 출신 변호사의 사랑은 일반적인 대중과는 상당히 동떨어지고, 돈이 있어도 손도 써보기 어려운 질병 또한 보편적이지 않아 드라마 서사 자체가 비현실적인 부분이 많다. 하지만 결혼 전 홍해인과 백현우의 추억 속 서로 사랑하는 모습, 결혼 후 소원해지며 이혼을 생각하는 모습, 서로에 대해 다시 생각하는 모습이 일반적으로 사랑을 하면서 경험할 수 있는 모습들과 닮아 있다는 점에서 감정적 리얼리즘을 작동시켜 시청자들에게 재미를 느끼게 하고, 더 나아가 자신들의 사랑에 대해 다시 생각하게 만들면서 드라마에 사로잡히게 한 것이다.

가족 묘사

텔레비전은 리모컨을 가진 사람이 원하는 방송을 시청할 수 있게 해주는 매체다. 한국에서 젊은 층은 자신이 보고 싶은 콘텐츠를 찾아 거실의 텔레비전을 떠났고, 지금까지도 리모컨은 부모의 근처에 놓여 있다. 그래서 현재 텔레비전의 시청자층은 중년이거나 그 이상임이 틀림없다. 로맨스가 젊은 층의 시선을 잡았다면 가족, 특히 어머니와 아버지에 대한 묘사는 그들을 사로잡을 수 있었다.

어머니 묘사

백현우의 어머니인 전봉애는 흔한 어머니상과 많이 닮았다. 그녀는 오랜만에 온 아들의 방문에 "밥 먹었냐?"라는 말로 반기며 그를 위해 식사를 차려준다. 그리고 다른 가족들은 이혼에 대한 부정적 시각과 함께 며느리 가정의 자본을 고려해 이혼하지 않게 할 방법을 궁리하는 반면 전봉애는 "이혼이 뭐 대수냐", "같이 사는 것이 죽을 것 같으면 그냥 하는 거여"라는 말과 함께 클로즈업되면서 자본과 사회적 시선에서 벗어나 오로지 아들에 대한 걱정과 그의 선택을 존중하는 모습을 보여준다. 결혼 전 백현우가 홍해인이 돈이 없는 사람이라고 착각한 상황에서 결혼하고 싶다고 가족에게 말할 때도 지지해 주는 것은 전봉애였다.

하지만 전형적인 시어머니 상은 해체했다. 첫째 아들 백현태의 며느리에게 "설, 추석에는 친정을 가거나 놀러가든가", "생일도 챙기지 말고, 좀 그러면 카카오톡 이모티콘이나 보내든지"라고 말하면서 사회적인 화두인 고부갈등을 차단한다.

현재 중년 이상의 어머니인 여성 시청자들은 강한 가부장제 속에서 살아왔다. 이러한 배경이 있었기에, 사회에 요구되는 어머니상인 밥을 못 먹은 자식에게 밥을 해주는 주부의 모습에 거부감보다 익숙함을 느끼면서 공감하고, 며느리와 자식의 결혼에 큰 개입을 하지 않으려는 현대적인 시어머니의 모습을 보면서 어머니들 또한 자신의 현재 모습에 대해 생각하며 〈눈물의 여왕〉을 소비할 수 있었다.

아버지 묘사

아버지에 대한 묘사도 현재 아버지 세대의 모습과 비슷하게 나타난다. 백현우의 아버지인 백두관은 그가 사는 용두리의 이장이었는데, 가장으로서 사돈 집안에 덜 밀리기 위해서 재선거에도 당선되고 싶어 했지만 낙선한다. 그리고 홍범준은 극 중 백현우와 강한 갈등을 겪는 윤은성에 의해 퀸즈 그룹에 대한 경영권을 박탈당해 용두리에서 잠시 지내게 된다. 이 두 남성 인물은 자신이 가지고 있던 권력을 잃어 상심하는 것에서 공통점이 존재한다. 그와 동시에 그 상심은 자신이 가장이라는 생각 때문에 더 심화된다. 홍범준의 "그래도 가장인데 가족들에게 괜찮다고 말은 해줄 수 있어야 하지 않겠습니까"라는 말과 "집안의 실질적 가장이 자신의 아버지여서 자신은 그게 편했다는 것이 한심하다"라는 말은 홍범준이 가정 내에서 가장으로서의 아버지가 이상적인 아버지라고 생각하는 것을 여실히 보여준다.

아직 대중문화가 가부장제 안에서 인기를 끌고 있다는 점을 보여주어 아쉽지만, 앞서 말했듯이 텔레비전 주 시청자층이 강한 가부장제를 겪으며 살아온 사람들이라는 점에서 중년 이상의 아버지인 남성 시청자들의 공감을 얻어낼 수 있었다.

자본주의로 관통된 사회 속 사랑

자본주의의 성숙으로 많은 사람들이 자신의 자본을 쌓고 소비할 수 있는 수준에 도달한 한국 사회는 그와 더불어 자신과 타인의 자본에 대한 인식, 돈과 권력을 가진 자들에 대한 동경과 거부감 등 살아가는 데 돈과 관련된 생각이 만연하게 되었다. 〈눈물의 여왕〉도 이를 극을 통해 여실히 보여준다. 극 내 모든 인물의 사고가 자본을 관통하는 것이 그렇다. 매출과 경영권을 얻으려고 발버둥 치고 가족 사이의 갈등도 돈의 싸움으로 연결하는 재벌 집안, 그 재벌 집안과의 이혼을 원한다는 말을 듣자마자 재산분할을 떠올리는 친구, 돈을 보고 사랑 없이 하는 결혼, 자본을 위해 비인간적인 수단을 사용하는 인물 등 모두의 인식 속 가장 큰 범위를 차지하는 것은 자본으로 보인다.

잘못된 것이라고는 생각하지 않는다. 오히려 이렇게 자본에 대해만 생각하는 모습을 통해 시청자들이 그것에 대해 다시 생각해 볼 수 있는 기회를 제공한다. 그리고 그 기회는 사랑을 통해 제공된다. 서로에게 차갑게 대하고 자본을 통해 갈등하던 재벌 집안은 생명이라는 소중함과 함께 자신들의 사랑을 재확인하고, 재산분할을 먼저 떠올렸던 친구인 김양기는 백현우가 다시 사랑을 느끼고 있다는 것을 가장 먼저 발견한다. 돈을 보고 결혼했던 천다혜는 결혼 생활 내내 사랑받아 자신도 사랑하게 되고, 돈을 위해 자신의 아이를 버리고 사람을 해친 모슬희는 모든 사람에게서 사랑을 잃게 된다. 극이 진행될수록 사랑의 비중과 힘이 자본을 추월하는 것이다.

주목하고 싶은 것은 사랑은 예측할 수 없다는 점이다. 프랑스의 철학자 알랭 바디우는 그의 저서 『사랑 예찬』(2010)에서 사랑은 '구축'이라고 표현하며 기존의 질서들을 거부하고 새로운 사건을 만들어내는 것이라 말했다. 극 내에서는 틀어신 모녀 관계, 부부 관계, 완벽한 지료 방법이 존재하지 않는 난치병이 모두 회복되고 오히려 전보다 더 깊은 사랑을 갖게 되었다. 이처럼 사랑은 기존 질서들을 거부하면서 삶의 새로운 부분을 찾을 힘을 가지고 있다.

물론 사랑을 꼭 해야 하는 것은 아니다. 결혼과 이혼이라는 두 길로만 흘러가게 되는 한국 사회에서의 사랑은 지금을 살아가는 사람들에게 점점 와닿지 않는 것 같다. 하지만 연애 예능과 로맨스 드라마, 영화 등 사랑 미디어가 계속 인기가 많고 주목받는 것은 어떤가? 기존 질서, 자본에 의해 사랑이 억제되어 있을 뿐 사람들은 모두 사랑을 하고 싶어 하는 것이 아닐까. 👠

정량적 세계의 불확실성은 무엇을 향해야 하나?

국회의원선거 개표방송 되짚어 보기

임민혁

매년 비평하기에는 어려운 방송 프로그램이 존재한다. 이는 특별한 이벤트거나 아주 드물게 돌아오는 이벤트에만 가능하다. 올림픽, 월드컵과 같은 주기적인 이벤트부터, 정말로 우리의 예측 범위를 넘어선 특수한 사건(재난 등)이 그러한 예가 될 것이다. 물론 모든 방송 프로그램은 특정 기간, 특정 방송의 영역에서 시청자들에게 도달하겠지만, "그때 방송하지 않으면 안 되는 것"에 대한 범주에 속한 프로그램은 많지 않다. 선거와 관련된 개표방송이 그렇다.

사실 개표라는 행위는 그렇게 즐거운 행위는 아니다. 사전 투표와 본 투표를 통해 유권자들의 민의를 정량적으로 수집하고, 투표 종료 후 몇 시간에 걸쳐서 개표를 한 다음, 개표 결과를 공표하면 그만이다. 방송이라는 여부 자체가 결과에 미치는 영향은 없다고 해도 무방하다. 스포츠 중계라면 전국의, 아니 전 세계의 시청자들이 지켜보고 있다는 압박감과 그 상상이 선수들의 경기 진행에 영향을 미쳐서 그 결과가 달라질 수 있는 여지가 존재하나, 개표방송은 그마저도 없다. 기록된 민심은 이미 투표 종료 이후 바꿀 수 없고, 딱딱한 숫자로 표현될 운명이 정해진 재미없고 뻔한 기록만이 남는다. 따라서 어떻게 하면 시청자들의 눈길을 끌면서 각자 자신 시청 점유율을 높일 수 있을까에 대한 고민들과 이를 해결하기 위한 장치들이 등장하게 된다. 우리는 이를 분석하기 위해 다양한 명제를 가정할 수 있다.

명제1: 사람들은 불확실성을 좋아하지 않는다

우리 뇌는 안정성과 일관성을 추구하며, 예측 가능성을 통해 생존을 보장받고자 한다. 이러한 경향은 불확실한 상황에서의 불안감, 두려움으로 이어진다. 경제적 안정성, 인간관계, 건강 등 모든 영역에서 우리는 가능한 한 미래를 계획하고, 리스크를 최소화하려 한다. 따라서 우리의 삶에서 예측 가능한 성질은 상당히 중요하다. 이번 달의 월급이 다음 달에도, 내년에도 꾸준히 들어와야 우리는 미래를 설계할 수 있다. 미래의 상황은(우리는 지속성의 세계를 가정하고 돌발적인 상황은 굳이 강조하지 않지만) 어느 정도 불확실성을 내포하며, 이에 대한 불안감을 완화하고자 하는 욕구는 상당히 근원적이다. 예를 들어 고대 시대부터 사람들은 점치는 행위를 통해 불확실성에 대한 기준을 잡고, 지금 여기에서 어떻게 해야 하는지 조언을 얻고자 했다. 점의 결과에 대한 옳고 그름을 다투는 것은 별론으로 하더라도 말이다.

설문 조사를 통한 투표 결과의 예측은 이러한 근원적인 욕구를 건드린다. 개표가 완전히 마무리되기 위해서는 현실적으로 몇 시간에 걸친 검표 행위가 수반되어야 하고, 이 사이의 영역이 명확히 한정된 불확실성하에서 사람들은 해당 예측 결과가 맞아서 자신이 지지하는 후보가 당선되거나, 틀려서 역시 자신이 지지하는 후보가 당선되었으면 하는, 조금 더 저차원의 불확실함에 대한 세계로 접어들게 된다.

개표방송의 진행을 살펴보자. 개표가 진행될수록 설문 조사를 통해 예측된 결과는 좀 더 현실에 맞는 결과로 수정된다. 실제 개표에서 발생하는 득표수에 따라 예측 결과는 조정되고, 통계적 도구를 통해 당선 유력이나 당선 확실까지 이르게 되면, 불확실성을 감소시키는 여정은 끝이 난다. 개표방송은 이를 효과적으로 보여주기 위한 다양한 시각적 기법을 활용한다. 여러 후보가 달리기를 하고 있다거나 승리의 포즈를 취하는 모습과 같이, 개표 진행의 특정 시점을 반영하는 득표 정보를 최대한 명확하고 간략하게 전달하고자 한다.

명제2: 사람들은 불확실성을 즐긴다, 감당 가능한 선에서는

하지만 사람들은 완전히 예측 가능한 세상만을 원하지는 않는다. 완벽하게 예측 가능한 세상에 대해서는 지루함을 느낄 수 있으며 오히려 어느 정도의 불확실성은 삶에 활력을 준다. 그러나 그 불확실성은 감당 가능한 수준이어야 한다. 너무 큰 리스크나 혼돈은 불안감만을 야기하지만, 적당한 모험과 예측 불가능한 요소는 흥미를 불러일으키고, 때로는 성공적인 결과로 이어졌을 때 쾌감을 더 크게 느끼게 한다. 스포츠 경기나 선거 개표방송이 그러한 예다. 결과를 완벽히 알 수는 없지만 그 과정에서의 긴장감과 기대감이 시청자들의 흥미를 자극하며, 이로 인해 방송 시청에 몰입하게 만든다. 불확실성을 완전히 배제한 방송은 뉴스와 같이 정보 전달 및 획득의 간결한 즐거움은 있겠으나, 장기간의 점유율 유지에는 오히려 단조롭고 매력을 잃을 가능성이 크다. 드라마나 영화의 경우에도 완벽히 예측 가능한 상태로 내용이 흘러간다면 아무도 그 전개를 즐기지 않을 것이다. 이처럼 인간은 어떠한 방송 프로그램이든 감당 가능한 수준의 불확실성을 통해 활력과 재미를 찾으며, 이것이 바로 불확실성을 완전히 배제하지 않는 이유다.

앞서 '명제1'에서 언급했듯 개표방송은 불확실성의 선택지를 줄여주는 역할을 한다. 모든 후보들은 당선되거나 낙선되거나 둘 중 하나의 선택지만을 가지고 있으며, 개표방송을 이러한 과정을 즐기기 위해, 개표 결과로 직진하지 않고 개표 과정을 긴박하게 보여줌으로써 에둘러 돌아가는 방식을 취한다. 다시 말하자면, 개표방송은 가장 많은 득표와 당선이라는 목적지에 이르는(숫자로 표현된) 불확실성의 과정을 보여주며, 이 길은 경계가 명확히 설정된 채 깔끔하게 포장되어 있다. 이렇게 제한된 환경 내에서, 방송사는 어떻게 하면 가장 불확실성을 극대화하며 보여줄 수 있을지를 고민한다. 큰 관점에서 보면 방송사들의 시청률은 역시 정량화된 세계의 지표 중 하나이며, 시청자의 눈길을 잡아끌 수 있는 장치를 설계하는 것은 개표방송을 포함한 모든 방송의 가장 중요한 덕목으로 자리 잡았기 때문이다.

명제3: 정량화의 세계에서 비교는 힘이 세다

숫자와 데이터는 객관적인 힘을 지닌다. 우리가 어떤 주장을 펼칠 때, 정성스러운 설명만으로는 설득력을 얻기 어려울 수 있다. 하지만 숫자가 개입하는 순간 비교가 가능해지고, 그 차이가 분명히 드러난다. 선거 개표방송에서도 마찬가지다. 각 후보의 득표수나 득표율 변화, 지역별 통계 등은 시청자들에게 명확한 비교 기준을 제공하며, 이 과정에서 단순한 숫자들이 시간 축의 변화와 결합되어 설득력과 흥미를 동반하게 된다. 숫자는 객관적이기 때문에 더 이상 이견의 여지를 남기지 않고 명확한 결론을 제시해 주는 것이다. 물론 득표수의 차이가 매우 작은 경우 재검표와 같은 돌발 상황을 야기하기도 하지만, 결국 숫자로서 명확하게 결론이 날 운명이며, 이러한 전개가 개표에서는 그만큼의 재미를 부가하기도 한다. 숫자는 그 자체로 많은 이야기를 함축적으로 품는다. 숫자의 객관적 힘은 여전히 다른 모든 해석을 압도하며, 이는 선거에서 특히 강하게 작용한다.

결국 이러한 비교는 개표방송의 시점, 혹은 개표 종료 이후의 시점에서 누가 앞서가고 있고 결국 앞섰는가에 대한 아주 명확한 결론으로 귀결된다. 대의민주주의하에서 '누가' 당선이 되었는지는 상당히 중요한 이슈다. 하지만 아쉬움은 있다. 지역구의 변화와 발전은 항상 정량적으로만 측정되는 것은 아니다. 우리가 국회의원을 투표로써 선출하는 이유를 다시 한번 되짚어 보면, 결국 각 지역구의 발전과 우리 삶의 살림살이가 나아짐에, 국회의원들의 의견이 모여 국가적으로 밝은 방향으로 나아감에 있는 것이지, 단지 국회의원들의 인기를 확인하고자 함은 아닐 것이다. 개표방송은 시점별 득표수 비교를 위한 정량화에 대해 집중하고 있지만, 정량화의 대상이 무엇이 되어야 하는가, 그리고 정량화에 대한 집중만으로 개표방송이 이루어야 할 가치는 충분한가에 대한 의문점을 남긴다.

제언: 인물 중심이 아닌 정책 중심의 중계로 전환하는 길

개표방송을 포함한 현대의 선거 방송은 종종 인물 중심으로 치우치며, 후보자의 개인적 매력이나 논란이 주된 이슈로 부각된다. 이는 유권자들이 본질적으로 정책보다는 후보자의 이미지에 더 큰 영향을 받는다는 점에서 기인한다. 하지만 이러한 접근은 정치의 본질을 흐리며, 중요한 사회적 문제에 대한 논의가 충분히 이루어지지 않는 결과를 초래할 수 있다. 실제로 많은 경우, 선거는 후보자의 외모, 말투, 과거 행적 등 비정책적인 요소들이 부각되면서 정책 논의는 뒷전으로 밀려난다. 이는 민주주의의 성숙에 걸림돌이 될 수 있으며, 장기적으로는 유권자들의 판단을 왜곡시킬 위험이 있다.

우리가 비평을 하는 목적은 어쩌면 현상 자체를 기술하고 묘사하며 원인을 분석하는 데 그치는 것이 아니라, 예측 가능한 미래를 바탕으로 어떻게 하면 더 나은 세계 안에서 적절한 방향으로 나아갈지에 있을 것이다. 물론 이러한 표현은 정량적 세계 관점에서 보면 상당히 모호하고 구체성이 결여된 방식에 속하기도 한다. 다행히 개표방송에 있어서, 각 국회의원 후보들의 정책 공약은 정량적이고 정성적인 측면을 모두 가진다. 예를 들어 어떤 국회의원 후보의 "청년 세대의 일자리 조성 및 이를 위한 일자리 1000개 확대"와 같은 공약은 해당 지역구의 나아가야 할 방향을 정성적으로 제시하며, 이를 실현하기 위한 방안으로 1000개라는 구체적 수치가 정량적으로 등장한다. 만약 상대 후보의 공약에는 이러한 방향이 부재하다면(개표방송을 인물 중심이 아닌 정책 중심의 관점에서 살펴보면) 현재의 득표율은 결국 청년 세대의 일자리 조성에 대한 정책 방향이 존재함과 존재하지 않음으로, 추진될 청년 일자리의 개수가 1000개와 0개로 정량화된 표현 방식으로 변환될 수 있게 된다. 모든 유권자들이 깊은 시간을 들여 모든 후보들의 정책들을 비교할 있는 여건을 확보한 것은 아니므로, 이를 쉽고 명확하게 전달 가능한 여러 시각적·전달적 장치를 지닌 매체로서, 인물이 아닌 지역구의 정책 제안 중심의 비교는 개표방송의 중요한 덕목이 될 수 있다.

개표방송이 불확실성을 표현하고 과정을 중계해야 하는 도달 지점은 사실 명확하다. 각 당선인의 당선 여부는 대의민주주의의 중요한 포인트이며, 당선 사실을 보여주는 것은 개표방송의 핵심적인 목적일 것이다. 하지만 추가적으로 각 후보자가 당선되었을 때에 제안될 수 있는 정책 방향과 구체적 방안을 어떻게 하면 효과적으로 전달할 수 있을지에 대한 깊은 고민도 수반되어야 한다. 각 구체적 공약을 한 번에 보여주기 어려운 경우라면 청년, 출생률, 일자리, 복지, 주거, 인프라 등 조금 더 굵직한 이슈들에 대한 차이를 부각하고 각 후보들이 당선되었을 시에 지역구별로 어떻게 변화되는지를 시각화해서 보여주는 것이 중요할 것이다. 이는 역시 불확실성의 영역이며 한편으로는 정량화가 가능한 세계다. 해당 후보가 기존 국회의원 활동 기간 동안 혹은 다른 활동을 하던 기간 동안 자신이 제안한 정책에 대해 얼마나 노력을 해왔고 달성해 왔는지를 보여주면서, 개표 과정을 통해 지역구가 어떤 정책적 불확실성과 방향성을 가지게 될 것인지를 실시간으로 그리고 정량적으로 중계할 수 있다면, 개표방송이 가지는 엔터테인먼트적인 요소와 4년에 한 번으로 사람들의 뇌리에 강렬하게 남을 수 있는 이벤트라는 측면에서, 개표방송은 과거와 현재의 궤적을 확인하고 우리 지역구의 미래를 예측할 수 있는 프로그램으로서 다시 자리 잡게 될 것으로 생각한다.

지금까지의 개표방송은 기록된 투표용지를 바탕으로 시간이 걸리는 개표 과정을 중계함으로써(이미 결정된 과거를 실시간으로 세어보기라는) 어쩌면 인위적으로 부여된 불확실성의 힘을 빌려 결정된 결과를 중계해 왔다. 하지만 개표와 득표, 당선의 본질을 생각해 본다면, 개표방송은 결국 미래를 중계해야 한다고 생각한다. 득표 과정에 따라 각 후보들이 제안한 정책의 방향성과 그 변화의 불확실성을 중계할 수 있다면, 그리고 해당 정책이 우리 사회의 미래에 미치는 영향을 정량적으로 중계할 수 있다면, 우리는 우리의 지역구, 더 나아가서 우리 삶의 미래를 좀 더 잘 예측하고 대비할 수 있는 힘을 가질 수 있을 것이라고 믿는다. 결론적으로 정량적 세계의 불확실성을 지닌 개표방송은, 과거를 흥미 위주의 방식으로 재생하는 것에 그치는 것이 아니라 더 나은 미래를 제시하고 예측하는 것을 통해, 우리가 불확실성을 다루는 본질과 본능에 한 걸음 더 다가갈 수 있을 것이다. ￼

Shall we dance?

Mnet 〈스트릿 우먼 파이터 2〉

임정윤

다시 밟는 스텝, 멋진 언니들의 귀환

3년 전 여름, 대한민국을 뒤흔들었던 '헤이마마 챌린지' 열풍을 당신은 기억하는가? 전문 댄서들은 물론 일반 대중까지 춤의 파도에 올라타게 만들며 유행을 선도해 나간 이 챌린지의 탄생지는 〈스트릿 우먼 파이터〉다. 〈스트릿 우먼 파이터〉, 이하 〈스우파〉는 여자 댄스 크루들 간의 경쟁과 성장을 다룬 서바이벌 프로그램으로, 다양한 유행어와 밈을 만들어내며 대중에게 큰 사랑을 받았다. 한평생을 춤에 몸담아 온 댄서들의 멋진 춤 싸움은 보는 이로 하여금 뜨거운 함성을 자아냄과 동시에 심장을 뛰게 만들기 충분했다.

이러한 호평과 흥행을 바탕으로 〈스트릿댄스 걸스 파이터〉, 〈스트릿 맨 파이터〉, 〈뚝딱이의 역습〉 등 다양한 춤 예능 프로그램이 생겨나고 있었으나, 〈스우파〉의 흥행 스케일과 비교해 보자면 아쉬운 실적을 냈던 것이 사실이다. 그러던 중, 2023년 여름. Mnet은 〈스우파〉와 직접적인 연결고리를 공유하는 후속작, 〈스트릿 우먼 파이터 2〉(이하 〈스우파 2〉)를 제작 및 방영하게 된다. 이어지는 글에서 〈스우파〉의 성공을 〈스우파 2〉가 무사히 이어받을 수 있었을지, 난항을 겪지는 않았는지 자세히 살펴볼 예정이다. 필자가 춤에 문외한인 사람인 만큼, 춤에 대한 전문 지식보다는 일반 시청자의 입장에서 보이는 요소들에 더욱 집중하여 관람했음을 참고해 주었으면 한다.

스트리트 댄서를 배려하지 않는 〈스트릿 우먼 파이터〉

왁킹, 락킹, 힙합, 발레, 보깅, 재즈 등, 춤에는 다양한 장르가 존재한다. 목적에 따라 여러 장르의 춤을 적절하게 조화해 하나의 안무를 만들어낼 수도, 한 장르의 춤을 깊게 활용해 전문적인 프리스타일 배틀을 해낼 수도 있다. 같은 춤이라도 개별 댄서들의 특징에 따라 다르게 표현될 수 있다는 점에서, 누군가의 몸동작은 개성을 지닌 하나의 작품이 된다. 이처럼 '춤'이라는 것은 활용의 범위가 넓은 예술이다. 그렇기 때문에 이를 딱 잘라 나눌 수는 없지만, 〈스우파〉 내에서 언급되는 내용을 참고해 두 가지의 분야로 나누어 이야기해 보고자 한다. 바로 '코레오그래피(Choreography)'와 '스트리트 댄스(Street Dance)'다.

'코레오그래피'는 안무 창작에 더 많은 중점을 두는 분야로, 자신의 스타일에 맞게 음악을 해석해 창의적인 안무를 만들어내는 데 집중한다. 이에 반해 '스트리트 댄스'는 즉흥적인 성향이 더 강하다. 길거리와 클럽 등에서 형성된 문화라는 점에서 그 명칭이 붙게 되었으며, 프리스타일 배틀 등이 가장 큰 특징으로 꼽힌다. 〈스우파 2〉에 출연한 8개의 크루 중 스트리트 댄스에 더 중점을 둔 크루는 '울플러', '마네퀸', '레이디바운스'이고, 코레오그래피에 더 중점을 둔 크루는 '베베', '원밀리언', '딥앤댑' 등이다. 다양한 특색을 가진 크루들이 출연했기 때문에, 공정한 경쟁을 위해서라면 '코레오그래피'와 '스트리트 댄스' 두 분야의 미션을 적절하게 섞어야 하는 것이 옳다. 댄서들이 자신의 역량을 최대치로 활용하기 위해서 말이다. 그러나, 〈스우파 2〉는 그러지 못했다. 스트리트 댄스보다는 코레오그래피와 관련된 미션의 비중이 훨씬 더 컸다는 것이 바로 그 내용이다.

〈스우파 2〉에서 진행된 미션 중 '계급 미션', 'K-pop 데스 매치 미션', '화사 신곡 시안 미션', '크루별 퍼포먼스' 등은 모두 안무 창작과 밀접하게 관련되어 있으며 탈락과 생존의 기로에서 중요한 역할을 수행한다. 스트리트 댄서라고 해서 자신이 출 안무의 루틴을 창작하지 않는 것은 아니기 때문에, 이러한 미션 구성에 큰 문제가 없다고 생각할 수도 있다. 그러나 우리는 〈스우파 2〉에 모인 댄서들이 해당 업계에서 정점을 찍은 사람들이라는 사실을 기억해야 한다. K-pop 안무가로서 큰 영향력을 미치는 댄서가 있는가 하면, 배틀 신에서 우승을 거듭하며 활약하는 댄서도 있다. 이는 주력하는 장르가 다른 것이지 어느 한쪽의 능력이 부족하다는 뜻이 전혀 아니다. 이러한 상황 속에서, 코레오그래피 미션을 더 많이 진행하면 할수록 스트리트 댄스에 주력하는 크루는 생존 경쟁에서 불리해질 수밖에 없다. 다시 말해, 안무가로서 더 많은 경험을 쌓아온 댄서가 소속된 크루일수록 미션의 승패에서 유리한 고지를 점하게 된다는 것이다. 이는 〈스우파〉 시즌 1에서부터 꾸준히 지적되어 온 부분이다.

또한, 스트리트 댄스 문화에서 차용해 온 '댄스 배틀'이라는 포맷이 프로그램 흥행을 위한 어그로성 장치 혹은 탈락자를 가리기 위한 수단으로만 활용된다는 아쉬움 역시 나타났다. 물론 프로그램 내에서 배틀이 탈락 배틀만 있었던 것은 아니다. 1차 미션의 경우 '노 리스팩트 약자 지목 배틀'로, 스트리트 댄서들에게 조명을 비쳐주는 듯 했다. 그러나 미션 결과 12승 1패를 기록하며 전체 1등을 차지한 '울플러'의 모습이 방송에서는 통편집되었다. 아무래도 대중에게는 스트리트 댄스가 익숙지 않기 때문에, 코레오그래피 신에서 활동 중인 유명 댄서들에게 더 초점을 맞춘 것으로 보인다. 이후 유튜브에 공개된 울플러의 배틀 영상이 조회수 100만을 넘긴 것으로 보아, 이에 대한 시청자의 수요 역시 존재했던 것으로 보여 아쉬울 따름이다. 스트리트 댄서들을 배려하지 않는 '스트릿' 우먼 파이터. 개별 크루의 개성과 다양성을 존중하고, 보다 심도 있게 고려해 프로그램을 구성했다면 더욱 좋지 않았을까. 획일화되기 시작하는 순간 시청자들은 지루함을 느끼니 말이다.

갈등 요소와 서사의 탄생: 우리는 왜 싸워야만 할까?

춤을 사랑하는 댄서들의 진심이 담긴 무대, 그들 사이의 연대, 오해와 원만한 갈등의 해결, 크루 사이의 케미 등. 〈스우파〉 시즌 1의 성공 비결에는 여러 가지가 있다. 그중에서도 대표적인 원인을 하나만 꼽아보자면, 댄서들 사이에서 만들어진 감동적인 서사와 화합이라고 할 수 있을 것이다. 댄서 허니제이와 리헤이가 마주 보고 춤을 추며 마음에 담아두었던 것들을 털어내고 서로를 안아주는 모습이나, 립제이와 피넛이 상호 존중을 바탕으로 행복한 시너지를 통해 만들어낸 배틀 명장면 등이 대중 사이에서 큰 화제를 얻은 것을 보면 그러하다.

제작진 역시 이러한 점을 의식해 〈스우파 2〉에서도 갈등 요소를 넣고 새로운 '서사'를 탄생시키려고 한 것으로 보인다. 그러나, 이러한 갈등이 조금은 억지스러워 보인다는 평이 많았다. 특히 편집에 대한 부분은 이전부터 많은 이야기가 나왔던 부분이다. 〈스우파 2〉에는 '잼 리퍼블릭', '츠바킬' 총 2개의 외국 크루가 참가했는데, 이들의 발언을 번역해 자막으로 내보내는 과정에서 여러 차례 오역이 발생하였다. "몇 등부터 발표할 것 같아?"라는 물음을 "몇 등일 것 같아?"로 바꾸는 등, 일부러 더 공격적인 한국어 워딩을 사용해 번역하거나 뜻을 아예 뒤집어 버렸다는 것이다. 이 외에도 미소를 짓는 참가자의 모습을 역재생해 정색하는 표정으로 보이게 만들고, 특정 인물에게 비난의 화살이 몰리도록 편집하는 등의 악마의 편집으로 말이 많았다.

또한, 미션을 준비하는 과정에서 충분히 발생할 수 있는 사소한 의견 충돌을 극대화해, 큰 갈등인 것처럼 방송에 내보내기도 했다. 〈스우파 2〉에서 가장 큰 관심을 받은 작품 중 하나인 원밀리언의 '메가 크루 미션'을 통해 예시를 들어보자. 원밀리언 팀의 메가 크루 영상이 공개된 이후, 대중은 멋진 작품을 감상했다며 호평을 쏟아냈다. 그 이후에 방영될 〈스우파 2〉 방송에서 제작 비하인드를 풀어줄 것을 기대하고, 작품을 만드는 전체적인 과정에 대해 궁금해하는 사람들 역시 많았다. 이러한 관심 속에서 〈스우파 2〉는 원밀리언 크루의 미션 수행 과정에서 발생한 작은 균열에 초점을 맞추어 방송을 구성했다. 총괄 디렉터와 파트 디렉터 사이의 의사소통이 부족해 오해가 생겼고, 그를 대화로 풀어가는 모습이 방송의 주된 내용이었던 것이다. 전체적인 콘셉트 기획 과정이나 회의 과정, 디렉팅을 하는 모습 등은 부수적인 요소들로 잠깐씩 보여주고 끝이 났으며, 이에 아쉬움을 느끼는 시청자들이 많았다. 갈등을 해결하는 과정도 좋지만 멋진 작품을 보았으니 그에 대한 해설이나 발전 과정에 대해서도 궁금했다는 의견이다.

이쯤에서 우리는 생각하게 된다. "자극적인 장면을 만들어내는 것이, 정말로 시청자 유입에 도움이 될까?"라는 점을 말이다. 대중의 관심을 불러일으키는 데 갈등 요소가 효과적일 때도 물론 존재하지만, 늘 그런 것만은 아니다. 이러한 점에서 위의 사례는, 갈등의 지나친 반복은 피로감을 높이며 시청자로 하여금 거부감까지 불러일으킬 수도 있다는 사실을 환기해 준다.

팬덤 싸움, 챌린지 전쟁: 실력과 인기는 비례하는가?

서바이벌이란 무엇인가. 승패를 겨루며 자신의 존재를 증명해 내는 경쟁의 장이다. 여느 서바이벌 프로그램들이 그러했듯 〈스우파〉와 〈스우파 2〉 시리즈 역시 탈락제로 진행되었다. '생존'이라는 말은 '탈락'이라는 배경이 뒷받침되었을 때에만 성립하기 때문에, 살아남기 위해 물불 가리지 않고 뛰어드는 것은 게임 참가자로서의 당연한 본능이다. 이에 각 크루는 더욱 몰두하여 미션을 준비하게 되는데, 이러한 노력이 담긴 미션의 결과 집계 방식에 다소 아쉬운 부분이 존재했다. 대중 평가가 차지하는 비중이 지나치게 컸던 것이다.

세미파이널에서 진행된 '배틀 퍼포먼스 미션'의 경우 대중 평가 점수 500점, 현장 관객 투표 점수 70점, '파이트 저지(fight judge)'(심사위원) 점수 30점을 합산한 도합 600점 만점으로 결과가 환산되었다. 여기서 대중 평가 점수란 유튜브에 업로드된 크루별 댄스 비디오의 조회수와 좋아요 수 등을 비교해서 나온 값이다. 총점 600점 중 대중 평가 점수가 차지하는 비중이 500점으로 매우 높으며, 관객 투표까지 합했을 경우에는 570점에 달한다. 그렇기 때문에 심사위원으로부터 얻을 수 있는 30점만으로는 결과를 뒤집기 턱없이 부족해진다. 3인의 심사위원 역시 춤에 전문성을 가진 댄서들로 구성되었기 때문에, 다수의 시청자들이 점수의 반영 비율에 대해 의문을 가졌다.

화사 신곡 시안 미션 역시 살펴볼 점이 있는데, 바로 '챌린지 점수'의 존재다. 〈스우파 2〉 제작진들은 각 팀이 창작한 화사의 신곡 안무를 공개한 뒤 크루별 챌린지에 참여한 대중의 수에 따라서 베니핏을 차등 부여했다. 이에 인지도가 낮은 크루의 팬들이 울며 겨자 먹기로 카메라 앞에 서서 춤을 춰야만 하는 웃픈 상황이 연출되기도 했다. 자신이 응원하는 팀을 다음 라운드로 진출시키기 위해서 말이다. 이는 시청자의 직접적인 참여를 높여 관심을 불러일으키고자 했던 전략으로 보인다. 그러나 '따라 추기 쉬운 챌린지'라는 틀 안에 댄서들을 묶어두었다는 비판 역시 존재했다.

이러한 시도들이 나쁘기만 하다는 뜻은 아니다. 고정 시청자층을 늘리고 화제성을 확보하고자 한 것이 그 목적이었을 것이라고 생각한다. 그러나 결과적으로는 지나친 인기투표의 서막이 되었다. 이는 앞서 언급한 문제점과도 연결되는데, 대중으로부터 인지도가 낮은 스트리트 댄스 크루들이 하위권에 랭크되어 탈락 배틀에서 에너지를 소모하는 경우가 많아졌다. 또한 경연이 점차 팬덤 싸움으로 번지자 시청자의 흥미도 역시 하락하기 시작했다. 시청자의 관심을 얻기 위해 시작한 것들이 오히려 집중도를 저해하는 악순환의 고리를 만들어낸 것이다.

도약의 시작점에서, 서로를 향한 존중의 표현

물론 〈스우파 2〉만이 지니고 있는 장점 역시 분명 존재한다. 전 시즌에서 지적된 내용을 바탕으로 각 미션에 맞는 심사위원을 초청해 부른 것은 다수의 시청자들에게 호평받았다. 우리나라로 한정되었던 시야를 넓혀 글로벌 크루를 섭외하는 등 스케일을 키우고, 여러 실험적인 시도를 했다는 점에서도 충분히 박수받을 만하다고 생각한다. 그러나 이러한 장점들이 가려질 만큼 잡음이 많았던 시즌이었던 것 역시 사실이다. 프로그램 내에서 주된 소재로 활용되는 것이 있다면, 그에 대한 사전 조사가 철저히 이루어져야 하는 것은 당연하다. 개인적인 생각으로 〈스우파 2〉에서는 이러한 점들이 조금은 부실했다고 느꼈다. 스트리트 댄스 문화에 대한 존중과 이해가 다소 부족한 상태에서 프로그램을 기획하다 보니, 장점보다는 단점이 더 두드러지게 나타난 것으로 보인다.

방송 제작자로서 가장 오랜 시간을 들여 심도 있게 고민해야 하는 것은 프로그램의 제작 목적이라고 생각한다. 자신이 전달하고자 하는 메시지가 무엇인지 깔끔하게 정립되어 있어야만 다음 스텝을 내딛을 수 있기 때문이다. 시청자 유입을 위한 전략도, 구체적인 방송의 흐름 구성도 그 이후에 이루어져야만 한다. 우리가 방송을 만들고 관람하는 이유는 단순히 흥미를 느끼기 위해서도 있지만, 더 많은 사람들에게 좋은 영향력을 전하기 위함도 있으니 말이다.

사용하는 언어가 다르더라도, 추는 춤이 다르더라도 서로에게 존중을 표현하고 함께 성장해 나가는 댄서들의 모습을 바라보며, 이제는 우리도 '존중', '배려', '화합'이라는 키워드에 집중해야 할 때나. 모두가 행복하세 '윈윈'하는 방송을 만들기 위해서는 서로를 온전하게 이해하고, 공감하며 더 나은 방향으로 나아가고자 끝없이 고민해야 한다. 우리는 모두 각자의 세상 속에서 최선을 행하며 살아가는 타인들이다. 부디 경솔하지 말고, 서로에게 친절하자. 춤도, 방송도, 다른 무엇이라도. 함께 좋은 시너지를 만들어가기를 바라는 마음이다. 우리는 우리를 '리스펙'하니까. 🕴

연애인에서 연예인으로

〈연애남매〉가 비추는 관계의 민낯

전석민

들어가며: 익숙해진 연애 예능을 비틀기

연애 예능은 2020년대 들어 한국 TV 프로그램의 주류 장르로 급부상했다. 사랑에 빠지는 이들을 보는 오락거리부터 연애와 관계에 대한 진지한 담론을 형성하기도 한다. 남녀 간 사랑이라는 보편적 감정에 초점을 맞추다 보니, 너 나 할 것 없이 TV 화면 속 사건에 자신의 경험을 투영하게 쉽기 때문이다. 물론 〈하트 시그널〉, 〈솔로 지옥〉, 〈나는 솔로〉 등 기존 연애 예능들이 유발한 시청자들의 피로감도 간과할 수 없다. 출연자들의 화려한 배경과 직업을 유추하고, 매 회에 심리 구도를 파악하는 과정이 반복되면서, 연애 자체를 힘들고 복잡한 일로 인식시킨다는 비판도 제기된다.

이러한 상황에서 〈연애남매〉의 기본 설정은 도발적이다. "혈육이 지켜보는 가운데 사랑을 쟁취하기 위해 모인 K 남매들"이라는 소개 글은 당황스럽다. 이 낯선 구도를 연출한 이진주 PD는 시도를 두려워하지 않는다. 그녀는 처음 본 남녀의 긴장감이 아닌, 재회한 옛 연인과의 구질구질함과 애틋함을 더한 〈환승연애〉의 연출자기도 하다. 잔상이 남은 과거와의 조우는 시청자들 각자의 연애를 돌아보게 했듯, 이번에도 기존의 틀을 과감히 깨고 새로운 시각을 제시한다. 〈연애남매〉는 단순한 연애 예능을 넘어, 연애를 둘러싼 한국 가족 사회의 단면을 여실히 보여주는 것이다.

남매라는 가족 관계를 연애라는 사적 영역과 결합함으로써, 현대 사회에서 점점 모호해지는 공적 영역과 사적 영역의 경계를 상징적으로 드러낸다. 이는 단순한 기획을 넘어 현대 한국 사회의 복잡다단한 관계성을 탐구하는 장으로 기능한다. 이 글에서는 〈연애남매〉가 연애 예능의 틀을 어떻게 비틀어 새로운 가능성을 획득했는지, 더불어 어떤 구조적 한계를 갖는지를 살펴보고자 한다.

혁신적 구도가 만든 새로운 역할

〈연애남매〉는 연애 예능의 진부해진 문법을 과감히 해체하고 재구성한다. 이 프로그램은 '누가 누구와 사랑에 빠질 것인가'라는 천편일률적인 질문을 넘어, '가족'이라는 변수를 연애의 장에 도입한다. 다섯 쌍의 남매, 총 열 명의 참가자가 서로의 관계를 숨긴 채 연애를 진행하는 구조는 기존 연애 예능에서는 볼 수 없었던 복잡한 역학을 만들어낸다.

이러한 혁신적 구도는 연애를 개인 간의 감정 교류라는 평면적 구도에서 탈피시켜 가족애와 개입이라는 입체적 경험으로 확장한다. 모르는 남녀(〈하트 시그널〉), 과거의 연인(〈환승연애〉), 이혼 남녀(〈나는 솔로〉)를 넘어 '가족'이라는 새로운 변수를 도입함으로써 현대 한국 사회의 복잡한 인간관계를 더욱 생생하게 포착한다. 이는 한국 사회에서 연애가 단순한 개인 간의 관계를 넘어, 결혼을 염두에 둔 가족 관계의 확장이자 공적 담론이 교차하는 복합적 현상임을 예리하게 포착한 결과다.

더불어 〈연애남매〉는 시청자의 역할을 획기적으로 변화시킨다. 기존의 연애 예능에서 시청자들은 단순한 관찰자에 불과했지만, 이 프로그램은 시청자들을 마치 가족의 일원처럼 위치시킨다. 이는 시청자들에게 일종의 정당성을 부여하는 효과를 낳는다. 타인의 사생활을 들여다보는 죄책감과 짜릿함 사이에서 갈등하던 시청자들은, 이제 가족의 시선으로 연애 과정을 지켜볼 수 있게 된 것이다.

이어지는 절에서는 이러한 혁신적 구도가 어떻게 연애의 중층화를 끌어내는지, 그리고 시청자의 역할을 어떻게 확장하는지 더 자세히 살펴볼 것이다.

출연자 역할의 변화: 연애의 중층화

〈연애남매〉는 연애라는 개인적 관계에 가족이라는 사회적 맥락을 더함으로써, 우리가 갖는 관계의 중층성을 효과적으로 재현한다. 가령 부모님이 준비한 음식으로 저녁을 먹거나, 가족과 전화 통화를 하는 등 일상적인 가족생활의 요소들이 연애 상황과 교묘하게 얽힌다. 이는 출연자로 하여금 연애 상대만을 만나는 것이 아니라, 잠재적인 가족 구성원을 만나는 듯한 복합적인 감정을 자아낸다.

프로그램의 독특한 설정은 출연자들 간의 관계 역학에도 새로운 차원을 더한다. '매형 킬러' 역할을 하는 박철현의 사례는 이를 잘 보여준다. 그가 자신의 연애보다 혈육인 초아와 연애할 남자에게 더 관심을 보이는 장면은 연인에 대한 가족의 관심이 과도한 현대 한국 전통 사회의 가치관을 압축적으로 드러낸다. 이는 기존 연애 예능에서는 볼 수 없었던, 가족 구성원으로서의 책임감과 개인의 욕망이 충돌하는 새로운 형태의 드라마를 창출한다.

형식적 혁신은 여기서 그치지 않는다. 프로그램은 연애와 가족 이야기의 비율을 적절히 조절함으로써 두 요소가 유기적으로 결합한 새로운 형태의 서사를 만들어낸다. 가령, 꾸준히 암시되는 부모님의 존재나 남매의 과거사는 기존 연애 예능이 주로 연인 간의 관계에만 집중했던 것과 대조적이다. 결과적으로 〈연애남매〉는 연애 예능의 문법을 확장하는 동시에, 현대 한국 사회의 복잡한 관계성을 더욱 입체적으로 조명하는 데 성공한다.

그 결과 가족이 개입되는 역동적인 연애의 면모를 보여주는 동시에, 지극히 개인적인 나의 연애 과정이 가족에 의해 개입되고 평가되는 현상이 절묘하게 드러난다. 이는 한국 사회에서 여전히 강력한 영향력을 행사하는 가족 중심적 가치관과 개인의 자유와 선택을 중시하는 현대적 가치관 사이의 충돌이다. 출연자들은 자신의 연애를 가족에게 인정받고자 하는 욕구와, 개인의 선택을 존중받고자 하는 욕구 사이에서 갈등한다.

시청자 역할의 확장: 예비 가족으로

〈연애남매〉의 혁신적 구도는 시청자의 위치 역시 재정의한다. 기존 연애 예능에서 시청자들이 단순한 관찰자나 심판자의 역할에 머물렀다면, 이 프로그램은 시청자들을 잠재적 가족 구성원의 위치에 놓는다. 이에 따라 시청자들은 출연자들의 연애를 단순히 관음하는 것이 아니라, 마치 가족의 일원처럼 그들의 관계에 정서적으로 개입하게 된다.

이러한 시청자 역할의 확장은 프로그램의 몰입도를 높이는 동시에 시청 경험의 질적 변화를 가져온다. 시청자들은 출연자들의 데이트를 지켜보며 설레는 동시에, 그들이 형성할 잠재적 가족의 모습을 그려보는 이중적 경험까지 하게 된다. 이는 기존 연애 예능이 제공하던 단선적인 재미를 넘어, 보다 복합적이고 풍부한 정서적 경험을 가능케 한다.

더불어 이러한 구조는 시청자들에게 일종의 정당성을 부여하는 효과를 낳는다. 타인의 사생활을 들여다보는 죄책감과 짜릿함 사이에서 갈등하던 시청자들은 이제 가족의 시선으로 연애 과정을 지켜볼 수 있다. 이는 시청자들의 윤리적 부담을 덜어주며, 프로그램에 대한 더 적극적인 참여를 유도한다.

〈연애남매〉의 이러한 혁신은 프로그램의 정서적 결을 근본적으로 변화시킨다. 기존 연애 예능이 주로 자극적인 갈등과 경쟁 구도에 초점을 맞췄다면 〈연애남매〉는 가족애와 연애의 설렘이 공존하는 독특한 분위기를 자아낸다. 시청자들은 이를 통해 연애 예능 특유의 긴장감과 함께 가족 드라마의 따뜻함을 동시에 경험하게 된다.

결과적으로 〈연애남매〉는 시청자와 프로그램 간의 관계를 재정의함으로써 연애 예능의 새로운 가능성을 제시한다. 이는 단순한 형식의 변주를 넘어, 미디어 콘텐츠와 수용자 간의 상호 작용에 대한 새로운 패러다임을 제시하는 것으로 볼 수 있다. 연애 예능이라는 장르의 경계를 확장하고, 시청자의 역할을 재해석함으로써, 〈연애남매〉는 한국 예능 프로그램의 새로운 지평을 열었다.

일반인 예능 프로그램의 구조적 양면성

〈연애남매〉는 혁신적인 구도로 출연자와 시청자의 역할 변화를 유도하지만, 그 배경에는 일반인이 등장하는 TV 프로그램의 구조적 양면성이 있다. 출연자들에게 '연애인'에서 '연예인'으로 변모할 기회를 제공하는 동시에, 시청자들에게는 진정성의 상품화와 윤리적 책임 사이에서 균형을 요구한다. 이러한 양면성은 단순한 예능 프로그램의 차원을 넘어, 현대 한국 사회에서 개인의 사적 영역과 대중의 소비 욕구가 어떻게 충돌하고 타협하는지를 보여주는 중요한 사례가 된다.

특히나 〈연애남매〉는 실제 인물의 캐릭터성을 구성하는 과정에서 가족적 서사까지 포함되어야 하는 부담을 안고 있다. 가령 남매간의 도움과 훼방으로 암시되는 '가족의 승인'은 개인의 자유로운 선택권을 강조하는 현대적 가치관과 가족 중심의 전통적 가치관 사이의 긴장을 드러내는 장치다. 이는 단순한 포맷의 변주를 넘어, 한국 사회의 깊은 고민을 드러내는 요소로 자리 잡는다.

이 과정에서 출연자들은 호감 상대와 가족에 대한 자신의 진솔한 감정을 드러내며 대중의 관심을 얻지만, 동시에 그 과정에서 사생활의 침해와 정신적 부담을 감수해야 한다. 반면 제작자들은 시청자들의 욕구를 충족하기 위해 진정성을 하나의 상품으로 가공하면서도 출연자들의 인격과 권리를 보호해야 하는 윤리적 책임을 져야 한다. 이러한 양측의 딜레마는 연예 예능으로 대표되는 일반인 프로그램의 근본적인 과제를 여실히 보여준다.

이어지는 장에서는 출연자와 시청자 각각의 입장에서 이러한 양면성이 어떻게 구체화되고, 그 과정에서 어떤 사회적 함의를 지니는지 더욱 깊이 살펴보고자 한다.

출연자: '연애인'인가, '연예인'인가?

일반인 예능 프로그램의 유행 과정에 필연적인 '연애인'에서 '연예인'으로의 변모는 현대 미디어 산업의 본질을 함축한다. 과거 연예인은 대중에게 동경의 대상이자, 우리의 삶과 동떨어진 특별한 것으로 여겨졌다. 그러나 준수한 외모와 화려한 배경을 가진 일반인의 등장이 변화를 불러왔다. 그런데도 그들의 연애 과정은 지극히 평범하고, 때로는 어설프기까지 하다. 이는 역설적으로 시청자들의 공감을 불러일으키는 요인이 된다. 스타의 삶이 '가공된 일상'을 보여준다면, 일반인 예능은 '가공된 진실성'을 추구한다. 이는 현대 사회에서 진정성이 어떻게 상품화되고 소비되는지를 보여주는 중요한 지표다.

이 과정에서 연애 예능은 현대 대중문화에서 연예인을 발굴하고 형성하는 새로운 경로로 자리 잡았다. 과거에는 오디션 프로그램이나 드라마, 영화 등이 연예인 발굴의 주요 경로였다면, 이제는 연애 예능이 그 역할을 일부 담당하게 된 것이다. 연애 예능의 출연자는 자신의 진솔한 감정을 대중에게 드러내면서 사랑을 받는 '연예인'이 되기도 한다. 가령 〈솔로지옥 2〉의 덱스(김진영)는 1년 만에 예능 부문 남자 신인상을 수상하는 완벽한 연예인으로 변신했다.

〈연애남매〉 출연자 역시 이러한 흐름을 피하지는 못했다. 방영 중에는 각각 박재형과 이용우가 비드라마 출연자 화제성 1위를 차지했으며, 종영 후에는 윤재-윤하 커플이 유튜브 채널을 개설하고 결혼 준비 과정을 공유하기도 했다. 이는 '연애인'으로 시작해 '연예인'으로 변모하는 과정이 단순히 프로그램 내에 국한되지 않고, 현실 세계로 확장되는 현상을 보여준다.

특히 연애 예능은 시청자들로 하여금 프로그램에서 맺어진 커플들의 관계를 방송 종영 이후에도 지속적으로 관심을 두고 추적하게 만든다. 이는 출연자들의 연애와 결혼이라는 사적인 경험이 대중의 소비 대상으로 변모하는 과정을 보여주며, 동시에 '진정성'이라는 가치가 미디어를 통해 어떻게 재해석되고 상품화되는지 드러내는 흥미로운 사례다.

시청자: 관음증의 유혹과 윤리적 딜레마

〈연애남매〉는 가족이라는 요소를 도입함으로써 기존 연애 예능과 차별화된 휴머니티의 서사를 제공하고자 했다. 부모님의 등장, 남매의 홈 비디오, 만남 과정에서 혈육의 도움 등의 구성 요소는 역설적으로 시청자들에게 더 깊은 차원의 관음을 요구한다. 단순한 연애 과정을 넘어 가족 관계, 개인의 성장 배경, 그리고 더 복잡한 인간관계의 역학까지 들여다보게 되는 것이다. 연예 예능은 필연적으로 타인의 서사를 관음할 수밖에 없다. '진정성의 상품화'가 곧 리얼리티 프로그램의 핵심이기 때문이다. 출연자들의 진짜 감정을 포착하려 하지만 이는 필연적으로 연출과 편집을 거친 가공된 진실성이다. 시청자들은 이러한 모순을 인지하면서도, 타인의 사적인 감정을 들여다보고자 하는 욕구를 억누르지 못한다.

이러한 구조는 시청자들에게 이중적인 경험을 제공한다. 한편으로는 출연자들의 다면적인 모습을 통해 더 깊은 공감과 이해를 할 수 있게 되지만, 다른 한편으로는 그들의 사적인 영역을 더욱 깊숙이 들여다보는 윤리적 딜레마에 빠지게 된다. 가령 박철현이 보여주는 '매형 바라기' 역할은 가족애를 보여주는 동시에, 개인의 연애에 대한 가족의 과도한 개입이라는 한국 사회의 복잡한 단면을 노출한다. 시청자들은 이를 통해 사회적 통찰을 얻는 동시에, 타인의 가족 문제를 엿보는 죄책감을 느낄 수도 있다.

더욱이 프로그램이 제시하는 진정성은 역설적으로 더 정교한 연출과 편집을 통해 구현된다. 시청자들은 '진짜' 가족 관계와 연애를 본다는 착각 속에서, 사실은 철저히 계산된 내러티브를 소비하고 있다. 이는 현대 사회의 '진정성 역설'을 더욱 첨예하게 드러낸다. 우리는 진실한 인간관계를 갈망하지만 가공된 미디어를 통해 대리만족하려는 모순적인 욕구를 보인다. 〈연애남매〉가 제공하는 복합적인 인간 서사는 시청자들의 감정적 동요를 더욱 증폭시킨다. 연인 관계뿐만 아니라 가족 간의 갈등, 개인의 성장 과정 등이 얽힌 이야기는 시청자들에게 더 강렬한 카타르시스를 제공하지만, 동시에 이것이 타인의 실제 삶과 감정을 소재로 한다는 점에서 윤리적 고민을 안겨준다.

방송 종영 후에도 SNS를 통해 출연자들의 사생활을 추적하는 행위는 이러한 윤리적 경계의 모호함을 더욱 부각한다. 윤리적 문제에 대한 인식은 프로그램 제작진의 대응에서도 나타난다. 종영 후 출연자들을 향한 부정적 반응에 대해 제작진이 보인 법적 대응은 연애 예능이 출연자들의 실제 삶에 미치는 영향에 대한 제작진의 책임감을 보여준다. 이는 일반인 예능의 제작과 소비 과정에서 윤리적 고려가 더욱 중요해지고 있음을 시사한다.

나가며: 〈연애남매〉가 던지는 질문과 과제

〈연애남매〉는 연애에 '가족애'를 더하며 반복된 연애 예능의 입체적인 형식을 열었다는 점에서 의의가 있다. 단순한 구도 변화만으로도 우리의 연애를 둘러싼 사회의 관계 단면을 적나라하게 보여주었다. 연애와 가족이라는 복합 렌즈는 출연자와 시청자 모두에게 개인의 복잡다단한 가정사와 연애사 모두를 들여다보게 한다. 가족과 개인, 진정성과 연출된 감정 사이에서 줄타기하는 출연자들의 모습은 곧 우리의 모습이기도 하다.

더불어 연예 예능이 그렇듯 '연애인'에서 '연예인'으로의 전이 과정을 보여준다. 사적인 감정이 어떻게 대중의 구경거리로 변모하는지, 그 과정에서 개인의 진정성은 어떻게 상업성과 어떻게 타협되는지를 목도하게 된다. 이는 SNS 시대를 사는 우리 모두의 자화상이기도 하다. 남녀 간 사랑만을 조명하는 종래의 연애 예능과 달리 시청자들에게 〈연애남매〉가 던지는 가장 날카로운 지점은 "우리는 얼마나 진정한 관계를 원하는가?"다. 〈연애남매〉의 인기는 우리 시대의 관계 결핍을 반증한다. 타인의 사랑과 우정을 관음하며 대리만족을 얻지만, 정작 자신의 관계에 전념하기를 주저하는 걸지도 모른다.

〈연애남매〉는 또한 한국 사회의 세대 간 가치관 충돌을 압축적으로 보여준다. '남매'로 상징되는 전통적 가족 가치와 '연애'로 대변되는 개인의 자유 사이의 줄다리기는 급격한 사회 변화 속에서 정체성 혼란을 겪는 현대 한국인의 모습과 닮아 있다. 결국 〈연애남매〉는 우리에게 묻는다. 당신이 원하는 연애는 무엇인가? 당신이 꿈꾸는 가족의 모습은 어떤 것인가? 그리고 이 모든 것을 지켜보는 미디어의 역할은 무엇인가? 이 물음들에 대한 답을 찾는 과정이야말로, 우리 사회가 나아가야 할 방향을 가늠하는 나침반이 될 것이다. 囡

사랑하는 당신께 위로를 건넵니다

MBC 드라마 〈연인〉

전수민

들어가며: 당신에게 건넨 위로

"안아줘야지, 괴로웠을 테니."

심금을 울리는 장현의 말에 시청자들의 폭발적 반응이 이어졌다.

2023년 8월부터 11월까지 방영한 MBC 금토 드라마 〈연인〉 속 남자 주인공 장현(남궁민 분)의 대사다.

여자 주인공 유길채(안은진 분)는 병자호란으로 청나라에 끌려갔다가 조선으로 돌아와 환향녀 취급을 받는다. 이날 길채에게 건넨 장현의 한마디와 포옹에 주인공도, 시청자도 하염없이 눈물을 쏟았다.

〈연인〉은 1화 과거 회상으로 시작해 21화에 다시 현재로 돌아오는 액자식 구성을 취했다. 액자식 구성은 고도화된 문학 기법이다. 내부 이야기를 통해 주제 의식을 전달하고 외부 이야기를 통해 내부 이야기에 진실성을 부여한다. 그리고 두 이야기가 교차하며 해석의 여지를 넓힌다.

극이 진행되는 동안 〈연인〉 속 주인공들은 각자의 방식으로 최선을 다해 서로를 위로했다. 그리고 시청자에게 그 위로를 건네는 이야기를 들려줬다. 그렇다면 이들은 무엇 때문에 위로를 건넸고 우리는 무엇으로 위로받은 것일까.

읽을 것이 없어도 들을 것은 남는다

이야기는 소리꾼 '량음'으로부터 시작한다. 1화에 사초에서 씻겨나가 역사 속에서 찾을 수 없을 이름을 언급하며 백발이 된 량음을 비춘다. 미모의 사내이자 조선 최고의 소리꾼 량음은 옥에 갇혀 아무 말이 없었다. 없어질 사초와 말 없는 소리꾼. 우리에게 전하고 싶었던 숨겨진 역사란 무엇이었을까. 병자호란, 그 혹독한 전쟁 속에서 기록되지 못한 그들은 어떻게 살아갔을까.

"역사는 사건들의 객관적인 나열이 아니라 기록자인 사관에 의해 해석되고 서술된다."

E. H. 카는 〈역사란 무엇인가〉에서 이렇게 말했다. 사초가 사라진다면 〈연인〉 속 이야기는 그저 묻힐 수 있는 이야기였다. 하지만 소리는 글과 대비된다. 그리고 때로는 서로를 보완한다. 구전(口傳), 입에서 입으로 전해지는 이야기는 기록 없는 내용을 풍성하게 들려준다. 결국 우리는 량음의 소리를 따를 수밖에 없다. 참혹한 전쟁 속, 누구에게 무슨 일이 벌어졌는지는 그의 말을 따라가야 알 수 있다. 붓으로 담지 못한 이야기를 그의 소리로 들려줄 것이기에.

1화, 2화에 나온 꽃달임과 회혼례 장면이 이와 일맥상통한다. 꽃구경 가며 함께 노래를 부르는 능군리 여인들, 회혼례에서 마을 사람에게 노래를 들려주는 량음의 모습은 배경 음악이라는 연출을 넘어 소리가 어떻게 사람에게 닿는지 직접적으로 보여준다. 사초처럼 지울 수 없는, 종이처럼 태울 수 없는 말이자 노래인 소리. 그 소리를 들을 사람이 사라지지 않는 한 이야기는 기록 없이도 기록된다. 그리고 누군가 그 소리를 읽어내 기록하기 시작한다.

그리고 이는 작가의 전작 MBC 드라마 〈역적〉[1]의 표현 방식과 비슷하다. 〈역적〉 27화에서는 백성들이 향주목 성에 모여 기득권에 저항하기 위해 「익화리의 봄」을 제창한다. 이들은 자신의 목숨이 위태로운 줄 알면서도 함께 손을 맞잡았고 하찮은 목숨 정도로 여겨진다는 것을 알았다. 그래도 끝까지 소리로 대항했다. 마찬가지로 이번에도 〈연인〉이라는 드라마를 통해 말한다. 글로 남지 않는 기록이라도 어떤 형태로 어떻게든 그 아픔이 전해지고 알 수 있을 것이라는 첫 번째 위로를.

꺼질 수 없는 불꽃이 되어 시대를 살아간 백성이 있다

병자호란, 인조 14년(1636)에 이루어진 청나라의 조선 침략이다. 불과 두 달이 채 안 되는 짧은 기간 동안 벌어진 청과 조선의 정치적 대립, 삼전도의 굴욕과 인조의 삼궤고구두례(三跪九叩頭禮)는 이미 여러 작품에서 다뤘던 만큼 낯설지 않다. 하지만 드라마 〈연인〉은 굴욕스러운 과거를 말하지도, 무능하다고 평가된 임금을 보여주지도, 마냥 낭만적인 로맨스를 추구하지도

---

[1]   2017 MBC 드라마 〈역적: 백성을 훔친 도적〉, 김상중·윤균상 주연.

않았다. 임금만 피해를 본 것이 아니었다. 백성은 가족을 잃었다. 그저 백성이었기에 이들은 전쟁이라는 수난을 당했다. 처참한 몰골로 피난을 간 사람도 있었으며 조선인은 청의 노예가 되기도 했다. 여자들은 겁탈을 당했고 환향녀가 되어 갈 곳이 없어졌다.

작중 능군리에서 유일하게 전쟁을 겪어본 송추 할배는 피난 가기 어려운 처지였다. 결국 청나라 병사들의 습격으로 아내인 이랑 할멈과 목숨을 잃고 말았다. 순약 도령은 청군과 싸우던 중 허무하게 전사했다. 능군리 애기씨들은 피난을 가게 되었으며 주인공 길채는 청으로 팔려가 노예가 되었다. 백성은 그 누구도 피할 수 없었다. 그것이 전쟁이다.

한편 청나라 황제 홍타이지는 6화에서 이런 물음을 던진다. "전장에 나서지도 않는 임금을 저리도 사모하는가?" 타국의 황제가 뱉은 말에 무능력한 조선 조정과 비겁한 임금에 대한 조롱이 섞여 있다. 드라마는 다시 액자 너머에 있는 우리에게 묻는다. 과연 국가는 누구를 지켜야 했는가? 누가 백성을 지켰는가? 그렇게 〈연인〉은 병자호란 중 제일 큰 사건인 삼궤고구두례를 극 속에 시각적으로 보여주지 않는다. 평범한 백성의 대사 한 줄로 그런 일이 있었다고 전한다. 사실 평범한 백성이 무슨 방법으로 임금의 수모를 목격할 수 있었겠는가. 이런 방식으로 극 바깥의 사람에게까지 백성의 아픔도 왕의 아픔 못지않음을 전하며 당신의 안녕을 묻는다.

장현과 길채는 그 꺼질 수 없는 불꽃의 가운데 서 있다. 이들은 조정 대신도 아니고 임금도 아니며 왕자와 공주는 더욱이 아니다. 장현은 삶의 목적이 별로 없는 사내요, 조선을 위한 유생도 아니거니와 왕 따위는 안중에도 없다. 그러나 사랑하는 사람을 위해, 그 사람이 사랑하는 사람들을 위해 기꺼이 자신의 몸을 내던져 전쟁에 뛰어든다. 청나라의 노예가 된 조선인을 살리고자 스스로 노예상이 되고, 사랑하는 길채를 구하고자 소현세자에게 정치적 술수를 가르치는 장현의 모습은 대의를 위해서가 아니다.

그저 전쟁 통에 살아남기 위한 여느 사람의 모습을 보여줬다.

길채도 마찬가지다. 능군리의 철없던 애기씨는 전쟁을 겪으며 강하고 단단해졌다. 살아남아 내 가족과 마을을 지키기 위해서다. 어느 댁 애기씨가 임금님 용안은 어찌 알 수 있을 것이며 청나라 말은 할 줄이나 알겠는가. 하지만 길채는 가족을 지키기 위해 살아남았다. 전쟁 통에 아이를 낳는 방두네의 산파를 맡고, 청나라에 끌려가 그들의 말을 배우고, 기어이 탈출하여 조선까지 돌아온다. 그리고 사랑하는 사람과 오순도순 살고자 하는 꿈을 접고 가족을 위해, 살아가기 위해 직접 대장간을 운영한다.

이것이 당신을 향한 두 번째 위로다. 살아 있어줘서 고맙다는. 한낱 평범한 사람일지라도 내가 사랑하는 사람을 위해서, 그들을 사랑하므로 참고 견디는 상황을 이해하고 위로한다. 사회에 부딪치는 개인의 모습이 절대 헛된 행동이 아니라고 속삭인다.

참혹한 전쟁을 견뎌야 했던 여성도 있다

조선은 여성의 정절을 강요했다. 청으로 끌려가 정절을 잃으면 마치 상품에 등급을 매기듯 훼손이라 여겼다. 결국 여성들은 피란길에서 바다에 몸을 던졌다. 정절을 잃고 더럽혀지느니 스스로 죽는 쪽이 낫다는 그들의 주장은 현대를 살아가는 우리에게도 여전히 아픈 말로 닿는다.

길채는 피난길에 몇 번이나 욕을 당할 뻔한 위기에 놓인다. 그러나 늘 스스로 '살아남기'를 선택했다. 13화에서 길채와 조선 여인들은 청나라 포로가 되기 싫어 절벽에 내몰린다. 하지만 길채는 몸이 더럽혀지는 대신 죽음이 낫다며 떨어지는 조선 여인들을 보면서 말한다. 길채의 생명력을 보여주는 대사이자 그 누구에게도 강요받지 않고 스스로를 결정하는 모습이다.

"내가 살고 싶다는데 부모님이 무슨 상관이야."

한편 이런 고통스러운 전쟁을 함께 겪었음에도 사회는 여성에게 야박했다. 길채의 남편인 구원무는 아내를 조선으로 속환하는 일에 많은 돈이 들자 주저했다. 마을 사람들 역시 정절을 잃었다며 손가락질했다. 심지어 구원무는 이미 새 아내를 들여 아이를 낳을 준비를 하고 있었다. 그러고는 뻔뻔스럽게 물었다. 아무 일 없었느냐고. 아무 일이 없었다면 다시 부인이 될 수 있다고. 자기 아내에 대한 책임감도 없었으며 그저 정절만을 요구한 하찮은 사내와 달리 길채의 생명력은 끈질겼다. 그 길로 이혼해 전쟁으로 부모 잃은 고아, 청에서 속환 된 여인들과 새로운 가족을 꾸렸다. 당시 인조는 홍제천에 몸을 씻은 여인들에게 정절을 묻지 말라는 명령[2]을 내렸으나 별 소용이 없었다. 오히려 힘이 없는 나라가 지켜주지 못한 여인들을 비난했다. '환향녀'라는 단어를 통해 새로운 비속어를 만들어내며 아픈 이들의 마음을 더욱 후벼 팠다.

〈연인〉은 이 여인들의 아픔과 아픈 이야기를 기억하는 우리를 위로한다. 몇백 년 만에 청에서 당한 아픔을 꺼내 이야기로 빚어, 환향녀라는 손가락질에 울 수밖에 없었던 여인늘에게 연수한 진혼곡이다.

시간을 뛰어넘어 시대를 끌어안는다

〈연인〉은 마거릿 미첼 원작 소설 『바람과 함께 사라지다』를 모티프로 한

---

2   "병자호란으로 버림받은 조선 백성의 눈물 [윤명철의 한국, 한국인 재발견]", ≪한국경제≫, 2021년 1월 10일 자, https://www.hankyung.com/article/202101094905g(검색일: 2024.8.15).

작품이다. 1936년 출판해 작중 배경이던 미국의 남북전쟁을 조선의 병자호란으로 각색했다. OTT와 레거시가 병존하는 시대에 작품성, 시청률, 화제성을 잡으며 지상파 드라마의 건재함을 보였다. MBC 드라마 최초로 파트제 방영을 통해 시청자의 변화한 소비 행태를 고려했다. 또한 21화 최고 시청률 12.9%를 기록[3]하며 유종의 미를 거뒀다. 화제성의 여파는 학계로 이어졌다. 국민대학교 만주연구소에서는 '오랑캐의 탄생, 드라마 〈연인〉으로 보는 조선과 만주'라는 제목으로 창립 기념 학술대회[4]를 개최했다. 「오해와 진실: 〈연인〉에 묘사된 병자호란」, 「〈연인〉에 나타난 조선 후기 지식인 사회」, 「훼손당하(지 않)는 여성과 환향의 젠더 지리」, 「충심과 애민, 그리고 지고지순: 〈연인〉과 〈바람과 함께 사라지다〉」 등 드라마를 통해 살펴볼 수 있는 다양한 주제가 나왔다.

그리고 극은 다시 시간의 바깥에 있는 시청자에게 묻는다. 대쪽 같은 유생 연준이 전쟁 통에 민심을 잃은 인조에게 간언한다. "간관들이 사직하는 이유를 의심하기보다 오직 스스로 돌아보고 되새겨 옳은 길, 바른 길로 나아가소서", 위정자에게 던진 한 유생의 말은 조선에 그치지 않고 현재를 사는 우리가 바른길로 가고 있는지 스스로 되묻게 한다.

여전히 시청자들은 종영 1년을 향해 달려가는 드라마에 공감한다. 절절한 사랑을 넘어서 국가에 대한 믿음과 안전 문제까지 그들의 마음속에 자리 잡았기 때문이다. 전쟁은 사람의 목숨을 빼앗고 터전을 앗아간다. 드라마 〈연인〉은 죽고 싶은 순간에도 어떻게든 살아보라는, 살아가라는

---

3   "[문화연예 플러스] '연인' 최고 시청률로 종영… 해피엔딩", MBC뉴스, 2023년 11월 20일 자, https://imnews.imbc.com/replay/2023/nwtoday/article/6545056_36207.html(검색일: 2024.8.15).

4   "'오랑캐'의 탄생: 드라마 <연인>으로 보는 조선과 만주"(국민대학교 만주연구소 창립 기념 학술대회, 2024.1.11), https://cms.kookmin.ac.kr/Manchuria/board/notice.do?mode=view&articleNo=5909570&article.offset=0&articleLimit=10(검색일: 2024.8.15).

메시지를 전한다. 총성 없는 전쟁터를 살아가는 현대인에게 살아보자는 메시지는 그 무엇보다 간절하고 마음 아픈 메시지다.

또한 환향녀, 전쟁포로는 기존 콘텐츠에서 전면에 내세운 소재가 아니었다. 그들이 주체가 된 기록이 드물었으며 그들을 전면에 내세울 이유도 관심도 없었기 때문이다. 하지만 사람은 사람의 사랑으로 살아남는다. 연인은 다양한 '연인'의 형태를 통해 전쟁 속에서도 사랑으로 살아가는 이야기, 다양한 형태의 사랑, 국가가 백성을 지키는 방법 등 여러 이야기를 버무려 조선을 그려낸 사극이다. 하지만 끊임없이 시청자에게 안부를 물으며 마치 그 시대를 함께하는 듯한 효과를 자아냈다.

나가며: 이제는 당신이 건넬 위로

백성의 사사로운 사랑 이야기는 역사책에 기록되지 않는다. 사관에게 그것은 임금의 이야기가 아니며 그렇다고 커다란 사건도 아니기 때문이다. 하지만 그들은 험난한 전쟁 통에 인간에 대한 사랑으로 고통스러운 시간을 견뎌냈다. 우리의 이야기도 한낱 개인의 일일 수 있다. 하지만 그 속을 들여다보면 개인의 일이기에 사회의 이야깃거리가 된다. 그리고 이 이야기들이 모여 말로, 글로 전해진다.

다시 돌아와 17화의 "안아줘야지"라는 장현의 대사는 길채에 대한 장현의 굳은 의지를 보여준다. 그와 동시에 화면 밖에 존재하는 시청자들에게 그 말을 건넸다. 이 말을 듣는 당신이 과거의 아픈 사람을 안아주라고, 그리고 그 아픔을 함께 나누라고, 혹시 당신도 아팠느냐고.

드라마 〈연인〉은 작중 조선 효종 대에 사초에 자주 등장하는 이장현의 행적을 밝히기 위해 시작했다. 글만으로는 그의 존재가 어디까지가 진실이고 어디까지가 거짓인지 판단하기 어려웠다. 그렇게 신이립과 헌영은 소리꾼 량음의 말을 통해 그의 행적을 더듬어간다.

　이 작품은 우리에게 장현과 길채의 사랑 이야기, 그들이 겪었던 전쟁을 이야기 속 이야기인 듯 들려준다. 하지만 어디까지가 진실이고 어디까지가 거짓인지 분간할 수 없다. 다만 한 가지 확실한 것은, 외부 이야기에 등장하여 장현과 길채의 행적을 따라가는 헌영을 통해 시청자들에게 '진짜' 하고픈 말을 전달한다. 역사에 기록되지 못한 이야기가 많다는 것을, 글로 남지 못한 사실은 누군가의 입에서 입으로 전해진다고. 언젠가 누군가 그 이야기를 듣게 된다면 남겨주기를, 기억하기를. 그리고 또 간곡하게 부탁한다. 붓으로 남기지 못한 이야기가 많다고, 누군가 그 이야기를 간직하고 있을 것이라고 말한다. 그들의 이야기를 찾아 소리를 글로 옮기고 기억해 달라고. 그리고 이젠 당신이 그 이야기를 찾아내고 적어 내려갈 차례라 말한다. 안아줘야 한다는 위로와 함께. 📷

돌아갈 곳이 있다는 건,
우리를 얼마나 안심하게 만드는지

JTBC 〈웰컴투 삼달리〉

조수인

화려한 도시를 그리며 찾아왔네

그곳은 춥고도 험한 곳

여기저기 헤매다 초라한 문턱에서

뜨거운 눈물을 먹는다

시대를 초월하는 힘을 지니고 오랫동안 사랑받은 가왕 조용필이 1991
년 발표한 노래 「꿈」의 가사이다. 최근에는 JTBC 드라마 〈웰컴투 삼달
리〉에서 OST로 등장해 가수 태연의 리메이크로 또 한 번 화제가 됐다.
1980, 90년대부터 우리 부모님 세대는 먹고살기 위해 고향을 떠나 도시로
향했고, 이후 그들의 아들, 딸들도 개천의 용이 되기 위해 도시로 날아올
랐다. 하지만 조용필의 노랫말에서도 알 수 있듯이 가족도 친구도 없는 화
려한 도시는 춥고 험하기만 했다. 빛나는 네온사인과 북적이는 거리는 사

람들로 넘쳐났지만, 연고도 없는 낯선 도시에서 힘들고 지친 청년들은 갈 곳을 잃기도 했다. 도시에서 낯선 이방인으로 살다가 길을 잃었을 때, 다시 돌아가 잠시 쉴 수 있는 곳이 있다면 얼마나 좋을까? 누구나 한 번쯤 생각해 봤을 것이다.

JTBC 〈웰컴투 삼달리〉는 여기가 숲인지 늪인지 헤매는 많은 현대인에게 쉴 곳이 되어준 특별한 드라마다. 어릴 때부터 제주를 탈출해 서울에서 성공한 삶을 살고 싶었던 삼달(신혜선 분)은 결국 원하던 유명 사진작가가 되었지만, 한순간의 오해로 업계에서 완전히 퇴출당하고 사람들에게 상처받은 채로 너덜너덜해져 쫓기듯 제주로 돌아온다. 개천에 난 용 같았던 삼달이 다시 그녀의 개천을 소중히 지키고 있었던 용필(지창욱)의 품으로 돌아와 고향 제주에서 숨을 고르고 다시 삶의 의미와 사랑을 찾는다.

〈웰컴투 삼달리〉는 자극적이고 피 튀기는 콘텐츠가 난무하는 이 시대에 1급수 청정 콘텐츠로 지친 우리를 달래주는 것만 같다. 시청자들에게 아름다운 제주의 자연으로 위로를 주고, 따뜻한 삼달리 주민들의 관심과 사랑으로 감동을 준다. 지역 소멸의 시대에 드라마 〈웰컴투 삼달리〉는 지역을 배경으로 한 콘텐츠로서 지역에 활력을 불어넣어 주는 것뿐 아니라, 다시 새로운 꿈을 꾸고, 희망을 만들 수 있는 대안적인 삶의 모습도 제시해 준다. 드라마 〈웰컴투 삼달리〉가 어떻게 우리에게 위로와 용기를 주었는지 하나씩 살펴보고자 한다.

지역 콘텐츠의 약진

"개천에서 용난다"라는 옛 속담이 있다. 전쟁 폐허에서 지금의 대한민국이 되기까지 수많은 용이 개천에서 날아올랐다. 열심히 하면 누구나 성과를 얻을 수 있었던 시대에 열악한 환경에서도 최선을 다해 승천한 용들은 신분 상승을 이루고, 가족들의 자랑이 되었다. 미디어에서도 일반적으로 개천은 지역이나 시골을 뜻하고, 용이 되어 날아가고 싶은 하늘은 서울 상경을 의미했다. 그 모습은 늘 더 대조적이었다. 서울에서의 삶은 마치 모든 것이 풍족하고 성공한 삶처럼 보였고 부러움의 대상이 되기도 했다. 반대로 개천으로 상징되는 지역, 고향, 시골의 모습은 촌스럽거나 혹은 빨리 벗어나고 싶은 곳으로 비추기도 했다.

예정된 순서였을까. 연일 '지역 소멸' 관련 뉴스가 쏟아진다. 용들이 개천을 벗어나고 남은 자리엔 저출산과 고령화로 지역 곳곳이 소멸할 위기에 처해 있다. 몇 년 후에는 나의 고향이 사라지고, 또 몇 년 후에는 어느 도시가 소멸할 것이라는 뉴스는 이제 크게 놀랍지 않은 수준이다. 각 지자체는 많은 예산을 들여 각종 정책, 제도를 통해 지역 소멸 위기에 대응하고 있지만, 그 성과는 미미한 수준이다. 성공과 꿈을 좇아 많은 사람이 서울로 모여든 몇십 년이 지나고 지역은 텅 비어간다. 이러한 지역 소멸 위기에 지역을 활용한 콘텐츠가 큰 사랑을 받으며 새로운 돌파구가 되고 있다.

제주를 배경으로 한 〈웰컴투 삼달리〉뿐 아니라, 최근 지역을 배경으로 한 드라마 콘텐츠가 두드러지게 많아졌다. 드라마의 인기와 더불어 실제 드라마 촬영지를 직접 보고자 관광객들이 해당 지역을 방문하는 등 경제 활성화로 이어진 성공 사례들도 적지 않다. 2019년에 방영된 드라마 〈동백꽃 필 무렵〉은 최고 시청률 23.8%(닐슨코리아)를 기록했다. 해당 드라마가 촬영된 포항은 드라마 촬영지 곳곳을 따라 여행하는 동백 투어 코스가 생길 정도로 큰 인기를 얻었고, 종영 후에도 관광객들의 발길이 이어졌다. 또 〈호텔 델루나〉 촬영지였던 목포, 〈스물다섯, 스물하나〉의 촬영지였던 전주, 또 〈사랑의 불시착〉의 촬영지였던 충주 등 드라마가 큰 인기를 얻으며 촬영지를 방문하고 여행하면서 SNS로 공유하는 또 하나의 콘텐츠

문화가 형성되었다. 드라마의 인기가 실제 지역 방문, 소비로 이어져 침체한 지역 경제가 함께 살아나면서 그야말로 윈윈 전략이 통했다.

특히 〈웰컴투 삼달리〉는 제주라는 지역적 특성을 드라마의 배경으로 삼았지만, 이 드라마 만의 특별한 점이 있다. 단순히 제주를 배경으로만 놔두지 않고, 제주 자체를 드라마를 이끄는 줄거리의 메인 소재로 삼았다는 점이다. 인물, 사건, 배경 모두가 제주를 배놓고는 이해하기 어려울 만큼 제주라는 지역적 특성을 드라마 안에 잘 녹였다. 등장인물과 스토리는 물론이고, 촬영 소품 등과 OST까지도 그야말로 제주다웠다. 또한, 제주 삼달리 해녀들의 문화를 다채롭게 보여주며 공동체와 어울려 사는 우리들의 삶의 모습을 간접적으로 잘 표현해 주기도 했다. 지역이 가진 특유의 문화들을 잘 버무려 향수와 추억을 불러일으켰다. 시청자들은 친숙하고 자연스러운 모습에서 더 편안함을 느끼며 마치 내가 삼달리에 함께 사는 듯, 이야기 속으로 깊이 빠져들었다.

서브컬처에서 메인컬처로

〈웰컴투 삼달리〉는 최고 시청률 12.4%(닐슨코리아 조사)로 막을 내렸다. 첫 방송 시청률 5.2%에서 매 회 자체 최고 시청률을 경신하며 결국 두 자릿수 시청률을 기록했다. 그뿐만 아니라 JTBC 드라마 역대 시청률 톱10 안에 포함되는 대기록을 남겼다. 지역을 배경으로 한 소소하고 잔잔한 힐링 드라마가 이렇게까지 큰 인기를 얻은 이유는 무엇일까?

지역 콘텐츠의 돌풍은 최근 콘텐츠 이용자들의 흐름과도 그 맥을 같이한다. OTT와 유튜브 등 콘텐츠 플랫폼이 다양해지면서 지역 콘텐츠 수요가 크게 늘었다. 지역 사투리나 시골의 정서와 문화가 진부하고 고리타분한 것이 아니라, 오히려 낯설고 신선한 소재가 된 것이다. 또한 지역을 배경으로 한 콘텐츠가 TV 프로그램에서만 그치지 않고 OTT에서도 계속해서 방영되면서 한국 문화에 관심이 많은 해외 팬들까지 유입되는 선순환 구조를 갖게 되었다.

앞서 말했듯이, 지역 콘텐츠의 두드러진 약진은 콘텐츠와 시청자의 직접적인 연결고리에 있다. K-콘텐츠가 나오기 전 '한류'는 처음 한국 콘텐츠를 세계에 알리기 시작한 중요한 시작점이었다. 그때 한류를 이끌었던 중요한 구심점은 직접적인 체험에 있었다. 드라마를 시청한 후 직접 한국에 와서 촬영지를 방문하거나, 극 중 배우들이 먹었던 음식, 거닐던 장소 등을 찾아다니며 나도 드라마 속 주인공이 되어보는 경험을 제공했다는 점이 주요했다. 미디어 기술의 발달로 가상 세계, 컴퓨터 그래픽으로 범벅이 된 콘텐츠에 지친 시청자들은 가짜가 아닌 진짜 이야기를 찾기 시작했다. 지역을 배경으로 한 콘텐츠들은 콘텐츠를 즐긴 후, 시청자들이 직접 해당 지역을 방문할 수 있다는 점이 시청자들에게 매력적으로 다가왔다. 콘텐츠와 시청자가 직접 만나는 만남의 장을 제공했고, 시청자들은 내가 직접 콘텐츠 속으로 들어가 만지고 체험할 수 있는 특별한 경험을 할 수 있게 되었다.

사회적 분위기도 한몫을 했다. 얼마 전까지 '존버'라는 말이 크게 유행했었다. '존중하며 버티기'라는 말로 순화되기도 했지만, 진짜 뜻은 엄청나게 버틴다는 뜻이다. 버틴다는 말이 유행했다는 것은 현대인의 삶이 그만큼 힘들고 어렵게 느껴졌다는 방증이기도 하다. 끈질기게 버티고 버티다 지쳐버린 사람들은 잠시라도 편안하게 쉴 수 있는 콘텐츠를 찾고 있었다. 복잡하고 삭막한 도시에서의 삶에서 잠깐 벗어나고 싶은 시청자들의 욕망과 요구가 지역 콘텐츠와 꼭 맞아떨어졌다. 혼자가 아니라 누군가 있다는 따뜻한 안도감을 드라마를 통해 느끼게 된 것이다.

로컬리즘 콘텐츠의 정수

용필과 삼달이 나고 자란 삼달리와 그들의 어린 시절을 보여주는 장면에서 1994년 〈전국노래자랑: 제주편〉이 방송되었다. 지역 프로그램의 정수로 불리는 〈전국노래자랑〉을 첫 회, 첫 장면에 사용하면서 드라마에서 다루고자 하는 지역성을 잘 드러냈고, 시청자들에게 확실한 눈도장을 찍으며 깊은 인상을 남겼다. 특히 1994년의 TV 프로그램 화면 비율과 색감을 거의 똑같이 구현했고, 제주 성산일출봉을 배경에 두고 세운 〈전국노래자랑〉 무대까지 완벽하게 재현해 그 시절을 추억하게 했다. 무엇보다 〈전국노래자랑〉 그 자체라고 할 수 있는 영원한 국민 MC, 고(故) 송해 선생님을 딥페이크 기술로 구현해 시청자들에게 큰 감동을 주었다. 1994년 그 당시 송해 선생님의 얼굴과 〈전국노래자랑〉의 시그니처 오프닝인 "전국 ~ 노래자랑!"을 외치는 목소리까지 AI 학습 기술로 재현해 내면서 과거와 현재를 이어주는 듯한 뭉클함까지 전달했다. 그리움과 기술이 합쳐져 의미 있고 효과적인 시너지가 발휘되었다. 〈웰컴투 삼달리〉 제작진은 모든 것들이 사라져 가는 요즘, 새로운 기술을 활용해 추억을 소환하고 싶었다고 밝히기도 했다.

지창욱 배우가 연기한 남자 주인공의 극 중 이름이 익숙하다. 바로 국민 가수 가왕 '조용필'이다. 그 시절 가수 조용필을 너무나도 좋아했던 용필의 엄마가 자기 아들의 이름도 진짜 '조용필'로 지은 것이다. 가왕 조용필을 소재로 드라마에 활용한 서사는 단순 주인공의 극 중 이름을 사용한 것에서만 그치지 않는다. 드라마의 OST 대부분을 조용필의 음악으로 사용했다. OST는 드라마의 내용을 더 풍성하게 하고, 인물들의 서사를 극대화하는 데 아주 중요한 요소로 작용한다. 또 OST만 들어도 드라마의 장면들이 떠오를 만큼 OST와 드라마는 떼려야 뗄 수 없는 짝꿍이다. 어린 용필과 삼달은 〈전국노래자랑〉 무대에 올라 조용필의 「모나리자」를 부른다. 또 힘든 서울 생활을 보내던 삼달을 위로할 때 용필은 「꿈」이라는 노래를 들려준다. 그리고 제주에 돌아와 마주쳐 으르렁거리며 미역 난투극을 벌이던 장면에서는 「창밖의 여자」가 배경 음악으로 흘러나왔다.

　이 외에도 조용필의 수많은 명곡이 드라마 곳곳을 가득 채웠다. 「마도요」, 「추억 속의 재회」 등 단 몇 초만 들어도 알만한 가왕의 노래들은 용필과 삼달의 이야기를 더 풍성하게 뒷받침해 주었고, 아름다운 제주의 모습을 더 아름답게 해주었다. 명곡은 시대를 타지 않는다는 말이 있다. 조용필의 노래를 통해 드라마를 보는 시청자들의 세대가 하나로 연결되었다. 완성도 높은 원곡부터 태연, 신승훈, 세븐틴 등 다양한 세대의 가수들이 리메이크했다. 다채로운 음악으로 모든 세대가 공감하는 노래의 힘을 가진 조용필을 활용한 것도 드라마의 또 하나의 즐길 거리가 되었다. 어쩌면 의미 없이 반복되는 노랫말과 시끄러운 음악에 지쳐 있던 시청자들에게 따뜻하고 감동적인 노래 가사가 와닿았던 이유는 조용필이라는 유일무이한 가수 때문이 아닐까 생각한다. 누구에게나 있던 추억들이 조용필의 노래를 만나 시청자들을 위로했고, 용필과 삼달의 감정에 빠져들어 하나가 될 수 있도록 대중적인 공감 코드를 끌어냈다.

〈웰컴투 삼달리〉의 제주 활용법

드라마 〈웰컴투 삼달리〉에서는 특히 '해녀'들의 삶을 통해 플롯과 스토리를 개연성 있고 풍성하게 표현한다. 주인공 용필과 삼달의 갈등은 용필의 엄마 부미자의 부재로부터 시작된다. 젊은 시절 이름이 같았던 용필의 엄마 부미자와 삼달의 엄마 고미자는 한날한시에 아이를 낳았고, 옆집에 살며 함께 물질을 하고 살던 둘도 없는 해녀 친구였다. 바다 날씨가 좋지 않았던 어느 날, 물질을 조금 더 하고 싶었던 고미자는 바다로 다시 나갔고, 그녀를 따라나선 친구 부미자는 끝내 돌아오지 못했다. 사랑하는 아내를 잃은 용필의 아버지는 사고 이후 평생 고미자를 미워하고 원망한다. 용필이 삼달을 좋아하는 것을 알지만 아내를 잃은 슬픔에 사로잡혀 고미자의 딸, 삼달까지 반대하고 내친다. 이로 인해 용필과 삼달은 헤어지고, 삼달의 엄마 역시 한동네에 살면서도 용필 아버지의 미움을 받으며 힘든 시간을 보낸다.

하지만 〈웰컴투 삼달리〉의 갈등 구조 중 특별한 점은 그 갈등을 쉽게 봉합하려고 하기보다, 모두가 묵묵히 자신의 자리에서 서로를 위하며 때를 기다린다는 점이었다. 삼달의 엄마와 삼달은 묵묵히 미움의 시간을 견디고 받아냈다. 용필 역시 꿈을 포기하고 제주에 남아서 아픈 삼달의 엄마를 지킨다. 모두 누구보다 아내를 잃은 용필 아버지의 슬픔을 잘 알기 때문이었다. 8년 후 제주로 돌아온 삼달과 용필은 우여곡절 끝에 다시 사랑을 시작한다. 그들의 사랑으로 묵묵히 견디던 삼달의 엄마는 드디어 용필의 아버지와 대면할 용기를 갖는다.

드라마가 보여준 갈등 해소의 가장 중요한 메시지는 '부미자를 잃은 슬픔은 모두 똑같다'는 것이었다. 용필의 아버지는 자신만 자신의 사랑하는 아내를 잃었다고 생각했지만, 모두 각기 다른 이유로 부미자의 죽음을 같이 슬퍼하고 있었다. "너만 아프고 너만 부미자 보냈시냐, 나도 너만치 아프고 너만치 나도 보고 싶다게, 나도 친구 잃었다게"라고 외치며 통곡한다. 고미자가 처음으로 본인의 속마음을 이야기하며, 점차 갈등은 해소된다.

갈등은 드라마를 구성하는 가장 중요한 요소다. 그래서 드라마는 갈등을 해소하는 과정과 방식을 개연성 있게 풀어내야 한다. 〈웰컴투 삼달리〉는 어른들의 오래되고 깊은 상처를 치유하고 갈등을 해소하는 과정을 세밀하게 그리고 밀도 있게 담아냈다. 본인만 피해자라고 생각했던 용필의 아버지가 결국은 본인뿐 아니라 모두가 슬픔의 피해자였다는 것을 깨닫는다. 용필과 삼달 역시 부모님들의 깊은 상처를 깨닫고 함께 이겨낸다. 이 과정을 통해 시청자들은 용서와 화해에 이르는 성숙한 치유의 과정을 함께 겪으며 성장했다. 원인 모를 적대심이 가득한 현대인들에게 반성과 깨달음을 주기에 충분했다.

해녀들이 초보 해녀들을 교육할 때, 가장 중요하게 강조하는 말이 있다. 겉으로는 평온해 보이지만 위험천만한 바닷속에서 욕심내지 말고 자신의 숨만큼만 버티고 나오라고. 삼달 역시 서울에서 본인의 숨이 차오르는지도 모르고 꿈을 위해, 가진 것을 잃지 않기 위해 버티고 또 버텼다. 하지만 나의 숨만큼만 있다가 다시 돌아와야 한다는 해녀들의 지혜는 삼달에게도 우리에게도 위로를 준다. 아등바등 살다 지칠 땐 숨을 고르고 다시 시작해도 괜찮다는 친절한 다독임 같은 것. 새로운 숨으로 다시 새롭게 시작하라는 희망의 메시지 같은 것. 그렇게 〈웰컴투 삼달리〉는 우리에게 원래 있던 것의 소중함을 깨닫고, 다시 시작할 수 있는 용기를 주었다. 해녀들의 삶의 지혜는 뭐든지 빠르게 변하고 간편해지는 시대의 이면에 남은 우리들의 쓸쓸함과 삭막함을 위로해 주기에 충분했다.

또 다른 삼달리를 향하여

OTT와 유튜브 콘텐츠가 매일 쏟아지고 있다. 도파민 넘치게 자극적이고 폭력적인 주제들은 쉽게 시청자들의 시선을 이끈다. 특히 '이혼' 등 가족 해체와 관련된 자극적인 콘텐츠가 인기를 얻으며 TV 프로그램에서도 급격히 많아졌다. 가족, 친구 등 사람 사이에 기본적인 믿음과 신뢰를 붕괴시키는 프로그램이 계속해서 생산된다는 점이 크게 우려스럽다. 특히 TV 프로그램은 다양한 콘텐츠들의 모범 답안이 되고, 새로운 콘텐츠를 만드는 영감의 근간이 된다. "TV에서도 하는데", 혹은 "지상파에서도 하는데" 등 자극적인 콘텐츠를 만드는 데 TV 프로그램이 더 큰 명분을 주는 것은 아닐지 깊게 고민해볼 시점이다. 다양한 시대의 흐름을 보여준다는 핑계로 미디어의 공익적인 역할과 공적 책임, 미디어의 큰 영향력을 간과하고 있는 것은 아닐까.

역시나 〈웰컴투 삼달리〉와 같은 지역 콘텐츠를 더 지속해서 누리기 위해 콘텐츠 다각화 전략이 필요하다. 지역 콘텐츠의 스테레오 타입에서 벗어나 더 다채로운 소재와 이야기가 더해지기를 바란다. 단순 지역 콘텐츠에만 그치는 게 아니라 실제 지역이 함께 살아날 수 있도록 지역 경제 낙수효과까지 극대화한다면, 지역의 이야기로 다시 지역을 살리는 콘텐츠는 앞으로도 무궁무진한 성장 가능성이 있다. 또한 제주 등 유명 지역 도시뿐 아니라 아직 알려지지 않은 지역 소도시들이 새로운 콘텐츠의 배경으로 소개되기를 바란다.

〈웰컴투 삼달리〉는 지역의 삶이 줄 수 있는 즐거움을 촘촘하게 담아냈다. 또한 지역 콘텐츠에 대한 긍정적 인식을 확대했다. 지역 배경을 드라마에 충실히 활용하고, 마을 안의 인물들을 입체적으로 구성해 감동과 재미를 선사했다. 〈웰컴투 삼달리〉와 같은 지역을 배경으로 한 힐링물이 큰 인기를 끌고 역돌풍을 일으킨 것처럼, 앞으로 지역을 주 무대로 한 더 다양한 이야기가 콘텐츠로 만들어지기를 기대한다. 드라마는 시대를 위로한다고 했다. 그 어느 때보다 위로와 용기가 필요한 시대. 과유불급이라고는 하지만, 지나치게 위로받고 지나치게 용기를 얻고 싶은 사람들에게 지역 콘텐츠가 준 깊은 울림과 메시지를, 우리는 앞으로 더욱 주의 기울여 보아야 하지 않을까? 🔯

순수함을 잊은 그대에게

〈태어난 김에 세계일주 3〉

조우혁

잊어버린 것

'순수'는 무엇인가. '순수'는 전혀 다른 것의 섞임이 없음을 뜻하는 말이다. 우리는 순수함을 생각하면 자연스레 아이들을 떠올리고는 한다. 때 묻지 않은 순수함을 보여주는 이들이 아이들 말고 또 있을까. 어른들은 아이들을 보며 이 순수함을 잃어버리지 않았으면, 이대로만 커주었으면 한다. 하지만 이 순수함은 시간이 지나며 퇴색된다. 바쁘고 빠르게 돌아가는 사회에서 사람들은 저마다의 일을 가지고 살아간다. 현실 속에서 우리는 많은 경험을 하고 그렇게 온몸에 때를 묻혀가며 다른 것들과 섞이게 된다. 그렇게 우리는 순수하게 세상을 바라보지 못하게 되고, 이를 점점 성숙해지고 어른이 되어가는 것이라 말한다. 어른이 된다는 것은 순수함을 잃어버리는 과정이라는 걸 당연하게 받아들이고 있기 때문이다. 하지만 우리는 순수함을 '잃어버린 것'이 아니다. 순수함을 '잊어버린 것'이다. 어른이 되어서도 순수함을 잊지 않을 수 있지 않을까. 그런 의미에서 〈태어난 김에 세계일주 3〉(MBC, 2023.11.26~2024.2.4, 10부작)은 우리가 잊어버린 순수함을 잘 보여주고 있다고 생각한다.

날것의 순수함

지금까지의 방송에서의 여행 프로그램들은 적당히 짜인 예능에 불과했다. 여행인데도 시나리오가 존재했고, 큰 변수 없이 관광지와 맛집을 소개하며 그 안에서 벌어지는 해프닝을 흥미롭게 이끌어내거나 출연진들의 관계에서 나오는 요소를 재미로 삼는다. 하지만 유튜브에서 리얼 여행의 세계가 펼쳐지면서 여행 예능에도 변화가 생겼다. 더 이상 사전에 짜인 여행을 보여주는 것이 아닌, 날것의 여행을 보여주고 있다. 〈태어난 김에 세계일주〉 (이하 〈태계일주〉)가 바로 그것을 잘 보여주고 있는 예시다.

사실 연예인을 데리고 리얼 여행기를 담는 것은 쉽지 않다. 연예인은 저마다 자신이 방송에서 가진, 방송에서 만들어낸 캐릭터성이 존재하고 이 캐릭터는 사회화되어 대중에게 새로운 기대를 심어주기 쉽지 않다. 제목부터 '태어난 김에 세계일주'라는 의미의 〈태계일주〉는, 이에 제목 그대로 태어난 김에 사는 남자인 기안84(김희민)를 필두로 프로그램을 구성했다. 기안84가 그동안 〈나 혼자 산다〉와 같은 프로그램이나 여러 유튜브 채널에서 보여준 모습들은 꾸며지지 않고 진솔했으며, 예측 불가능한 날것인 괴짜의 모습이었다. 방송에서도 꾸밈없는 모습을 보여주는 이것이 곧 순수함으로 다가왔다.

하고 싶은 것을 하는 것

〈태계일주〉의 목적지는 기안84의 로망에서 비롯된다. 지구 반대편으로 가 보고 싶다는 말에 남미로 간 〈태어난 김에 세계일주〉, 가장 가보고 싶었던 나라가 인도였다는 말에 인도로 떠난 〈태어난 김에 세계일주 2〉, 다음에는 바다가 있는 곳으로 가고 싶다는 말에 마다가스카르로 떠난 〈태어난 김에 세계일주 3〉. 프로그램 안에서 출연진들은 하고 싶은 것을 자유롭게 하는 모습을 보여준다. 운동을 좋아하는 덱스(김진영)는 마다가스카르의 헬스장을 찾고, 배를 빌려 바다를 항해해 보고 싶던 바니보틀(박재한)은 여행 중 배를 빌리고 자신의 로망을 만끽한다. 이에 한 술 더 떠서 기안84는 갈아입을 옷이 없는 상황에서도 비를 맞고 싶으면 나가서 비를 맞으며 아이처럼 좋아하는 모습을 보이고, 천둥번개가 치는 궂은 날씨에도 번개가 치는 것이 좋다며 번개를 촬영한다. 그런데 어떤 사람들은 이를 보며 4차원 괴짜라고 말하고는 한다. 우리는 비가 오는 날 어린아이가 비를 맞으며 웅덩이에서 물장구를 치는 것을 보고 괴짜라 부르지 않는다. 그저 따스함이 담긴 눈으로 아이를 보며 흐뭇해하고는 한다. 그렇다면 왜 기안84가 비를 맞으며 좋아하는 모습을 보는 괴짜라 부를까? 어른이라서? 우리가 하고 싶은 것을 하면 눈에 띈다는 것을 알기 때문이 아닐까?

한국 사회에서는 조선시대부터 내려온 유교 사상 때문에 '우리'라는 개념이 강하다. 여기서 '우리'라는 것은 단순히 공동체의 개념에서 끝나지 않는다. 같은 것을 공유하고, 같은 울타리 안에 있고 싶어한다. '우리'라는 울타리 안에서 벗어나면, 사람들은 다른 시선으로 그 사람을 본다. 그리고 이는 곧 다툼의 원인이 되기도 한다. 이는 조선시대 붕당의 모습에서도 찾아볼 수 있다. 유교 사상으로 시작된 '우리'라는 개념은 대한민국을 남한과 북한으로 갈라지게 했으며, 심지어 국회의사당에서 볼 수 있듯이 각 정당은 서로 좌파와 우파니 뭐니 하며 싸우기도 한다. 그만큼 한국 사회에 은연중에 뿌리 내린 것이 눈에 띄기 싫어하는 것이다. 눈에 띄지 않으려면 남들이 하는 대로 살아가야 하고, 이는 곧 우리가 하고 싶은 일을 마음대로 할 수 없게 만들었으며 사람들로 하여금 순수함을 잊게 만들었다.

또한 어릴 적부터 우리는 당연하다는 듯이 주입식 교육을 받으며, 진학해서 뭔가를 이루어야겠다는 생각 없이 남들이 다 나오니까, 또 나중에 취업을 해야 한다는 생각으로 입시를 치르고 대학교에 입학한다. 실제로 지난 2021년 '대학에 진학한 이유' 설문 조사에 따르면 '취업에 유리한 조건 획득(51%)'이 1순위로 높은 비중을 차지했고, '사회적 분위기에 편승(16.4%)'이 2순위를 차지했다.[1] 대학에 들어오면 하고 싶은 것을 찾을 새도 없이 졸업을 하고, 먹고살 걱정을 하며 취업 준비를 하는 것이 당연하게 여기는 사회가 된 것이다. 사회적 분위기에 편승해 대학에 진학하는 것도 앞서 언급한 '우리'라는 개념에서 파생된 것이라고 말하지 않을 수 없다.

하지만 〈태계일주〉의 출연진들은 하고 싶은 것을 하고, 기안84는 틀을 깨는 모습들을 보여주며 순수의 건재함을 보여준다. 이러한 자유로운 모습들이 사람들에게 통했다고 생각한다.

하고 싶은 것을 하는 것은 본래 어려운 일이 아니다. 하지만 하고 싶은 것을 하는 게 도전이라고 인식되고, 모난 것이라고 인식되는 이 사회에서 우리도 아이가 "엄마, 저 놀고 싶어요!", "아빠, 저 이거 사 주세요!" 말하듯이 잠시 힘든 현실에서 벗어나 하고 싶은 것을 해보는 것은 어떨까.

---

1   "[창간33주년 대학생 의식조사/③취업·교육] 대학 진학 이유 1순위 '취업'… 비대면 교육은 '대체로 만족'", 《한국대학신문》, 2021년 10월 18일 자.

공감의 순수함

현대 사회는 경쟁 사회다. 자본주의가 도입되고 능력에 따라 일하며 능력에 따라 배분받게 되면서 우리는 더 많은 배분을 위해 경쟁하고 더 많은 능력을 얻기 위해 경쟁한다. 특히나 한국은 앞서 말했듯 학창 시절부터 엄청난 경쟁을 경험한다. 고등학생 때부터 점수로 경쟁해 순위를 매기고, 순위가 매겨진 대학에 들어가기 위해 입시 경쟁을 펼친다. 후에는 순위가 매겨진 기업들 중 더 높은 기업에 들어가기 위해 또 취업 경쟁을 펼친다. 이러한 학벌주의와 무한 경쟁은 곧 나만 잘나고, 나만 잘살면 된다는 이기주의로 이어진다. 이렇게 사회는 우리로 하여금 공감에 박해지게 만든다. 하지만 이런 경쟁 사회에서 일어나는 악습들을 막고, 건강한 사회를 만들기 위해서 필요한 것은 공감이다. 더 나은 사회를 만들기 위해 우리는 끊임없이 투쟁하고 경쟁하고 발전해 많은 것들을 이루어냈으나 인간의 사회에 형성된 문화, 경제, 정치 등 모든 것들은 타인을 향한 관심에 뿌리를 둔다. 인간의 사회적 본능은 공감인 것이다.

〈태계일주〉 프로그램은 다른 여행 프로그램들과는 달리 출연진들이 해당 나라의 문화를 진정으로 경험하는 모습을 보여준다. 마다가스카르 벨로수르메르에서 출연진들은 원주민들과 소통하고, 그들의 문화를 경험한다. 배를 완성한 것을 축하하는 진수식에서 출연진들은 자신과 관계없는 머나먼 이국땅의 사람들의 축제인데도 자신의 일인 양 아주 우스꽝스럽게 춤을 춘다. 또한 기안84는 이동 중 마다가스카르의 장례식을 본 것을 계기로 파마디하나에 참여해 진정으로 그들의 문화를 존중하고 즐기며 장례식에서 춤을 추는 모습도 보였다. 장례식에서 '죽음'을 축제로 즐기는 것이 그들의 문화이나, 슬퍼할 수밖에 없는 유가족들의 모습에 춤을 추다가도 기안84는 안타까워하며 공감한다. 마다가스카르의 긴꼬리원숭이를 보러 간 곳에선 빠니보틀에게 "내가 편하다. 우리가 편안하다는 건 원숭이들도 편안하다는 얘기겠네"라는 말을 한다. 이런 진정성과 공감은 방송을 보는 이들로 하여금 잊고 있었던 순수함을 떠오르게 만들어준다. 이런 모습을 보고 있으면 괜스레 감동을 하게 된다. 흔히 말하는 MBTI에서 T의 비율이 아주 높은 나조차도 마음이 따뜻해지는 것을 느낄 수 있다.

빠니보틀은 프로그램의 마지막 인터뷰에서, 주인공은 기안84와 이시언이고 자신의 역할은 부족한 것을 채워주고 뒷바라지하는 것이라고 생각했는데 하다 보니까 내 것이 되어버렸다는 말을 한다. 남의 여행인 줄 알고 참여한 프로그램에서 출연진들과 여행하고, 여행 중 서로의 생일도 챙겨주고 축하해 주며 유대감을 쌓으면서 자신의 여행이 되어버렸다는 것이다.

이러한 출연진의 진정성은 프로그램에 서사를 부여한다. 방송을 보는 시청자들은 여행의 과정, 출연진들의 유대감, 진정성에 감동하고 프로그램에 진정으로 빠져든다. 내 주변의 일이 아니어도 프로그램에 나를 투영해 각박한 사회와 현실에서 잊고 살았던 공감을 떠올리게 된 것이다. 바야흐로 전 세계 사람들에게 여섯 번째의 단계만이[2] 존재하는 시대가 되었다. 이제는 '나와 관련 없는 일'이 아니라 '나에게 일어날 수 있는 일' 또는 '나와도 연관이 있는 일'로 바꾸어 생각해 보는 것이 좋을 것 같다.

여행이 주는 순수함

우리는 여행을 가기 전부터 순수하게 들뜨는 우리의 모습을 발견할 수 있

---

2   스탠리 밀그램은 6단계 분리 이론(six degrees of separation)을 통해 모든 사람은 여섯 단계를 거치면 서로가 연결될 수 있다고 주장했다.

다. 여행을 간다 하면 누구나 즐겁고, 들뜨는 것은 사실이다. 하지만 우리는 어느새인가 여행을 갈 때 무리하게 계획을 짜고, 계획을 짜며 스트레스를 받는다. 또 즐겁게 놀고 쉬러 가서 더 바쁘게 움직이는 우리를 볼 수 있다. 더 효율적으로 움직이려 하고, 더 가성비 있게 여행을 하려 한다. 여행지에 가면 봐야 할 것이 도처에 깔려 있고, 먹어야 할 것이 수백만 개다. 손가락을 몇 번만 움직이면 가고 싶은 곳, 먹고 싶은 것에 대한 정보를 다 얻을 수 있는 시대이기에 더욱 치열하게 알아보고 조사한 후, 그대로 이행하려 한다. 그에 반해 시간과 비용은 한정적이기 때문에 여행이 힘들고 공격적이게 되는 것이 아닌가 싶다. 한 번쯤은 여행이 주는 여유로움과 즐거움을 만끽하고 가고 싶은 대로, 하고 싶은 대로 여행을 해보는 것은 어떨까? 다른 이가 한 판단을 토대로 하는 여행이 아닌, 내가 하고, 내가 보고 싶은 것들을 토대로 내 판단대로 여행을 해보아야 한다고 생각한다.

여행에 정해진 각본이나 대본은 없다. 하물며 방송 프로그램인 〈태계일주〉도 없이 하는데 우리 스스로 각본에 여행을 맞춰서야 되겠는가? 각본이 없기에 출연진이 진심으로 그 나라의 문화를 즐기고, 진심으로 공감하며 여행을 즐길 수 있었던 것이다. 우리는 어쩌면 소개해 주는 여행 프로그램이 아닌, 순수하게 즐기며 나를 투영해 볼 수 있는 여행 프로그램을 기다려왔는지도 모른다. 〈태계일주〉 제작진은 〈태어난 김에 세계일주 4〉를 올해 하반기에 방영하겠다고 4월에 예고했다. 우리는 〈태계일주〉가 주는 순수한 여행의 즐거움, 기쁨을 다시 한번 느낄 수 있을 것이다.

순수의 시대

사람들이 예능을 보는 이유는 단순 재미다. 하지만 예능에서도 서사가 있고, 전하고자 하는 메시지가 있기 마련이다. 우리는 공감을 하기에 예능이 재미있다는 것을 안다. 재미를 느끼면서도 우리가 공감하고 있다는 사실을 망각한다면 그것은 너무 슬프지 않은가.

우리는 살아가면서 많은 일들을 겪는다. 하지만 많은 일을 겪는다고 자신이 가진 순수함을 잃어버리는 것은 아니다. 겪은 일들에 적응하고, 또 현실에 굴복하면서 우리가 가진 순수함을 잊어버리는 것일 뿐이다. 순수함을 가지는 것은 어려운 것은 아니다. 누구나 자신의 순수함을 가지고 있다. '순수'는 전혀 다른 것의 섞임이 없는 것이라 앞서 말했다. 그렇다면 한 색깔을 가지고 있는 것 또한 다른 것의 섞임이 없는 것 아닌가? 그렇다고 경험을 하고 달라지지 말자는 것이 아니다. 우리는 인간이기 때문에 경험하고, 나아가며 더 나아지기 위해 학습하고 배운다. 이 과정에서 우리가 가진 색깔이 물들 수 있으나 한편에는 물들지 않은 나만의 색을 간직하자는 것이다.

〈태어난 김에 세계일주 3〉은 우리 사회에게, 우리에게 필요한 것이 무엇인지, 우리가 잊어버린 것이 무엇인지 알려주었다. 매일을 분주하고 치열하게 살아가며 빠르게 돌아가는 이 사회에서 우리가 계속 순수함을 잊고 살아간다면 경쟁과 분란의 파도에 휩쓸릴 수밖에 없을 것이다.

그렇기에 우리는 우리가 가진 순수함을 계속해서 떠올릴 필요가 있다. 일상에서 순수함을 떠올리기 힘들다면, 아이가 있다면 함께 동심으로 돌아가 보거나, 〈태계일주〉가 보여줬듯이 순수한 여행을 통해 나만의 순수함을 다시 상기 해보는 것은 어떨까.

우리가 아름다운 것과 그렇지 않은 것 중에 아름다운 것에 끌리는 이유는 아름다운 것이 그렇지 않은 것보다 흔치 않기 때문이다. 성악설에서 선한 사람을 존경하고 동경하는 것은 많은 사람들이 대체로 악하기 때문에 사람들이 선한 사람을 칭송한다고 했다. 선한 사람들이 많다면 선을 칭송할 이유가 없듯이, 우리도 순수함을 유지하는 사람이 대체로 없기 때문에 순수한 것을 바라는 것이다. 많은 사람들이 순수함을 잊지 않고, 자신의 순수함을 지녀 비로소 순수함을 바라지 않게 되기를 기원한다. ☒

'나의 이야기'에서 '우리의 이야기'로

〈나는 솔로〉로 보는 누구나 처음은 서툰 사랑에 대하여: 〈나는 솔로〉 성공 요인 분석

지윤솔

들어가며

"나는 솔로의 강점은 다큐멘터리라고 할 정도로 날것이라는 점이에요."[1]

2017년 첫 등장한 〈하트시그널〉은 2018년 시즌 2로 큰 성공을 거두며 연애 프로그램 붐을 일으켰다. 이는 기존에 볼 수 없었던 관찰형 예능과 일반인 출연자의 조합으로 많은 시청자의 관심을 이끌어낸 것이다. 그러나 〈하트시그널〉 신드롬은 시즌 2를 끝으로 이어지지 못했다. 시즌 3에서는 출연진들의 학교 폭력 및 폭행 전과 논란이 터지면서 진정성 없는 출연

---

1   한미림, "나는 솔로 제작진이답다, 사랑이 이야기하는 것들", HYUNDAI TRANSYS BLOG(Story/People, 2022.9.2), https://blog.hyundai-transys.com/312(검색일: 2024.7. 28).

자와 인위적 연출에 대한 비판이 쏟아지기 시작했기 때문이다. 더불어 카레이서, 변호사, 한의사 등 엄청난 스펙의 출연진들이 대거 등장하며 상대적 박탈감을 호소하기도 했다. 이에 시청자들은 출연진들이 진실한 사랑을 찾기보다는 스타가 되기 위한 연기를 하고 있다는 여론을 형성했다.

이런 상황에서 리얼함을 강조한 〈나는 솔로〉가 등장했다. 과거 〈짝〉을 연출했던 남규홍 PD가 다시 연애 프로그램의 판에 뛰어든 것이다. 〈나는 솔로〉는 뛰어난 스펙과 외모를 자랑하는 출연진들을 내세운 기존의 프로그램들과 달리 평범한 출연진들을 등장시켜 처음에는 성공하지 못할 것이라는 평을 받았다. 하지만 현재 〈나는 솔로〉는 타깃 시청률 1위와 함께 많은 화제를 불러일으키며 굳건한 자리를 지키고 있다. 〈나는 솔로〉의 성공은 인위적인 연애 프로그램에 지친 시청자들에게 신선함을 제공했고 더불어 다양한 사회적 분위기와 맞물려 이러한 성공이 가능했다. 이와 같은 상황을 바탕으로 필자는 〈나는 솔로〉의 성공 요인을 여러 시각에서 분석하고 비평하고자 한다.

제작진의 개입 최소화

"제작진은 전혀 개입하지 않아요. 저희는 대본 자체가 아예 없습니다. 너무 날것 같은 건 추후에 농도를 조절하죠."[2]

연애 프로그램의 리얼함은 제작진의 개입 최소화에서 나온다. 〈하트시그널 4〉는 이 부분에서 많은 비판을 받았다. 두 출연진이 데이트를 위해

---

2 "남규홍 PD, '나는 솔로', 사랑 통해 사람 보죠'", ≪쿠키뉴스≫, 2022년 11월 3일 자, https://m.kukinews.com/article/view/kuk202211020158(검색일: 2024.7.28).

만나는 장면에서 각도에 따라 손을 잡는 방식이 달라졌다는 점이 논란이 되었다. 이는 손을 잡는 장면을 여러 번 촬영했다는 것을 의미하며, 시청자들은 스태프의 개입에 불만을 표했다. 또한, 촬영 이후 편집 과정에서도 출연진의 감정선을 그대로 담아내기보다 드라마처럼 임의로 편집했다는 논란이 있었다. 특정 출연진을 중심으로 이야기를 전개해 시청자들이 전체적인 감정선을 이해하기 어려웠다는 점도 비판받았다.

반면 〈나는 솔로〉를 연출한 남규홍 PD는 스태프 개입을 최소화해야 한다는 일관성을 유지했다. 출연진이 다대일 데이트를 피하기 위해 거짓된 선택을 하더라도 이를 그대로 진행하며, 스태프들은 출연진의 거짓된 선택으로 발생하는 나비효과를 카메라에 그저 묵묵히 담기만 한다. 그리고 출연진들이 자신의 선택을 후회하고 그 결과를 감내하는 모습을 보여준다. 이러한 접근으로 인해 시청자들 사이에서는 오히려 개입해 달라는 여론까지 형성되었다.

제작진의 개입이 긍정적으로 받아들여진 사례도 있었다. 19기 모태 솔로 특집에서 여자 출연진이 마음과 다른 선택을 하자, 지난 18기 동안 지켜보기만 했던 제작진이 처음으로 개입해 진실한 선택을 하라고 권유했다. 출연진은 진솔한 선택을 했고, 그때 성사된 데이트가 결혼으로 이어졌다. 시청자들은 "착한 제작진 개입 인정합니다", "제작진 개입 처음으로 칭찬합니다" 등의 긍정적인 반응을 보였다. 이처럼 특수한 상황 이외의 개입을 최소화하는 PD의 프로그램 철학은 '리얼함'을 불러일으켜, 〈나는 솔로〉의 성공 요인 중 하나가 되었다.

또 다른 성공 요인 〈나는 솔로 사랑은 계속된다〉

〈나는 솔로 사랑은 계속된다〉는 〈나는 솔로〉 출연 이후의 삶을 담은 후속 프로그램으로, 현재 SBS Plus에서 방영 중이다. 이 프로그램은 〈나는 솔로〉, 〈짝〉, 〈스트레인저〉 등 남규홍 PD가 연출했던 프로그램 출연진들을 모아 제작되었다. 방송 포맷은 정해져 있지 않으며, 출연 이후의 근황을 알아보거나 새로운 출연진 조합으로 매칭해 주는 형식으로 진행된다.

　기존의 연애 프로그램은 방영이 끝나면 시청자들이 공허함을 호소했다. 이는 방영 이후 커플이 된 출연진들이 비즈니스 형태의 만남과 친분을 유지하는 모습을 보여주었기 때문이다. 하지만 해당 프로그램은 〈나는 솔로〉에서 인연을 맺은 커플들이 리얼하게 살아가는 모습을 담는다. 단지 화목한 모습만을 보여주기 위해 만든 프로그램이 아니라, 남규홍 PD가 고집하는 '리얼함'에 맞게 다투는 모습, 가치관 충돌로 힘들어하는 모습도 보여준다. 한 예로, 〈나는 솔로〉 20기 정숙과 영호라는 두 출연진이 있다. 그들은 삼각관계 속에서 극적인 사랑을 이루었다. 하지만 영호는 아이를 낳지 않으면 결혼하지 않겠다고 주장한 반면, 정숙은 자녀 계획과 상관없이 결혼은 필요하다는 입장을 고수하며 두 사람 사이에 가치관 충돌이 발생하는 장면이 방송되었다. 나는 솔로 민박에서 서로만을 바라보던 이들이 커플이 되어 현실로 나왔을 때, 결혼에 대한 상반된 가치관으로 충돌하는 모습을 여실히 보여준 것이다.

나는 솔로 흥행의 숨겨진 공신 '리뷰 유튜버'

매주 〈나는 솔로〉 방송이 끝나면 바빠지는 사람들이 있다. 바로 〈나는 솔로〉리뷰 유튜버들이다. 이들은 방송 내용을 요약하고 각 출연진을 분석해 영상을 올린다. 기존에도 많은 예능 리뷰 유튜버들이 있었지만, 〈나는 솔로〉전용 리뷰 유튜버가 늘어나고 있다는 점에서 귀추가 주목될 만하다. 그들은 심리학적 지식으로 출연진의 성격을 분석하거나 패션, 관상까지 동원해 행동을 해석한다. 이러한 유튜버들은 〈나는 솔로〉의 흥행에 여러 방면으로 큰 영향을 끼쳤다.

먼저, 〈나는 솔로〉는 기수로 방영되기 때문에 같은 출연진 구성으로 4주에서 5주 동안 이어진다. 이에 따라 일부 시청자들은 중간에 놓치는 경우가 있는데, 대부분 리뷰 유튜버를 통해 놓친 흐름을 파악한다. 또한, 화제성이 높은 일부 기수에서는 평소 〈나는 솔로〉를 보지 않던 새로운 시청자들이 유입되는데, 이때 리뷰 유튜버의 영상을 통해 프로그램의 플롯을 쉽게 이해하게 된다.

두 번째로, 시청자가 리뷰 영상을 보고 참여하면서 프로그램에 더 몰입하게 된다. 〈나는 솔로〉는 첫 주에 출연자들의 직업과 나이가 공개되지 않은 채 진행된다. 이에 많은 시청자들은 리뷰 유튜버 영상 댓글에서 직업과 나이를 추측하는 문화를 즐긴다. 이를 통해 방송이 끝난 후 쉽게 식을 수 있는 궁금증이 리뷰 유튜버들 덕분에 일주일 내내 증폭된다. 대부분 직업을 맞추지 못한 채 끝나지만 그럼에도 시청자들은 기수마다 함께 추측하며 다음 방송을 기다린다.

세 번째로, 리뷰 유튜버는 이전 기수의 출연자를 섭외해 지난 기수에 대한 관심을 이어간다. 현재는 출연 이후의 삶을 다룬 〈나는 솔로 사랑은 계속된다〉가 SBS Plus에서 방영되고 있지만, 리뷰 유튜버들은 해당 방송이 시작되기 전부터 전 출연자들의 방송 후기와 일상을 소개해 왔다. 시청자들은 이를 통해 이전 기수의 방영본에도 관심을 가지고 다시 찾아보게 되어 화제성이 식지 않도록 도와준다. 또한, 다른 연애 프로그램과 달리 방송 이후에도 사랑을 이어가거나 본업에 집중하는 출연진의 삶을 보여주며 프로그램의 진정성을 다시 한번 확인하게 만든다.

사회적 측면에서 바라본 〈나는 솔로〉 성공 요인

"사실적인 묘사, 현실적인 이야기를 펼쳐가고 있지 않나 싶어요. 시청자나 출연자의 감정에 조금 더 가까이 다가가면서 공감과 이해를 끌어냈다고 생각합니다."[3]

이번에는 〈나는 솔로〉의 성공 요인을 사회적 흐름의 시각에서 분석해 보려 한다. 현재 대한민국에서는 '200충', '300충', '국평오'와 같이 평균에 있는 사람들을 비하하는 경향이 있다. 더불어 최고가 아니면 사랑과 행복을 누릴 자격이 없다는 인식이 만연하다. 〈하트시그널〉, 〈솔로 지옥〉과 같은 연애 프로그램에서 완벽한 출연진을 통해 상대적 박탈감을 호소하는 젊은 세대들 또한 유사한 상황이라고 할 수 있다. 하지만 〈나는 솔로〉는 외모와 스펙이 평범한 출연진들이 사랑을 찾아가는 모습을 보여준다. 시청자들은 출연진에게 자신을 대입하며, 평범한 출연진이 주인공이 되고 사랑을 쟁취해 나가는 모습을 통해 자신도 할 수 있다는 마음을 갖게 된다.

〈나는 솔로〉는 공통점을 가진 사람들을 한 기수에 모아 "전문직 특집", "고학력자 특집" 등의 기수를 방영한다. 하지만 이러한 특집에서도 PD의 철학은 유지된다. 출연진들은 처참하게 사랑에 실패하기도 하고, 그 실패

---

3   한미림, "나는 솔로 제작진이답다, 사랑이 이야기하는 것들", HYUNDAI TRANSYS BLOG(Story/People, 2022.9.2), https://blog.hyundai-transys.com/312(검색일: 2024.7.28).

를 딛고 일어나 사랑에 성공하는 과정을 그대로 보여준다. 요즘 젊은 세대들은 스펙이 좋은 사람들이 쉽게 사랑에 성공한다고 생각하지만, 〈나는 솔로〉를 통해 모두 처음은 서툴다는 것을 깨닫고 위로를 받는다. 이러한 점에서 시청자들은 진실성을 느끼는 것 아닐까?

맺으며

현재 많은 사람이 혼자 사는 삶을 택한다. 물론 이에는 다양한 경제적·사회적 문제들이 있지만 이와 같은 완벽을 추구하는, 남에게 보이는 것을 중시하는 문화로 인해 쉽게 사랑에 도전하지 못하는 사람들도 있다고 생각한다. 그런 의미에서 〈나는 솔로〉는 출연진 개개인 '나'의 사랑의 실패, 도전, 성공 등의 모습을 통해 '우리'의 삶의 모습을 되돌아보게 해주고 모두가 처음에는 서툴 수 있다는 점을 일깨워 함께 성장해 나갈 수 있는 힘을 준다. 또한 사랑을 찾는 과정에서는 그 어떤 실패도 부끄러운 것이 아니며 그 과정에서 느끼는 감정이 모두 가치 있음을 보여준다. 사랑이란 완벽한 모습이 아닌 있는 그대로의 '나'를 받아들이고 성장하는 과정이라는 것이라는 것이다. 이는 〈나는 솔로〉가 단순한 연애 프로그램을 넘어 우리의 삶 전반을 관통하는 '나의 이야기'에서 '우리의 이야기'로 나아가는 프로그램임을 다시 한번 시사한다. 🖋

방영 10년 차 아직도 궁금한 복면 속의 가왕

천우영

〈미스터리 음악쇼 복면가왕〉(이하 〈복면가왕〉)은 MBC 주말 대표 예능 프로그램으로 2015년 4월 첫방을 시작한 이래 현재까지 방송 중인 인기 프로그램이다. 복면으로 얼굴을 가리고서 그에 맞는 가명으로 정체를 숨긴 채 노래를 부르는 포맷은 처음 굉장한 신선함으로 다가왔다. 목소리와 가창력만으로 현장에서 평가를 받기 때문에 승자는 자신에 대한 어떤 선입견도 없이 노래로 인정받았다는 자부심을 느낄 수 있고, 패자도 얼굴을 공개하면서 관객에게 놀라움을 안길 수 있어 박수를 받는다.

　이 프로그램의 인기 요인은 여러 가지가 있는데, 가장 중요한 점은 복면을 벗었을 때 우리가 익히 안다고 생각했던 인물의 몰랐던 목소리를 발견하는 점이다. 따라서 프로그램 초창기 출연자 자원이 풍부했던 시절에는 매 방송이 이슈였고 큰 반향을 일으킬 요소가 많았다. 노래를 듣는 것만으로도 누구인지 금방 알 수 있는, 그야말로 목소리가 지문인 스타들을 맞히는 재미, 목소리는 익숙한데 누구인지 몰라서 고민하는 재미, 상상치도 못한 인물의 뛰어난 노래 실력을 발견하는 재미까지 '미스터리 음악쇼'라는 프로그램 본연의 콘셉트가 확실하게 돋보였다. 기존의 음악 프로그램과 차별화된 콘셉트와 잘 짜인 플롯이 있었기 때문에 〈복면가왕〉은 부침이 심한 방송가에서 무려 9년 넘게 주말 대표 예능 프로그램으로 자리매김할 수 있었다. 그러나 같은 콘셉트로 9년을 넘기며, 프로그램에 애정을 가진 시청자로서 느끼는 문제점을 지적하지 않을 수 없는 상황이 되었다.

문제점

복면을 벗었을 때 등장하는 인물이 더 이상 우리가 잘 아는 인물이 아니다.

〈복면가왕〉 콘셉트의 가장 큰 매력인 참가자가 복면을 벗었을 때 느끼는 희열이 떨어지고 있다. 이는 프로그램이 장기화되면서 수많은 참가자들이 이미 출연했고, 더 이상 목소리로 못 알아봤는데 얼굴을 보니 전 국민이 다 아는 그런 참가자 섭외가 어렵다는 현실적 문제의 방영일 것이다. 참가자가 노래를 마치고 복면을 벗어도 누구인지 모르는 경우가 있다 보니 현장음으로 나와야 할 '와' 하는 감탄사는 효과음으로 만들어지는 느낌이다. 물론 우리가 잘 몰랐던 숨어 있던 노래 고수를 발견하기도 하고, 새롭게 노래 실력을 뽐내는 신인들을 만나는 장점도 있다.

하지만 신인 발굴이 이 프로그램의 본질이 아닐뿐더러 생경한 출연자를 만나고 그 출연자의 근황 토크가 되어가는 것은 시청자의 입장으로 더 이상 즐거운 예능이 아닌 인물 홍보 방송의 느낌을 떨칠 수 없다. 더욱이 노래로 실력을 평가받기보다 〈복면가왕〉을 계기로 방송에 복귀하거나 과거의 잘못을 용서받기 위해 출연하는 출연자들 또한 등장해 여러 매체에서 비난받기도 했다. 〈복면가왕〉에서는 복면을 쓴 채로 노래하기 때문에 신분 노출 없이 프로그램에 등장할 수 있다. 이 장점을 이용해 노래를 부르고 박수를 받음으로써 과거 물의를 일으켰던 출연자들에게 새 기회를 주는 듯한 멘트로 마무리되는 과정은 개선이 필요한 부분이라고 생각한다.

고정 패널 이미지 고착화로 인한 매 회 반복되는 멘트

〈복면가왕〉은 460회를 넘는 장기 프로그램임에도 불구하고 1회부터 김성주 MC가 그대로 진행 중이며 판정단으로 불리는 고정 패널도 큰 변화 없이 유지되고 있다. 프로그램의 MC는 그 프로그램의 정체성 자체이기 때문에 '식상하니까 바꾸자' 이렇게 접근하는 것은 위험하다고 생각한다.

특히 메인 MC인 김성주 씨의 안정된 진행 실력은 〈복면가왕〉이 장수 예능으로 자리매김할 수 있게 만든 가장 큰 이유일 것이다. 다만 문제는 고착화된 고정 패널의 이미지 부분이다. 고정 판정단으로 등장하는 분들도 각자 나름의 포지션을 가지고 있는데, 검증된 음악 실력으로 참가자들의 노래를 평가해 주는 작곡가들과 출연자 추리에서 빛을 발하는 개그맨들, 그리고 이미 출연한 경험을 가진 가수 선배들로 나눠볼 수 있다.

이들이 가진 식견이 출연자를 추리하고 프로그램에 재미를 주는 부분을 간과할 수는 없지만 고정 판정단의 캐릭터가 너무 오래 고착화되어 시청자 입장에서는 그들이 무슨 이야기를 할 것인지 다음 멘트가 예측되는 상황까지 되었다.

예를 들어 어린 출연자가 나오면 아이돌인지 아닌지로 이야기를 나누고, 출연자의 동작을 보고는 뮤지컬 배우인지로 접근한다. 또한 록 마니아를 자청하는 판정단은 록 뮤직에 환호하고, 가장 대표적인 판정단인 김구라 씨는 참가자를 빠르게 알아보는 능력으로 재미를 주는 면도 있다. 하지만 매번 반복되는 콘셉트가 9년 넘게 지속되다 보니 초반의 흥미가 많이 반감된 것이 사실이다.

고정된 콘셉트로 지난주 방송과 1년 전 방송과 5년 전 방송이 차이가 없다

〈복면가왕〉의 독특한 콘셉트는 이미 그 가치를 인정받아 세계 각국에 콘셉트가 수출되고 그 현지에서도 큰 반향을 일으켰다고 알고 있다. 그러나 고정된 콘셉트가 변화 없이 계속되다 보니, 지난주에 본 〈복면가왕〉과 1년 전의 〈복면가왕〉과 5년 전의 〈복면가왕〉의 무대 영상만 보면 차별성을 느낄수 없다. 1차전 듀엣 무대 이후 2차전, 3차전을 거쳐 가왕과의 대결로 이루어지는 과정의 큰 틀은 〈복면가왕〉의 정체성이기에 유지하더라도 조금씩 변화를 주면 어떨까 싶은 바람이 있다.

특히 노래와 별개인 복면 쓴 참가자들을 맞히기 위한 개인기 코너나 힌트를 주는 과정마저도 대동소이하기 때문에 매번 같은 회차를 보는 기분이다. 또한 개인기에서 자신의 실력을 보여주는 참가자들도 있지만, 참가자들이 개인기 연습을 따로 받았다고 할 만큼 무리한 개인기를 요구하는 느낌도 지양되어야 할 지점이라 생각한다.

인맥, 친분, 사담으로 점철된 토크는 더 이상 시청자들의 흥미 대상이 아니다

앞서 지적한 고정 판정단들과 더불어 매번 변화해서 등장하는 판정단도 있는데, 이들은 복면가수 추측을 위해 출연자와 연관 있는 사람이 등장하는 경우가 많다. 이 경우 자신과의 친분 이야기, 특별하지 않은 사담으로 진행되기도 하며, 이런 이야기들은 그야말로 그들만의 이야깃거리다. 특히 인지도가 높지 않은 아이돌 그룹이나 방송에서 잘 알려지지 않은 인물에 대해 자신들만 아는 이야기를 나누는 것은 공감이나 재미를 얻기 힘든 부분이다. 전 세대가 시청하는 공중파 주말 프로그램이기에 몇몇 사람들의 사적 친분을 이용한 토크는 줄이는 방향으로 개선되었으면 한다.

장점

보석 같은 참가자들의 재발견

〈복면가왕〉이 같은 콘셉트로 오랜 시간을 사랑받을 수 있었던 가장 큰 요인은 바로 보석 같은 출연자들 덕분이다. '우리동네 음악대장'으로 프로그램의 퀄리티를 높여준 9연승 가왕 하현우를 비롯해 쉽게 만나볼 수 없는 수준급 가수들의 라이브 무대를 즐길 수 있는 것이 큰 장점이다. 특히 가왕으로 뽑히는 가수들은 가왕이라는 수식어가 아깝지 않은 실력을 보여주는데, 현재 공중파 프로그램에서 밴드 라이브로 노래하는 무대를 거의 볼 수 없다 보니 이들의 라이브가 매 회 기대되는 마음이다.

또한 노래 실력을 잘 몰랐던 배우나 아이돌이라는 편견을 깨는 실력을 갖춘 게스트, 그룹의 멤버로 활동해 무대에서 처음으로 완곡해 본다는 가수들의 무대들까지 어디에서도 볼 수 없었던 이들의 라이브를 듣는 것은 큰 즐거움이다. 현장에서 부른 이들의 노래가 음원으로도 발매되어 사랑받는다는 것은 완성도 있는 음악이 〈복면가왕〉의 큰 장점이라는 것을 보여준다.

모든 노래의 밴드 라이브 공연

〈복면가왕〉에서 출연자들의 노래가 돋보이는 것은 이들이 밴드 라이브로 노래를 부르기 때문이다. 〈복면가왕〉의 모든 참가곡은 밴드 라이브로 진행되는데, 전문 음악 프로그램에서도 밴드 라이브로 전체를 구성하는 프로그램이 많지 않은 상황에서 매 회 모든 노래를 새롭게 편곡해서 밴드 라이브를 진행하는 제작진들의 노력을 느낄 수 있다. 새롭게 편곡된 아이돌의 노래를 불러 화제가 된 참가자도 있고, 요즘 듣기 힘든 오래된 음악이나 잊었던 명곡을 다시 듣게 되는 경험은 이 프로그램을 시청하면서 얻는 귀한 선물이라고 할 것이다.

시청자가 참여하고, 온 가족이 함께 볼 수 있는 오랜 친구 같은 프로그램

〈복면가왕〉은 휴일 저녁에 굳이 집중하지 않아도 들려오는 좋은 라이브 음악과 복면을 벗고 드러난 참가자의 정체에 반가움을 느낄 수 있다. 최선을 다해 라이브 공연을 한 출연자에게 선입견 없이 격려와 용기를 주는 칭찬의 말로 따뜻한 감동까지 선사하기에, 온 가족이 함께 시청할 수 있는 오랜 친구 같은 프로그램으로 그 가치가 소중하다.

또한 〈복면가왕〉은 관람객의 위치에 머물러 있던 방청객을 투표단으로 방송에 직접 참여할 수 있게 해주었다. 투표단은 오직 자신의 판단으로 투표해 프로그램의 진행 결과를 만드는 중요한 역할을 한다. 한 번 녹화 시 참여하는 인원이 80여 명에 이르는데, 이들을 투표단으로 선정하고 방송까지 녹화 결과를 비밀로 유지하게 만드는 제작진의 노고 덕에 시청자 투표단은 〈복면가왕〉의 재미를 더욱 증대하는 데 큰 역할을 한다. 이렇게 검증된 좋은 점은 살리고 흥미가 떨어진 부분은 개선해 더 오래, 전 세대에게 사랑받을 수 있는 프로그램으로 거듭날 수 있게 변화가 필요한 시점이다.

개선 방향

특화된 콘셉트는 살리고 새로운 부분을 추가한다

자신의 정체를 숨기고 노래를 불러 현장에서 투표로 승부를 가리는 방식은 〈복면가왕〉만의 특화된 콘셉트로, 새로운 출연자들이 등장하면 언제든 흥미를 일으킬 수 있는 장점이 있다. 다만 좀 더 다양한 참가자들의 등장을 바라는 시청자의 바람을 담아 개선 방향을 제시해 보고자 한다.

우선 참여 음악의 다양화다. 〈복면가왕〉의 모든 참가곡이 밴드 라이브라는 점은 큰 장점이지만 이 부분 때문에 노래의 장르가 한정되기도 한다. 따라서 밴드 라이브를 기본으로 하되 색다른 노래를 부르는 참여자를 위한 MR 사용이나 악기 연주가 가능한 출연자에게 악기 라이브 무대를 선보일 수 있게 새로운 콘셉트의 무대를 선보인다면, 좀 더 다양한 음악적 시도가 가능할 수 있을 것이다.

또 한 가지 아쉬운 점은 목소리만으로도 누구인지 알 수 있는 가왕급 가수들은 오히려 아직 〈복면가왕〉에 등장하지 않았다는 아이러니도 있다. 복면이 무의미하게 목소리만으로 정체를 알 수 있는 가수들을 〈복면가왕〉에서 보고 싶은 이유는 검증된 보컬의 새로운 노래를 들을 수 있기 때문이다.

2024년 9월 첫째 주 제230대 가왕인 '언더더씨'도 목소리만으로 시청자 대부분이 누구인지 알 정도로 훌륭한 보컬인데 정체를 짐작하면서도 흥미를 가지고 볼 수 있었던 이유는 가왕이 들려주는 새로운 라이브 때문이었다. 기존에 불렀던 자신의 노래가 아닌 방어전마다 새로운 노래를 들려주기 때문에 이 훌륭한 보컬이 어떤 곡을 들려줄지 궁금증과 기대가 클 수밖에 없다. 정체를 다 알 것 같은 가수들이 출연하더라도 그들만의 새로운 라이브 무대를 보여주는 장점도 있는 만큼, 이를 활용해 제작진이 좀 더 다양한 가수를 섭외할 수 있기를 응원하는 바이다.

고정 판정단에 변화가 필요하다

문제점으로 지적한 고정 판정단은 이미 식상한 부분이 있다. 모든 판정단을 다 바꾸는 것은 무리겠지만 판정단 구성을 좀 더 융통성 있게 활용한다면 매번 비슷한 멘트가 반복되는 폐해는 줄일 수 있을 것이다. 예를 들어 작곡가 판정단들을 좀 더 다양하게 활용해서 현재 2명의 고정 판정단과 더불어 비슷한 조언을 해줄 수 있는 작곡가 풀을 5~6명으로 확대하고, 이들을 2~3명씩 교대로 출연시키면 매번 같은 사람이 나오는 반복은 줄이면서 고정 패널의 장점은 가져갈 수 있지 않을까 싶다. 판정단의 다양화를 위해 제작진도 기존의 가왕이었던 분들이나 새로운 인물들을 판정단으로 등장시키고 있다. 여기에 새로운 판정단을 좀 더 다양한 분야에서 초대하고 기존의 고정 판정단 폭을 넓혀 매 회 다른 조합을 선보인다면, 고정 판정단이 지닌 전문성도 잃지 않으면서 새로운 조합을 볼 수 있지 않을까 싶다.

참가자 힌트 제공 구성의 변화가 필요하다

나오는 출연자는 매주 바뀌는데 참가자에 대한 힌트를 주는 방법은 매번 비슷하다 보니, 정체를 맞혀야 하는 판정단도 제공된 힌트보다는 말투나 동작 등으로 정체를 추리하고는 한다. 참가자들에 대한 힌트를 주기 위해 개인기를 보여주는 것이 계속 되었는데, 물론 개인 홍보가 목적인 참가자도 있지만, 노래로 실력을 증명하기 위해 나온 참가자들에게 개인기 요구는 곤욕같이 느껴지는 부분이 있었을 것이다. 그래서인지 최근에는 개인기 요구보다는 지인 전화 연결 등으로 대체되기도 했다.

또한 참가자들의 정체에 대한 힌트로 어릴 적 사진을 공개하는 경우가 있다. 여기에서 좀 더 나아가 개인 공간이나 옷방을 찍어 공개한다거나, 악기 연주가 가능한 출연자는 악기 연주 모습을 보여주는 등 보다 다양한 장면을 보여준다면 더 흥미로울 것 같다. 반려동물을 키우는 참가자들도 많을 테니 자신의 반려동물 영상 등을 힌트로 활용한다거나, 최근 유튜브 콘텐츠로도 활용되는 'In My Bag' 같은 영상도 무엇을 하는 사람인지에 대한 힌트가 될 수 있다. 이러한 영상들은 굳이 제작진이 찍지 않아도 참가자 개인이 찍어 와도 되는 만큼, 쉽게 준비할 수 있으면서도 힌트를 주는 새로운 방식 또한 되고 다양한 화면을 제공하는 방법이 될 수 있을 것이다.

요즘 MZ세대들에게 TV는 인터넷 매체를 사용할 때 틀어두는 BGM 내지는 배경 화면이라는 글을 본 적이 있다. 하지만 여전히 공중파 TV 방송이 가진 영향력은 막강하고, 공중파 TV만이 유일한 엔터테인먼트인 계층도 분명 존재한다. 〈복면가왕〉은 인터넷 매체가 쉽게 접근할 수 없는 콘셉트의 프로그램이다. 매 회 새롭게 편곡된 라이브를 보여주고, 일반인 방청객을 초대해 투표인단으로 참여시키고, 출연자 한 명 한 명을 위한 새로운 작명과 거기에 어울리는 가면, 의상까지 준비해야 하는 제작진의 노고가 많이 들어가는 작품이기 때문이다. 따라서 〈복면가왕〉이 가진 좋은 콘셉트는 살리고 오랜 기간 반복하며 지루해진 부분은 개선해 10주년을 넘어 보다 더 오래, 전 국민의 사랑을 받는 프로그램이 되기를 바란다. 🔯

폐허의 자리에서 소생을 노래하기

〈원더풀 월드〉가 상실과 애도를 그리는 방식

최우정

휴먼 미스터리 복수극?

둘은 최초의 복수(複數)다. 얼핏 당연해서 조금은 밋밋하게 느껴지는 이 명제는 두 가지 방식으로 로맨스 서사의 중심축이 되어왔다. 하나는 둘의 '다름'을 부각하는 것이다. 상이한 배경에서 살아온 두 인물은 좁혀지지 않는 간극 때문에 불화한다. 이를테면 혐오하는 관계의 줄임말, '혐관'은 이질적인 두 타자의 관계성을 단적으로 집약하는 신조어라고 할 수 있다. 다른 하나는 둘의 '같음'을 드러내는 것이다. 아득히 멀어 보였던 그들은 사실 어떤 인간으로서의 연약함을 공유한다. 서로의 상처를 이해하고 어루만지면서, 연인들은 이전과는 다른 차원의 세계로 도약한다. 이 시대는 그것을 '쌍방 구원'이라고 부르고 있다.

그런데 '다름'과 '같음'은 비단 연인들만의 전유물은 아니다. 나랑 비슷하면서도 다른 타자와 어떻게 함께 살 것인가,는 지금 연애를 하지 않더라도 누구나 고민해 볼 법한 화두이니 말이다. 이쯤에서 '열림'이라는 또 하나의 벡터를 추가할 필요가 있다. 사랑이라는 테마는 인간이 어떻게 갈등을 조율하면서 다중의 세계를 구축해 가는지 폭넓게 사유해 볼 기회를 제공해 준다. 로맨스 장르가 단지 몇몇의 연애 놀음에 머물지 않고 광범위한 확장성을 지니는 것은 그 때문이다. 방송과 서사가 곧 사회 구성원들이 소통하는 특정한 형식이라면, TV 드라마의 동시대적인 가치는 '열림'에 대한 상상력에 달려 있다고 해도 좋을 것이다.

2024년 3월 1일부터 4월 13일까지 MBC에서 14부작으로 방영된 〈원더풀 월드〉(이승영·정상희 연출, 김지은 극본)는 다음의 지점들에서 흥미롭다. 첫째, 로맨스 각본에서의 이탈. 주인공은 헌신적인 남편과 다시 결합하지 않으며, 그렇다고 해서 매력적인 연하남과 맺어지지도 않는다. 둘째, 가족 중심주의에의 균열. 부모의 자식 사랑을 스토리의 중핵으로 삼으면서도 내 가족의 안위만을 중시하는 사고방식에 문제를 제기한다. 셋째, 복수(複數)의 복수(復讐). 한데 기나긴 복수에도 불구하고 이른바 최종 빌런의 처벌이 폭력으로 봉합되지 않는 결말은, 악당에 대한 사적인 단죄가 흔하게 이루어지는 요즘의 콘텐츠들과는 결을 달리한다.

말하자면 위 문단은 이 글의 지도이자 스포일러인 셈이다. 이제부터 우리는 〈원더풀 월드〉가 로맨스, 가족 멜로드라마, 복수극의 관습적 코드를 변용해 "휴먼 미스터리"[1]로 거듭나는 세 가지 양상을 살피고자 한다. 예리한 독자는 짐작했을 테지만, 이 드라마의 핵심은 소수의 '다름'이나 '같음'보다는 보편적인 공중을 향한 '열림'에 있다. 레거시 미디어의 위기론이 일반화된 시대에 장르 혼성이라는 전략적 시도와 그것의 함의를 짚어보

---

1   MBC 홈페이지, <원더풀 월드> 기획의도, https://program.imbc.com/WonderfulWorld
     (검색일: 2024.9.1)

는 작업은 일정한 의미를 갖는다. 아울러 고통과 폭력이 도사리는 극적 세계와, 재난과 절멸의 시대라고 선언된 우리의 세상이 어떻게 원더풀할 수 있는지 탐색하기로 한다.

잃음을 통한 열림: 참척과 고아됨

〈원더풀 월드〉의 여러 시청자는 〈미스티〉(JTBC, 2018)와 〈밀회〉(JTBC, 2014)를 떠올렸을 것이다. 이 드라마는 은수현(김남주 분)-차수호(김강우 분)-권선율(차은우 분)의 삼각구도를 기본 틀로 취한다. 전작 〈미스티〉에서 성공 지향적인 앵커 고혜란을 각인시켰던 김남주는 처연하면서도 이지적인 이미지를 구현하며 안정감 있게 극을 이끌어간다. 고혜란과 남편 강태욱(지진희 분)이 그러했듯, 수현과 수호 사이에는 아내가 알지 못하는 중대한 비밀이 있다. 밤낮없이 험한 일에 몸담으며 명석한 두뇌와 육체적 젊음을 과시하는 선율은 〈밀회〉의 이선재(유아인 분)를 상기시킨다. 고의적 살인을 저질렀으나 여전히 돌아갈 곳이 있는 기혼 여성, 그녀로 인해 삶의 기반을 송두리째 잃어버린 청년 남성. 후자는 전자를 망가뜨리기로 한다.

어떤 복수는 연애보다 뜨겁다. 지독한 관찰, 몰입, 집착. 선율의 복수가 그렇다. 그는 수현의 집, 교도소, 어머니의 식당에 이르기까지 그녀의 일상을 낱낱이 파고든다. 2회의 엔딩에서 선율이 수현에게 우산을 씌워주는 장면은, 보는 이로 하여금 둘 사이에 연정이 싹틀 것이라고 예상하게 만든다. 하지만 그들의 관계는 잠시 소나기를 피할 곳이 되어주기, 거기까지다. 물론 수현과 선율의 만남에 수호나 수진(양혜진 분)의 견제가 맞물려 있으며, 이를 통해 모종의 뉘앙스가 암시된다는 사실은 지적할 만하다. 그러나 수현은 외로워져야 하고, 또다시 삶의 이유를 잃어버려야 한다. 참척을 경험한 그녀가 더 깊은 절망의 심연에 가라앉고서야 드라마는 새롭게 비상하기 때문이다.

미스터리 장르에 대한 기대지평을 〈원더풀 월드〉가 충족한다고 말하기는 어렵다. 극은 추리물의 얼개를 갖추기 위해 수호의 외도 장면이 담긴 사진을 활용한다. 사진 속 여자가 누구이며 그 사진을 찍은 사람은 누구인지 밝혀지는 7회와 8회에서 나름의 반전이 발생한다. 두 반전이 자못 예측 가능하다는 점은 논외로 하더라도, 서스펜스의 엔진을 잃은 9회부터 12회까지 서사적 흡인력이 느슨해지는 것은 사실이다. CCTV, 블랙박스, 태블릿 등 여러 디지털 기기가 자아내는 시청각적인 효과도 그다지 새롭지는 않다. 무엇보다 시청자의 몰입을 저해하는 가장 큰 요인은 빈번한 플래시백인데, 이는 아들에 대한 수현의 그리움을 강조하거나 선율의 전사(前史)를 부연하려는 불가피한 장치에 가깝다.

그렇다면 드라마의 초점은 '미스터리'보다는 '휴먼'에 맞춰져 있다. 선율의 정체가 알려진 뒤에도 수현과 선율의 관계는 보호자-피보호자의 구도를 유지한다. '최악의 상황에서도 늘 옳은 길을 찾는'(13회) 수현의 의지는 시나브로 선율의 심장에 스며든다. 그는 생명을 살리는 공부(의학)를 다시 시작할 뿐 아니라, 유년기 트라우마에 붙박여 있는 민혁(임지섭 분)의 재기를 돕기도 한다. 엄밀히 따지면 선율은 민혁의 고아됨에 책임이 없지만, 혈혈단신 청년의 자립이 얼마나 힘겨운지 그는 알기 때문이다. 극은 '나'의 고통이 '너'의 고통을 치유하는 통로가 될 수 있다고 이야기한다. 그 가운데 가해자-피해자의 이분법은 점차 허물어지며, 여성과 남성의 결속은 이성애적 관계로 귀결되기 마련이라는 고정관념도 조금씩 흔들리게 된다.

(언)스위트 홈, 썩어버린 배

"모든 행복한 가정은 서로 엇비슷하지만 불행한 가정은 제각기 나름대로의 불행을 안고 있다"라고 톨스토이는 썼다.[2] 〈원더풀 월드〉의 전반부 서사는 『안나 카레니나』의 첫 문장을 충실히 따른다. 극에서 가정은 두 차례 무너진다. 겨우 여섯 살인 건우(이준 분)가 차디찬 주검이 되어 땅에 묻힐 때, 그리고 수현의 친동생 같은 유리(임세미 분)가 수호의 진짜 외도 상대였음이 밝혀질 때. 자신과 가장 가까운 사람들의 배반을 알게 된 수현은 비탄에 잠긴다. 인공호흡기로 연명하는 아이의 손톱을 깎아주고, 자식의 사망신고서를 작성하는 부모의 심정은 또 어떤가. 첫 회에서 수현의 가정은 '어떤 불행도 스며들 수조차 없는 완벽한' 장소로 그려지기에, 그녀가 겪는 비극의 낙차는 한층 부각된다.

주목할 것은, 〈원더풀 월드〉가 가족 내부의 사랑을 다루면서도 가족 외부로의 확장을 모색한다는 점이다. 한편으로 극은 정서적 안정과 소속감의 근간이 되는 이상화된 가정을 묘사한다. 그러나 다른 한편으로 자칫 가족이라는 틀에 매몰되면 가족 바깥의 영역에 둔감해질 수 있음을 경고한다. 자기 자식을 살리고자 다른 아이를 살해한 권지웅(오만석 분)이 단적인 예이다. 그 반대편에는 수현의 어머니인 고은(원미경 분)이 있다. 수현과 수호뿐 아니라 유리와 선율에게도 건네지는 그녀의 음식에는 취약한 존재를 향한 배려와 정성, 보살핌이 깃들어 있다. 결말부에서 보육원 시퀀스가 삽입되며 수현과 유리의 자매애가 유지된다는 설정도 그와 맥을 같이한다. 이렇듯 돌봄이라는 수행적 행위로 구성되어 가는 '식구'는 혈연에 기반한 배타적 범주로서의 '가족'을 넘어선다.

---

2   레프 니콜라예비치 톨스토이(Lev Nikolayevich Tolstoy), 『안나 카레니나: 상』, 이철 옮김(파주: 범우사, 2000), 11쪽.

반면에 김준(박혁권 분)은 철저히 혼자서 식사하는 인물로 형상화된다. 입버릇처럼 '내 식구' '내 사람'을 운위하지만, 그에게 사람은 자동차와 다르지 않다. 필요에 따라 갈아탈 수 있는 것이고, 쓸모없어지면 폐기해 버리면 되는 것이다. 인간을 소모품 취급하는 그는 또 다른 운송수단인 배와 인접한 관계에 놓인다. 스스로를 "선장"(1회)이라 일컫는 그의 집무실에는 다음과 같은 플래카드가 걸려 있다. '항해하라, 새시대를 위한 수평선으로!'(2회) 더 큰 권력과 더 많은 자본을 향해 질주하는 비틀린 욕망을, 극은 수호의 입을 빌려 명시적으로 비판한다["썩은 내가 나서요"(7회)]. '썩은 배'는 부정부패와 카르텔이 만연한 작중 지배계층에 대한 은유다. 그리고 드라마의 최종회가 세월호 10주기를 사흘 앞두고 방영되었던 이유일 것이다.

소음들의 화음

쉽게 손상될 수 있는 몸을 지녔다는 점에서 모든 인간은 취약하다. 그러나 어떤 취약성은 사회구조에 의해 불평등하게 배분되기도 한다.[3] 누군가는 적절한 치료를 받지 못해서, 위험한 곳에서 노동해야 해서, 또는 저렴한 교통수단에 탑승했다는 이유로 죽거나 다친다. 그러한 사망과 상해는 자연적으로 발생한 것이 아니라 사회적 안전망의 공백이 빚어낸 인재(人災)다. 〈원더풀 월드〉 속 건우의 죽음이 현실의 재난과 닿아 있다는 사실은, 그것이 '사고가 아닌 사건'(6회)임을 밝히려는 사람들이 광장에 모일 때 더욱 분명해진다. 그들의 목소리는 소음(騷音)이라 일축당하지만, 이윽고 소음(小音)은 화음이 되어 거대 권력을 무너뜨린다.

---

3   Judith Butler, *Frames of War: When is Life Grievable?* (New York: Verso, 2009), pp.25~26.

요약하건대 〈원더풀 월드〉는 평범한 사람들의 '열림'이 세상을 변화시킬 수 있다고 지목하는 드라마다. 극은 기왕의 복수물처럼 주인공의 영웅적인 면모를 전시하기보다는 수현이 평소에 나눴던 선의가 어떻게 순환하는지 보여준다. 가령 희재(진재희 분)를 편견 없이 보듬었던 발언은 혜금(차수연 분)의 용기 있는 증언으로, 학생과 노인을 성심껏 도왔던 헌신은 그녀에 대한 신뢰로 되돌아온다. 대가를 바라지 않고 건넨 선의가 자신과 사회 모두를 풍요롭게 한다고 작품은 시사한다. 그러한 선의는 흩어진 공동체의 연결망을 다시 짜는 실이며, 자본주의 교환경제의 논리로는 환산될 수 없는 가치다.

끝으로 하나의 질문이 남는다. 왜 김준은 죽임당하지 않는가? 이 물음은 두 가지 각도에서 접근해 볼 수 있다. 우선은 폭력의 재생산을 그치기 위해서일 테다. 악인의 징벌을 사적인 보복으로 매듭짓지 않음으로써, 극은 비폭력 연대만이 폭력의 악순환을 끊어낼 수 있다고 역설한다. 무엇보다 이는 동료 시민의 몫을 열어놓기 위함이기도 하다. 나 하나 없다고 세상이 바뀌겠느냐고 조소하는 김준에게 선율은 이와 같이 응수한다. "이 세상에 당신 같은 사람만 있는 게 아니니까. 더 좋은 사람들도 많으니 분명 좋아질 겁니다."(14회) 위태로운 사회를 낫게 하려면 "좋은 사람들"의 협력이 여전히 요청된다고, 드라마는 브라운관 밖의 시민에게 말을 건넨다.

불가사의와 경이

지금까지 우리는 〈원더풀 월드〉가 로맨스, 가족 멜로드라마, 복수극의 지배적 문법을 변주해 '휴먼' 미스터리로 거듭나는 과정을 재구성해 보았다. 결국 중요한 것은, 그러한 형식적 특질이 애도를 통한 "상실의 슬픔"(14회)

의 회복으로 요약되는 극의 주제와 조응하면서 어떠한 의미를 만드는가이다. 〈원더풀 월드〉의 동시대적 가치는 나와 직결되어 있(다고 느끼도록 구성된 단위, 이를테면 '가족')는 특정한 범주에 갇히지 않고 다른 취약한 이들과의 현실적 공거(共居)를 모색해야 할 필요성과 그 근거를 제시한다는 데 있다. 힘을 좀 빼고 말하면, 이 드라마는 유한한 개체인 우리가 소중한 사람을 이미 잃었거나 앞으로 잃게 되겠지만, 그 상실을 길목으로 삼아 더 많은 존재에게 열릴 수도 있다는 가능성을 보여준다. 가족주의의 맹점을 넘어 대안적인 시민성을 솔질하기, 그런데 정말 그걸로 충분할까?

21세기의 첫 사반세기가 저무는 지금, '재난' '파국' '절멸'은 이 시대를 진단하는 낱말들이 되었다. 시야를 더 넓혀 보자면, 인간의 탐욕과 이기심이 조여온 것은 오로지 같은 종(種)의 숨결만이 아니다. 〈원더풀 월드〉의 삽입곡 「Wonderful World」에는 초록 나무와 붉은 장미, 그리고 자라나는 아이들에게서 세상의 경이로움을 길어내는 노랫말이 흐른다. 나무와 장미의 빛깔을 지키는 일, 마찬가지로 그 색깔'들'이 더는 줄어들지 않게 하는 일이 곧 일찍 태어난 자의 책무인 나날을 우리는 통과하는 중이다. 형용사 Wonderful은 '경이롭다'와 '불가사의하다'의 뜻을 동시에 지닌다. 다음 세기가 어떤 모습으로 도래할지는 알 수 없지만, 메말라가는 땅을 되살리는(甦生) 작은 몸짓(小生)들이 이어지는 한에서, 경이로움이라 부를 만한 것이 남아 있지 않을까. 인류의 존재 방식에 대한 전면적인 재점검이 필요한 때다. 🐢

제52회
좋은 방송을 위한
시민의 비평상

다이아몬드도 한때는 광물이었다

최은주

우리나라는 장애인이 많은 나라일까. 오늘 하루 동안 일상생활을 하면서 장애인을 한 번이라도 마주친 적이 있는가. '글쎄, 어 ……'라는 생각이 들지는 않았는가. 어쩌면 우리 생각보다 장애인이 없을 거라는 추측을 했을지도 모른다. 그러나 아니더라. 우리가 보지 못했던 것뿐, 그들은 우리가 보지 못한 사각지대 그 어딘가에서 살아 숨 쉬고 있었다. 보건복지부가 2024년 4월에 발표한 2023년도 등록장애인 현황 통계에 따르면, 2023년 말 기준 등록장애인은 264만 1896명이었다. 이는 전체 인구의 약 5.1%에 달하는 수치라고 한다.[1] 100명 중 5명은 장애인이라는 뜻이다. 우리의 체감보다도 훨씬 많은 숫자인 것이다.

---

1   보건복지부, 「2023년 등록장애인 264만 2,000명, 전체 인구 대비 5.1%」(보건복지부 2023년도 등록장애인 현황 통계 발표, 2024.4.18), https://www.mohw.go.kr/board.es?mid=a10503000000&bid=0027&act=view&list_no=1481120(검색일: 2024.8.28).

'자살하는 대한민국'이라는 단어가 심심찮게 나올 정도로 사회는 점점 더 험상궂어 간다. 시국을 수식하는 단어가 '각자도생'이 될 만큼, 세상이 참으로 험난하다. 의미-재미-머니 중, 머니만 바라보며 그 이외의 가치는 던져진 지가 오래다. 그러니 나 혼자 밥 벌어 먹고살기도 벅찬데, 왜 우리가 더불어 사는 삶에 관심을 가져야 하냐고 비웃을 수도 있다.

하지만 자그마한 파편들을 주목할 때, 마침내 퍼즐은 꿰맞춰질 것이다. 퍼즐이 최후의 순간 온전히 완성되는 것은 결국 마지막 남은 단 한 조각의 파편 덕분이기 때문이다. 예를 들어 세계지도라는 퍼즐에서 우리나라라는 조각이 빈칸이라면, 그 퍼즐을 과연 세계지도라 부를 수 있겠는가. 우리의 세상 역시 똑같다. 팥소 없는 찐빵처럼 사회라는 퍼즐에서 장애인이라는 조각이 없다면 그 퍼즐은 순도 100%의 사회가 아닐 것이다. 가려진 자들에게 빛을 향하는 것, 사각지대에 숨어버린 사람들을 조명하는 것, 우리네 사회가 영원토록 추구해야 할 방향이 아닐까.

2024, 4의 배수. 4배수의 해가 되면, 항상 필연적으로 따라오는 게 있다. 바로 올림픽이다. 올해 7월과 8월, 파리에서 전 세계 운동회가 열렸다. 그리고 연달아 한 대회가 더 개최됐다. 바로 파리 패럴림픽이다. 보통 올림픽을 누군가의 꿈의 무대라고 하는데, 패럴림픽 역시 장애인 스포츠 선수들에게 꿈의 무대다.

올림픽에는 영웅이 탄생하고, 패럴림픽에는 영웅이 출전한다는 말이 있다. 유튜브에 당장 패럴림픽이라고 쳐서 나오는 영상 한 개만 봐도 참으로 경이롭다는 생각이 절로 들 것이다. 동정 어린 시각이 담긴 폭력적인 방식이 아니라 인간 대 인간으로의 존경심 말이다. 뛰는 신체는 다를지언정, 뛰는 심장은 같다는 걸 말이다.

KBS에서는 파리 패럴림픽을 앞두고 8월 25일 〈슈팅투게더〉라는 프로그램을 방영했다. '농구대잔치 레전드'라 불린 김병철과 '전자랜드의 영원한

캡틴' 정영삼이 휠체어 농구를 하게 되면서 펼쳐지는 이야기를 담았다.

BDH재단 이사장배 어울림 3×3 휠체어농구대회에 참가하기 위해 약 3개월 동안 휠체어를 타고 이리저리 고군분투하는 여정이 나온다. 그리고 마침내 클라이맥스를 찍은 준결승전. 팽팽한 접전이 이어지는 가운데, 버저비터 위닝 샷이 나오며 극적으로 결승전에 진출한다. 비록 결승전에서는 아쉬운 패배를 하게 되었지만, 첫술에 배부를 수는 없으리라. 역시 스포츠는 각본 없는 드라마였다. 스포츠는 세상을 다 가진 듯 승리에 영원히 취해 있는 걸 허락하지 않는다. 스포츠는 그래서 인생이다. 우리네 삶을 빼다 닮았다.

한국 농구에서 내로라했던 사람을 꼽으라 하면 자주 거론되던 인물들이 휠체어에 앉아 우왕좌왕하는 모습이 인상적이었다. 만물 이치가 그러하듯, 참으로 쉬운 게 없도다. 직접 보기에도 휠체어 농구가 쉬워 보이지 않는다. 그러나 간접 경험은 어느 정도 한계가 있기에, 직접 부딪쳐야 한다. '역지사지'라는 사자성어가 있는데, 이는 우리가 직접 오감으로 느껴봐야 한다는 걸 내포한다. 간접 경험도 의미 있겠지만, 내 온몸의 세포들과 감각들로 느껴보는 것은 차원이 다르기 때문이다.

실제로 전국 장애인체육대회에서 자원봉사를 한 적이 있다. 장애인과 비장애인이 마침내 우리 되어 하나 되는 길, 스포츠가 정답이었다. 장애인들이 이 사회에서 가치를 드러내는 가장 훌륭한 통로가 스포츠라고 느꼈기 때문이다.

스포츠에서 가장 절대적인 상수는 신체 조건이다. 경중의 차이는 있겠지만, 종목 불문하고 신체적 역량은 매우 중요하다. 특히 농구는 누가 누가 골을 잘 넣느냐의 싸움인지라, 골대와 가장 가까운 사람들에게는 절대적으로 유리한 종목이라 하겠다. 농구에서 신장은 알파이자 오메가인 것이다. 그런데 휠체어 농구는 심장이 그러하다. 농구는 역시 신장이 아니라 심장으로 하는 것이었다.

　그래서 몇 없는 이런 프로그램에 감사하다. 방송의 강력한 힘은 우리를 변화시키기 때문이다. 우리의 감정과 생각에 어느새 자연스레 스며들어 우리의 인식을 감화한다. 그런 면에서 〈슈팅투게더〉는 그 자체가 가치 있다. 특히 공영방송에서 이런 프로그램을 기획했다는 것이 이름값을 톡톡히 했다고 본다. 제아무리 가치 있는 메시지를 담았다고 한들, 파급력 있는 메신저가 없으면 결국 우리는 그 메시지가 있는지조차 모른다. 일단은 노출이 되어야 한다. 가장 완벽한 것은 내가 직접 파급력 넘치는 메신저가 되는 것이겠지만, 이게 말처럼 마냥 쉬운 게 아니다.

　이에 거인의 어깨를 빌리는 것이 하나의 해법이다. 나는 방송이 하나의 거인이라고 생각한다. 이는 방송이 우리 삶에 꼭 존재해야 하는 이유다. 더불어 방송은 거대한 촛불이다. 촛불은 깜깜한 어둠을 환히 비추는 등대이기 때문이다. 더군다나, 자신의 심지를 영원히 지키면서도 다른 촛불 역시 빛나게 한다. 꽃을 내민 이에게는 향기가 오래 머무는 법인데, 방송이 그러하다.

　그런데 참으로 아쉽다. 다양한 가치를 전하는 방송 프로그램이 몇 없다. "가뭄에 콩 나듯" 방영되는 것이 현실이다. 간헐적 단식인데, 단식 시간이 너무 긴 느낌이다. 멀리 내다볼 것도 없이 당장 패럴림픽 중계만 해도 그렇다. 방송통신위원회의 방송 3사(KBS, MBC, SBS) 올림픽 및 패럴림픽 중계 현황 자료에 따르면, 2018 평창 동계올림픽 편성 시간은 640.3시간인 데 비해, 패럴림픽 편성은 95.6시간으로 올림픽 편성의 6% 정도에 불과했다. 2021년에 열린 2020 도쿄 패럴림픽 중계 시간 역시 동 올림픽 편성의 10%에도 미치지 못했다고 한다. 2022 베이징 패럴림픽 중계 시간 또한 32시간으로 베이징 올림픽의 18%에 불과했다.[2] 올해 파리 패럴림픽 역시 숫자만 바뀌었을 뿐 대동소이하다.

왜 우리는 여기에 머무를 수밖에 없는가. 우리 삶에 실질적인 가치가 없다고 생각하기 때문이다. 즉, 돈이라는 실익이 없기 때문이다. 300만이 넘는 구독자를 지닌 유튜버, 슈카(전석재)는 자신의 부계정(슈카월드 코믹스)에서 현 사회를 "가치 상실의 시대"라 평했다. 바야흐로 돈이 최고인 시대인 것이다. 슈카는 자신이 일본에 갔을 때 느꼈던 경험을 이야기하며, 일본인들에게 "돈 돈 돈"거리는 자기 모습에 개탄했다고 밝혔다. 돈 그 이외의 가치들은 취급하지 않았다는 것이다.

실제로 글로벌 조사 연구를 업으로 하는 퓨리서치센터(Pew Research Center)가 2021년 전 세계 17개국을 대상으로 실시한 '무엇이 삶을 의미 있게 하는가?(What Makes Life Meaningful?)' 연구에서도 잘 알 수 있다. 17개국 중 14개국에서는 '가족'을 1순위로 꼽은 데 비해 한국인은 '물질적 풍요'를 1순위로 꼽았다.[3] 몇 년이 지나긴 했지만, 순위는 변하지 않았을 것이다.

무언가를 해결하려고 해도 돈이라는 답이 정해져 있고 과정을 도출하는 꼴이라 뫼비우스의 띠처럼 계속해서 악순환한다. 시시포스의 형벌처럼 무한으로 돌을 떨어뜨리고 올리는 형국이랄까. 그렇다면 우리는 어떻게 나아가야 할까. 오컴의 면도날 이론에 의하면, 어떤 현상을 설명할 때 가장 단순한 논리가 가장 좋을 확률이 높다고 한다. 이런 관점에서 본다면 일단 다른 가치의 중요성을 깨달아야 한다. 돈만큼이나 중요한 가치를 말이다. 어쩌면 돈보다도 더 의미 있을 수 있는 가치를 말이다.

우선은 양을 늘려야 한다. 즉, 다양한 가치를 지닌 프로그램이 계속해

---

2 """국민 누구나 패럴림픽을 즐길 권리" '스포츠 찐팬' 김예지 의원, 중계 확대 위한 '장애인 스포츠 시청권 보장 3법' 발의", ≪스포츠조선≫, 2024년 8월 28일 자, https://sports.chosun.com/sports-news/2024-08-28/202408280100208160027637(검색일: 2024.9.1).

3 ""한국 망했다'던 미국 교수 '노동·교육·돌봄 모두 초저출생 원인'", ≪세계일보≫, 2024년 5월 25일 자, https://www.segye.com/newsView/20240524513626?OutUrl=naver(검색일: 2024.9.3).

서 나와야 한다는 뜻이다. 독일의 철학자 헤겔은 이를 '양질 전환'으로 설명했다. 일정 규모 이상의 양이 누적되면 어느 순간 질적으로 비약적인 성장이 이루어진다고 한다. 그게 설령 구멍이 숭숭 난 독일지언정 물이 다 빠지기 전에 때려 부으면 물은 차 있을 것이다. 1만 시간의 법칙처럼 지금은 일단은 뭐라도 해야 한다. 그런 면에서 〈슈팅투게더〉는 긍정적인 신호탄을 알린 방송이었다.

그리고 사회도 조금씩 우상향하는 주식처럼 미약하지만 성장하려 노력해야 한다. 실제로 패럴림픽 중계 확대를 위한 법 개정이 추진된다고 한다. '장애인 스포츠 시청권 보장 3법'인데, 장애인 스포츠가 방송 편성에서 차별받지 않도록 국가와 지자체에서 노력해야 한다는 내용을 담고 있다.[4]

돈은 중요하다. 그러나 돈이 전부는 아니다. 그리고 돈의 관점에서도 바라본다면, 돈은 남들이 보지 않는 가치에서 생기기 마련이다. 의자는 다섯 개인데, 앉으려는 사람이 100명인 것과 두 명인 것은 다르다. 하늘과 땅 차이다. 이걸 이해하고 가치의 선순환을 만들어나가야 한다.

다이아몬드도 누군가 채굴해서 가공해 주지 않았더라면 그저 그런 광물에 불과했다. 김춘수의「꽃」이라는 시에서도 그랬다. 내가 그의 이름을 불러 주기 전에는 그는 다만 하나의 몸짓에 지나지 않았다고. 내가 그의 이름을 불러주었을 때 그는 나에게로 와서 꽃이 되었다고.

비단 장애인뿐만이 아니다. 우리 사회의 다양한 가치가 발굴되지 못하고 땅속에서 썩고 있다. 그러니 일단 발굴하자. 그리고 가공하자. 그렇게 이런 보석들을 모으고 모아 우리 사회라는 선을 만들자. 그러면 마침내 우리라는 면, 그리고 더 입체적이고 다채로운 대한민국이 될 것이다. 🔏

---

4   "'패럴림픽 볼 권리' 김예지의원, 장애인 스포츠 시청권 보장 3법 추진", 《이데일리》, 2024년 8월 28일 자, https://www.edaily.co.kr/News/Read?newsId=03204566638991912 & mediaCodeNo=257&OutLnkChk=Y(검색일: 2024.9.7).

가상의 카메라로 향하는 신인류에게

〈김이나의 비인칭시점〉과 〈PD가 사라졌다〉를 중심으로

한대호

근래 우리는 기존에는 보지 못한 새로운 차원의 이미지들을 TV에서 시청한다. 시사 프로그램의 재연 영상에선 어딘지 모르게 낯선 이질감이 드는 사람이 등장한다. 그리고 뉴스 프로그램의 아나운서는 호흡의 변화 없이 원고를 읽으며 아무런 실수를 하지 않는다. 우리는 이제 미디어를 통해서 실제 세계에는 존재하지 않는 가상의 인물을 바라보게 된다.

이 과정에서 시청자는 당혹스러움과 동시에 우리가 살고 있는 세계에서 만날 수 없는 가상의 존재가 인간의 삶과 미디어 속으로 점차 깊숙이 침투하고 있음을 느낄지도 모른다. 이를 받아들이는 시청자의 태도는 매우 다양하다. 누군가는 이를 예찬한다. 하지만 누군가는 이를 매우 반대하여, 적대적이다. 실존하지만 않지만, 실재하는 세계에 침투하는 AI의 비가시적인 데이터와 이미지 대해서 극단적인 호오(好惡)와 찬반이 난립한다. 이렇게 AI에서 비롯된 새로운 콘텐츠의 등장과 양상에 대해 곰곰이

사유해야 할 시간이 우리에게 도래하고 있다.

이 같은 AI의 미디어 침공을 우리는 어떻게 바라보고 있을까. 인공지능으로 구현된 이미지가 미디어와 방송 프로그램에 활용되는 범위는 넓어져 간다. 누군가는 낯섦과 당혹스러움을 느끼고 나아가 인간다움을 다시 복원해야 한다고, 반대편에서는 AI의 새로운 가능성과 확장을 보아야 한다고 이야기한다. 그러나 중요한 본질은 그것이 아니다.

이 글은 AI가 방송 프로그램에서 어떻게 작동하는지, 그리고 정확히 무엇을 대체하는지와 더불어 과연 인공지능이 방송에 어떻게 활용되고 있는지를 살펴본다. 또한 시청자가 인공지능과 관계를 맺는 새로운 인류 양태의 탄생일지 아니면 점차 인간의 숨결과 고유함을 잠식해 가는 AI에 의한 수용성의 쇠퇴인지를 살펴본다.

가상의 존재가 우리에게 찾아온다

MBC에서 제작된 〈PD가 사라졌다〉(2024.2.27~3.12 방영)는 공중파 프로그램을 비롯한 기존 방송에서 볼 수 없는 새로운 창작자로 AI가 등장한다. 스티븐 스필버그 감독이 연출한 영화 〈A. I.〉(2001)에서 인공지능은 인간의 형태를 띤 실재하는 휴머노이드를 통해 이루어진다. 하지만 〈PD가 사라졌다〉는 인공지능의 물질적 형태는 찾을 수 있다. 한정적인 가상의 이미지와 목소리로만 존재하는 제한적인 인공지능은 방송의 기획부터 섭외, 연출에 이르기까지 다양한 도전을 시작한다.

그동안 방송의 간섭은 PD와 작가를 통해 출연자에게 이루어졌다. 그러기에 이 과정은 우발적이기도 하고, 기획과 다르게 흘러가기는 했지만, 많은 요소는 사람의 목소리와 인위적인 방식으로 프로그램에 간섭했다.

하지만 〈PD가 사라졌다〉는 그 모든 것을 거대한 정보 체계 속에 있는 데이터와 가상의 가능성이 차지한다.

크리에이터로 등장하는 엠파고(M-Phago)는 화면을 통해서 모습을 드러내기는 하지만, 매우 제한적인 앵글과 2차원에서만 그 존재를 느낄 수 있다. 하지만 엠파고가 위력을 발휘하는 것은 직접 자신이 캐스팅한 대상들의 데이터를 바탕으로 이들에게 미션을 제시하고 대립을 중재하거나 방임하는 과정 속에 있다.

가령 엠파고는 이들이 예측할 수는 없지만, 이들이 갖춘 데이터를 통해 출연자들이 수행할 수 있는 게임을 제시한다. 이 과정에서 일부 출연자는 강한 반감을 드러내지만, 또 다른 출연자들은 엠파고에 대해 맹신을 드러낸다. 그 과정에서 항의와 불만, 감탄이 일고, 엠파고는 감정이나 기존의 데이터를 벗어나려는 모습을 일절 보이지 않는다. 그렇게 게임은 종료되고 엠파고는 각각 출연자의 방송 지분, 출연료 등을 합산하고 계산해 우승자를 가린다.

사실 그 과정은 매끄럽지만은 않다. AI의 연출과 창작에 대한 이해 및 합의가 출연자 간에도 다르고, 또 이를 하나의 거대한 언어 모델에서 추출한 데이터를 바탕으로 한 일종의 역할 놀이로 소비해서다. 또한 데이터를 입력하고 정리하는 것은 아직 인간인 다른 연출을 맡은 PD에 의해서 이루어지기에 완전한 의미의 (인간) PD가 사라졌다고 보기는 어렵다.

〈PD가 사라졌다〉에서 우리는 AI가 만드는 데이터로 인해 사람의 간섭과 기획만이 사라질 것이라고 생각하지만, 실상 진정 AI로 인해 가장 먼저 사라진 것은 카메라의 존재다. 엠파고는 제한적이지만, 가상의 데이터로 이루어진 CG다. 이 과정에서 다른 인간 출연자는 모두 실재의 카메라로 촬영되지만, 엠파고만큼은 가상의 카메라를 통해 출연한다. 비가시적인 차원의 데이터 분석과 기획은 엠파고가 충분히 보여주었지만, AI가 진정

새롭게 바꾼 미디어의 차원은 더 이상 우리가 카메라를 들지 않아도 된다는 점이다.

가상 카메라가 만들어내는 새로운 세계

〈PD가 사라졌다〉가 비가시적 데이터를 이용한 지시와 분석을 통해 프로그램의 기획과 연출을 대체했다면, 이후 KBS에서 방영된 〈김이나의 비인칭시점〉(2024.3.14~5.9 방영)은 다른 궤도의 미디어에 대한 AI 침공을 보여준다. 전자가 데이터를 바탕으로 한 기획과 연출을 통한 AI의 침공을 기반으로 한 것이라면, 〈김이나의 비인칭시점〉은 이미지와 비디오를 통해 새로운 콘텐츠를 만든다.

〈김이나의 비인칭시점〉은 제목 그대로 사람의 시점에서만 보기 어려운 것을 인공지능과 협업해 이루어내는 방송이다. 〈김이나의 비인칭시점〉은 그 자체로 종잡을 수 없는 주제를 다룬다. 누군가의 사연을 다루거나, 아니면 사라져가는 학전 소극장을 다루거나, 우리 사회에 만연한 범죄를 다루는 등 그 자체로는 일반적인 교양 프로그램의 규범을 따른다.

하지만 이 프로그램이 기존의 프로그램과 차별화되는 점은 더 이상 존재하지 않거나, 우리가 알 수 없는 것을 가상의 이미지로 재현한다는 것이다. 여기서 AI로 제작된 영상은 한 가지 특징이 있다. 바로 가상의 카메라를 통해서 촬영된다는 점이다. 〈PD가 사라졌다〉의 엠파고 역시 하나의 가상 카메라로 촬영된 AI 인물이지만, 〈김이나의 비인칭시점〉은 그에 비해 훨씬 복잡한 움직임과 배경, 소리까지 창작한다. 또 그러한 훨씬 복잡하고 다양한 차원의 이미지 복제와 무빙 이미지(moving image)로 변모해가는 과정을 그린다.

사실 이처럼 가상 카메라를 통해 제작된 CG의 등장이 이 프로그램에서 처음 사용된 것은 아니다. 기존의 여러 영화나 드라마, CF 등에서 쓰이는 많은 시각 효과(visual effect) 역시 이 같은 가상 카메라의 원리를 가지고 있다. 하지만 〈김이나의 비인칭시점〉이 더 나아간 지점은 아예 AI와 인간 사회자 김이나가 함께 프로그램을 진행하며 상호 작용함과 동시에, 이제는 무엇이 진짜 사람이고 가상의 이미지인지 구별할 수 없는 가시화된 영상 이미지를 선보인 점이다.

AI가 만드는 영상은 기존의 시각 효과를 넘어, 텍스트를 통해서 가상의 이미지를 창조한다. 이를테면 기존의 시각 효과가 인간의 창의성과 수작업으로 스케치와 합성을 진행한다면, AI가 만들어내는 영상은 프롬프터를 통해 전달된 텍스트가 비디오(text to video)로 변화하는 방식으로 이루어진다. 이전까지의 프로그램이 AI가 지시하거나 프롬프터를 거쳐 인간의 언어를 처리해 데이터에 따라 지시하는 것에 머물렀다면, 〈김이나의 비인칭시점〉은 실존하는 카메라로는 담을 수 없는 새로운 시각적 이미지를 구현해 프로그램의 콘텐츠로 활용한다.

그 원본 데이터를 얻을 수 있는 방식은 프롬프터에 구체적인 지시가 담긴 텍스트를 남기는 방법도 있지만, 이미지 1장을 업로드해 그 안에서 데이터를 추출하는 방식도 있다. 이러한 방식을 통해 〈김이나의 비인칭시점〉 1회에서는 학전의 폐관을 기념하며 그동안 이곳에서 활동한 배우들의 가상 축하 인사가 흘러나온다. 그 과정은 앞서 나온 엠파고와는 다르게 매우 다양한 표정과 자연스러운 말을 우리에게 건네며, 실존하는 배우의 특징도 자세하게 담고 있다.

하지만 이 과정에서 실재의 카메라는 사라진다. 그리고 이를 촬영하는 인간도 사라진다. 가상 카메라를 활용한 새로운 형상의 탄생은 이제 실존하는 인간과 가상의 인간 형상 데이터 간의 경계가 모호해짐을 나타낸다.

실제로 학전에서 활동한 배우가 과거를 회상하며 인터뷰를 진행할 수 있지만, 동시에 지금은 사망했거나 실존하지 않는 이도 아주 자연스럽게 만들 수 있다는 것이다.

물론 아직까지 모든 이미지가 가상 카메라로 대체되기는 쉽지 않다. 〈김이나의 비인칭시점〉에서도 이는 매우 제한적이다. 하지만 시각 효과와 특수 효과로 대변되는 특수 촬영은 이제 어느 정도 촬영 이론과 기술을 숙지한 상태라면 충분히 대체될 수 있는 상황에 이르렀다. 이 과정에서 우리가 시청하는 TV의 브라운관이 어느 순간 프롬프터와 이미지 데이터 더미로 점차 가득 차가는 실험장이 될 수 있다는 점을 우리는 인지할 수 있다.

가상의 카메라로 다가선 신인류의 탄생에 부쳐

이제 가상의 이미지는 연속된 이미지의 비디오 발전했다. 그리고 가상의 이미지가 불쾌한 골짜기(uncanny valley)를 지나 실재의 카메라로 촬영되었는지 구별하기 어려운 경지에 이르렀다. 가상으로 만들어진 김광석은 이것이 가상이라고 말하지 않으면 이를 인지하기 어려울 정도로, 실존 인물과 유사한 정도로 발전했다. 누군가의 이미지 샘플만으로 아주 쉬운 딥페이크 영상을 만드는 것이 큰 사회적 화두가 될 상황에 이르렀을 정도로 가상 카메라는 우리의 미디어 속으로 깊숙이 침투했다.

이러한 상황이 단순히 가상이 현실을 뒤덮는 일종의 하이퍼리얼리티에 다다랐다고 이야기할 상황이 된 것일까? 이처럼 기술을 재단하는 견해는 매우 가볍게 느껴진다. 궁극적으로 AI를 활용한 콘텐츠 자체가 아직까지 이를 만드는 제작자와 이를 소비하는 시청자의 상호 작용을 통해서 소비되고 공급되는 지점이 존재하기 때문이다. AI와 인간이 함께 협업하는 과정을 통해〈김이나의 비인칭시점〉이라는 형태로 실재와 가상이 공존하듯, 이 인공지능을 활용하는 것은 아직 인간의 몫이기 때문이다.

가령 아무리 어떤 추상적 이미지를 가상으로 직조하고 싶더라도, 이에 대해 카메라 워크와 조명, 색감에 대한 데이터가 입력되어야 한다. 그리고 이를 통해 탄생한 데이터는 시청자의 기억과 의미를 부여하는 체계 속에서 새롭게 그 생명력을 기반으로 삼는다.

물론 이처럼 프롬프터를 활용한 지시와 수용자의 감응 역시 언젠가는 더 큰 메타데이터를 지닌 인공지능에 포섭될지 모른다. 하지만 그 이전에, 우리는 아직까지 허구적 가상을 재구성하고 인지할 수 있는 감각이 존재한다.

어쩌면 이 시대에 TV라는 매체를 경험하는 이들에게 텔레비전은 과거의 기억을 지닌 유산이자, 가상의 이미지가 실재에 침투할 수 있는 미디어 플랫폼이 되었을지 모른다. 이렇게 AI는 여태 보지 못한 신인류로서 천천히, 개척자일지 모를 모습으로 우리에게 다가온다. AI는 이제 우리에게 피할 수 없는 흐름이자, 어쩌면 우리 세계에 여러 삶의 방식과 미디어의 소비 방식을 바꾸는 새로운 등장일지도 모른다. 이를 결정하고 소비하는 것은 시청자이자 창작자인 인간의 몫이며, 아주 빠른 시간에 우리에게 닥칠 새로운 숙명이다.

이 숙명에서 새롭게 탄생할 신인류는 오늘도 가상의 카메라를 향해서 한발을 내딛고 있다.

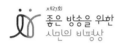

제27회
좋은 방송을 위한
시민의 비평상

마지막에서 다시 시작과 성장을 외치다

ⓒ 방송문화진흥회, 2024

엮은이 | 방송문화진흥회
펴낸이 | 김종수
펴낸곳 | 한울엠플러스(주)
편집책임 | 최진희
편집 | 이동규

초판 1쇄 인쇄 | 2024년 12월 7일
초판 1쇄 발행 | 2024년 12월 18일

주소 | 10881 경기도 파주시 광인사길 153 한울시소빌딩 3층
전화 | 031-955-0655
팩스 | 031-955-0656
홈페이지 | www.hanulmplus.kr
등록 | 제406-2015-000143호

Printed in Korea.
ISBN 978-89-460-8353-0 03070